贵州省2009年哲学社会科学规划课题成果

当代中国核心价值体系建设的理论与实践

李金和　著

知识产权出版社
全国百佳图书出版单位

内容提要

任何社会都是物质文明和精神文明的统一，都是物质硬实力和文化软实力的统一。物质硬实力不行，可能一击就垮；文化软实力不行，可能不击自垮。而精神文明和文化软实力的核心就是核心价值体系，离开明确的核心价值体系支撑而能稳定持续地发展的社会是不存在的。本书以马克思主义价值理论为指针、以中国特色社会主义价值实践为基础，在当下中国实景和中国历史中景的结合中融汇世界历史远景，对社会主义核心价值体系建设展开一个从“来龙”到“去脉”的探讨，力求深层解析社会主义核心价值体系“为什么建设”、“谁来建设”、“怎样建设”三大根本问题。

责任编辑：李　潇　　　**责任校对**：董志英

封面设计：张　冀　　　**责任出版**：卢运霞

图书在版编目（CIP）数据

当代中国核心价值体系建设的理论与实践/李金和著. —北京：知识产权出版社，2012.8

ISBN 978－7－5130－1456－4

Ⅰ.①当…　Ⅱ.①李…　Ⅲ.①社会主义建设—价值论—研究—中国　Ⅳ.①D616

中国版本图书馆CIP数据核字（2012）第187893号

当代中国核心价值体系建设的理论与实践

李金和　著

出版发行：知识产权出版社

社　　址：北京市海淀区马甸南村1号　　　邮　　编：100088

网　　址：http：//www. ipph. cn　　　邮　　箱：bjb@ cnipr. com

发行电话：010－82000860转8101/8102　　　传　　真：010－82000507/82000893

责编电话：010－82000860转8133　　　责编邮箱：lixiao@ cnipr. com

印　　刷：北京中献拓方科技发展有限公司　　　经　　销：新华书店及相关销售网点

开　　本：787mm×1092mm　1/16　　　印　　张：15.75

版　　次：2012年8月第1版　　　印　　次：2012年8月第1次印刷

字　　数：302千字　　　定　　价：48.00元

ISBN 978－7－5130－1456－4/D・1544（4323）

目　录

导言　中国特色社会主义：“社会主义核心价值体系”的核心

70年前，在延安文艺座谈会讲话前的3月30日，毛泽东在中央学习组的讲话中指出：“我们研究中国就要拿中国做中心，要坐在中国的身上研究世界的东西。……我们要把马、恩、列、斯的方法用到中国来，在中国创造出一些新的东西。只有一般的理论，不用于中国的实际，打不得敌人。但如果把理论用到实际上去，用马克思主义的立场、方法来解决中国问题，创造些新的东西，这样就用得了。”❶ 这就告诉我们，研究推进作为“兴国之魂”的、“决定着中国特色社会主义发展方向”的社会主义核心价值体系及其建设战略，其核心必须基于内含马克思主义指导思想的社会主义中国形态——“中国特色社会主义”。

一

物质贫乏不是社会主义，精神空虚也不是社会主义。社会主义是物质文明和精神文明的统一，是物质硬实力和文化软实力的统一。物质硬实力不行，可能一击就垮；文化软实力不行，可能不击自垮。然而，2007年5月公布的《中国县处级公务员科学素养调查报告》数据显示，28.3%的人相信“相面”这种迷信形式，18.5%的人相信“周公解梦”，13.7%的人相信“星座预测”，6.0%的人相信“求签”。与2005年《中国公众科学素养调查报告》中的相关数据比较，县处级公务员对“星座预测”和“周公解梦”的相信程度与公众相差不多，对“求签”的相信程度低于公众，但对“相面”的相信程度则高出公众1.6个百分点。❷

深思官民的种种迷信现象，不难发现，当前存在的种种所谓“迷信”，实质上完全不同于传统中国社会中的“迷信”，也不同于宗教信徒对某一宗教的“迷”和“信”，迷信的人对所“迷”所“信”的对象没有任何敬畏，实际上不

❶ 《毛泽东文集》第二卷，人民出版社，1993年，第407~408页。

❷ 《中国县处级官员科学素养调查解析》，《民主与法制时报》，2007年6月11日。

"迷"也不"信"。此种奇异现象，正是当前社会价值全面转型的深刻反映。在社会剧烈转型的过程中，旧有的价值体系受到严重冲击，新的价值体系又没有完全确立起来，作为人们安身立命之本的社会价值体系近乎混乱甚至迷失。

论及近代中国的思想危机，张灏指出："当新的世界观和新的价值系统涌入中国，并且打破了一向借以安身立命的传统世界观和人生观——或如 Susanne Langer 所称之'一般取向的象征'（the symbols of general orientation）——之时，问题变得更加困扰。各种争持不下的新说使得传统价值取向的象征日益衰落，于是中国人陷入严重的'精神迷失'境地，这是自中古时代佛教传入中土后所未有的"❶。在张灏看来，近代中国的危机，核心是价值系统的危机。按照张灏的解析，近代中国人以价值系统为核心的"意义危机"表现为同时存在的三个层面的迷失：一是"道德迷失"，即原先行之有效的儒家道德传统和道德政治价值已经失范，新的道德律令尚未完全建立起来；二是"存在迷失"，即内圣外王的人生境界已被认为不合时宜，个人的安身立命失去了庇护之所；三是"形上迷失"，即现代科学成功揭示了"形下"世界的必然性，然而对于世界的终极目的却软弱无力。

论及 20 世纪 80 年代的"中国文化热"、"中西文化比较风"，甘阳亦写到，"这场'文化大讨论'绝不是脱离中国现代化这一历史进程所发的抽象议论，而恰恰是中国现代化事业本身所提出来的一个巨大历史课题或任务。它实际上相当深刻地说明了：对中国传统文化的评价、对中国当代文化的分析以及对中国未来文化的筹划，实是中国现代化事业的题中应有之义，是中国现代化进程中不可或缺的关键一环"❷。因为任何政治制度的完善、经济体制的改革，其根本解决问题，不得不待诸文化的自觉，不得不待诸包括政治价值观、经济价值观在内的价值体系的更新，不得不待诸作为价值体系基础的伦理道德观的觉悟。美国未来学家、社会学家丹尼尔·贝尔提出："任何社会都是种道德秩序，它必须证明其分配原则的正当，必须证明推行或执行这些原则的自由和强制手段之平衡兼用的正当（用社会学行话来说，必须证明合法）。"❸

这就告诉我们，任何社会必须有明确的价值体系，离开明确的价值体系支撑而能稳定持续地发展的社会是不存在的。党的十六届六中全会首次明确提出建设社会主义核心价值体系的战略，正是推进中国特色社会主义纵深发展不可或缺的关键一环。众所周知，处于社会价值体系模糊中的人们，常常会因为丧失了明确

---

❶ 张灏：《幽暗意识与民主传统》，新星出版社，2010 年，第 97 ~ 98 页。

❷ 甘阳：《古今中西之争》，生活·读书·新知三联书店，2006 年，第 29 页。

❸ ［美］丹尼尔·贝尔：《资本主义文化矛盾》，严蓓雯译，人民出版社，2010 年，第 266 页。

的尺度和客观的标准而感到无所适从、是非颠倒，继而行动迷失方向，理想失去根基，只剩下迷惘和困惑。尼采惊世骇俗的"上帝死了"、西方社会"一战"后"迷惘的一代"、"二战"后"垮掉的一代"，诸如此类，无不是社会价值体系模糊、混乱或迷失的反映。正是在这一意义上，吉尔·利波维茨基和塞巴斯蒂安·夏尔提出："一个社会不应局限于物质生产和经济交流。它不能脱离思想概念而存在。这些思想概念不是一种'奢侈'，对它可有可无，而是集体生活自身的条件。它可以帮助个体彼此照顾，具有共同目标，采取共同行动。没有价值体系，就没有可以再生的社会集体。"❶

当然，明确的社会价值体系，还必须是消解社会价值冲突而不是制造社会价值冲突的体系，是导向良序社会而不是紊乱社会的体系。因为社会价值体系以社会整体的名义构成的具体价值观秩序，是以对社会成员价值观的理性制约为前提的，是基于社会成员的普遍认同和自觉践履而保证的整个社会生活的有序。如果社会价值体系以"堕坏"为导向，它破坏的必然不只是个人的价值准则，也必将破坏价值体系的内部结构，最终导致社会行为的扭曲和价值体系的裂变。

因此，1986 年 1 月 17 日在中央政治局常委会上的讲话中，邓小平严正指出："搞四个现代化一定要有两手，只有一手是不行的。……经济建设这一手我们搞得相当有成绩，形势喜人，这是我们国家的成功。但风气如果坏下去，经济搞成功又有什么意义？会在另一方面变质，反过来影响整个经济变质，发展下去会形成贪污、盗窃、贿赂横行的世界。""抓精神文明建设，抓党风、社会风气好转，必须狠狠地抓。"❷ 党的"十二大"以来的各次代表大会皆郑重强调：我们在建设高度物质文明的同时，一定要努力建设高度的社会主义精神文明。党的"十二大"还特别指明：没有这种精神文明，就不可能建设社会主义。如果忽视在全社会建设社会主义精神文明这个伟大的任务，人们对社会主义的理解就会陷入片面性，就会使人们的注意力仅仅限于物质文明的建设，甚至仅仅限于对物质利益的追求。那样，我们的现代化建设就不能保证社会主义的方向，我们的社会主义社会就会失去理想和目标，失去精神的动力和战斗的意志，就不能抵制各种腐化因素的侵袭，甚至会走上畸形发展和变质的邪路。

二

价值体系，不言而喻，是众多价值观念的复合体，亦即价值观念形态的结构

---

❶ ［法］吉尔·利波维茨基、［加］塞巴斯蒂安·夏尔：《超级现代时间》，谢强译，中国人民大学出版社，2005 年，第 111 页。

❷ 《邓小平文选》第三卷，人民出版社，1993 年，第 154、152 页。

体系。“价值兴趣说”的创始人拉尔夫·巴顿·培里认为，兴趣是构成价值的核心因素，以兴趣为中心的价值结构体系，包括道德、艺术、科学、宗教、经济、政治、法律和习俗八大领域。客观主义价值论的重要代表人物马克斯·舍勒认为，价值是先于价值对象而存在的，事物的价值可以清晰而明显地呈现给我们，而不用面对那个价值携带者——价值对象的情况。各种价值有其客观的不以人的意志为转移的等级秩序，由低到高依次为感官价值、功利价值、生命价值、精神价值、宗教价值，五个层次的价值共同构成一个价值体系的王国。

价值体系由众多的价值观念复合而成，因而必然是多元的，而不是一元的；是差异的，而不是同一的。这就要求，每一个明确而协同的价值体系，必须有其居于支配地位，发挥主导作用的价值体系核心，或者说核心价值体系。在价值体系的社会实践中，作为价值体系结构的核心层次，核心价值体系必须声称对其他价值的优先性，只有这样，才能实现价值体系整体内部结构的多元和谐、差异互补。托克维尔指出：“我们只要仔细考察一下，就会发现任何时代都有一个占有支配地位的制约其他事实的独特事实。那个时代的基本思潮，或由此引起并将人人的感情和思想汇集起来的主要激情，几乎都是由这个事实造成的。这就像一条大河把两岸的小溪汇纳起来一样。”❶ 亦即是说，核心价值体系不仅仅是价值体系的一个论域，而且是将多元差异的价值体系汇聚成一个有机整体的决定性力量。

当代中国，经济体制深刻变革，社会结构深刻变动，利益格局深刻调整，思想观念深刻变化。伴随所有制结构由原来的单一公有制结构调整为以公有制为主体多种所有制共同发展的结构，社会价值体系也由原来的单一化、模式化样态发展为多元化、复杂化结构。这种多元化的价值体系，一方面，顺应了历史发展的必然趋势，解放了人们的思想，丰富了人们的价值观念，给中国社会的发展带来了极大的活力，譬如公平正义、自由平等、民主法治等理念深入人心，效率意识、竞争意识、开放意识不断增强；另一方面，也带来了极端个人主义的蔓延，唯利是图、损人利己、坑蒙拐骗、假冒伪劣的泛滥，拜金主义、奢侈腐化现象的盛行，资本主义价值观和封建主义价值观的复燃，权钱交易毒瘤的滋长。党的十七届四中全会严正指出：“一些党员、干部忽视理论学习、学用脱节，理想信念动摇，对马克思主义信仰不坚定，对中国特色社会主义缺乏信心；一些党组织贯彻民主集中制不力，有的对中央决策部署执行不认真，有的对党员民主权利保障落实不到位，一些党员干部法治意识、纪律观念淡薄；一些领导班子整体作用发挥不够，推动科学发展、处理复杂问题能力不够，一些地方和部门选人用人公信

❶ ［法］托克维尔：《论美国的民主》（下卷），董国良译，商务印书馆，2003 年，第 621 页。

度不高，跑官要官、买官卖官等问题屡禁不止；一些基层党组织战斗堡垒作用不强，有的软弱涣散，有的领域党组织覆盖面不广，部分党员党员意识淡化、先锋模范作用不明显；有些领导干部宗旨意识淡薄，脱离群众、脱离实际，不讲原则、不负责任，言行不一、弄虚作假，铺张浪费、奢靡享乐，个人主义突出，形式主义、官僚主义严重；一些领导干部特别是高级干部中发生的腐败现象影响恶劣，一些领域腐败现象易发多发。这些问题严重削弱党的创造力、凝聚力、战斗力，严重损害党同人民群众的血肉联系，严重影响党的执政地位巩固和执政使命实现，必须引起全党警醒，抓紧加以解决。”❶ 为此，《中共中央关于加强和改进新形势下党的建设若干重大问题的决定》将“市场经济考验”明确为“四大考验”——执政考验、改革开放考验、市场经济考验、外部环境考验——之一。在此基础上，2011 年 7 月 1 日在《庆祝中国共产党成立 90 周年大会上的讲话》中，胡锦涛进一步严正指出全党面临的“四大危险”——“精神懈怠的危险，能力不足的危险，脱离群众的危险，消极腐败的危险”。此前，温家宝 2011 年 4 月 14 日在同国务院参事和中央文史研究馆馆员座谈时亦高度强调，要“注重对社会转型期道德文化建设的研究”。他说：“从一定意义上讲，文化是制度之母。一个社会制度的形成、巩固和发展，需要有相应的文化为其提供指导和奠定基础。……近年来相继发生‘毒奶粉’、‘瘦肉精’、‘地沟油’、‘彩色馒头’等事件，这些恶性的食品安全事件足以表明，诚信的缺失、道德的滑坡已经到了何等严重的地步。一个国家，如果没有国民素质的提高和道德的力量，绝不可能成为一个真正强大的国家、一个受人尊敬的国家。”❷

当前多元化、复杂化的价值体系格局，总体表现为“多样并存、新旧交替”的态势。从价值立场来看，主要为三大价值体系，即以马克思主义为指导思想的社会主义价值体系、以非马克思主义或反马克思主义为主导的中国传统价值体系和西方自由主义价值体系。从具体内容来看，主要为五大板块，即马克思主义价值理论、中国传统价值观念体系、西方传入的价值观念体系、计划经济体制下形成的价值观念体系、改革开放实践新生的价值观念体系。在经济转轨、社会转型的加速期和社会矛盾的凸显期，特别需要正视的是，面对价值观念体系的“多样并存、新旧交替”，尤其是愚昧迷信、伪科学、经济私有化、新自由主义、保守主义、历史虚无主义、拜金主义、利己主义等错误思想、思潮的冲击，再加上主流渠道的宣传舆论与普通百姓的日常感知之间的差距，现实生活中出现了“价值

---

❶ 《十七大以来重要文献选编》（中），中央文献出版社，2011 年，第 142 页。

❷ 温家宝：《讲真话察实情——同国务院参事和中央文史研究馆馆员座谈时的讲话》，《人民日报》，2011 年 4 月 18 日。

茫然”、“价值错位”、“价值断裂”、“价值真空”等“价值虚无”现象。这就意味着，无论是引导人民自觉抵制各种错误思潮和腐朽思想的侵蚀、自觉警惕和积极走出“价值虚无”的样态，还是在多元中立主导、在多样中谋共识、在多变中把握正确方向，都要求中国特色社会主义建立起明确积极的核心价值体系。

基于此，在党的历次代表大会决议基础上，党的十六届六中全会总结中国特色社会主义建设实践经验，直面社会主义现代化建设中的实际问题，面向构建社会主义和谐社会、实现中华民族伟大复兴的历史使命，首次明确提出建设社会主义核心价值体系这一重大战略决策和战略任务，并指出社会主义核心价值体系是建设和谐文化的根本。党的“十七大”进一步指出社会主义核心价值体系是社会主义意识形态的本质体现和要求，强调建设社会主义核心价值体系，增强社会主义意识形态的吸引力和凝聚力。党的十七届六中全会再次指明社会主义核心价值体系是兴国之魂，是社会主义先进文化的精髓，决定着中国特色社会主义发展方向，并部署“以科学发展为主题，以建设社会主义核心价值体系为根本任务，以满足人民精神文化需求为出发点和落脚点，以改革创新为动力”，“坚持中国特色社会主义文化发展道路，努力建设社会主义文化强国”的社会主义文化体制改革和文化建设。至此，社会主义核心价值体系与以经济建设为中心、四项基本原则、改革开放一起共同构成中国特色社会主义建设事业总体布局的四个基本点，即兴国之魂、兴国之要、立国之本、强国之路。

三

核心价值体系不是抽象的，而是具体的；不是普世的，而是时代的和场域的。离开具体的历史时代和具体的时空场域谈论核心价值体系，是不切实际的空想和空谈，不是历史唯物主义的科学分析和阐释。

立足当代中国时空场域，建设当代中国同时面向未来的社会主义核心价值体系，必须明确四个基本问题：

第一，当代中国的社会主义核心价值体系是当代的而不是古代的核心价值体系，即从当代中国的价值实践出发、体现当今时代性的核心价值体系。恩格斯说：“每一个时代的理论思维，从而我们时代的理论思维，都是一种历史的产物，它在不同的时代具有完全不同的形式，同时具有完全不同的内容。”[1] 德国价值哲学家马克斯·舍勒亦指出：“不论我探究个人、历史时代、家庭、民族、国家或任一社会历史群体的内在本质，唯有当我把握其具体的价值评估、价值选取的

---

[1] 《马克思恩格斯选集》第4卷，人民出版社，1995年，第284页。

系统，我才算深入地了解它。"❶ 亦即是说，只有立足于当今时代特点，包括中国的特点和世界的潮流，才能准确把握"建设社会主义核心价值体系"的深层蕴涵，增强社会主义意识形态的吸引力和凝聚力，形成全民族奋发向上的精神力量和团结和睦的精神纽带。

第二，当代中国的社会主义核心价值体系是中国的而不是外国的核心价值体系，即基于中华民族文化心理、保持民族性的核心价值体系。用现代新儒家熊十力在北大50周年校庆中的话说："哲学有国民性，诸子之绪，当发其微，若一意袭外人肤表以乱吾之真，将使民性毁弃、绝无独立研究与自由发展之真精神。"❷ 在价值方法论层面，毛泽东、邓小平讲得更彻底、更明白。1930年5月，针对当时中国革命中的教条主义思想，毛泽东的话掷地有声："中国革命斗争的胜利要靠中国同志了解中国情况。"❸ 邓小平1982年9月1日在中国共产党第十二次全国代表大会——党的第七次全国代表大会以来的一次最重要的会议——开幕词中强调："中国的事情要按照中国的情况来办，要依靠中国人自己的力量来办。""把马克思主义的普遍真理同我国的具体实际结合起来，走自己的道路，建设有中国特色的社会主义，这就是我们总结长期历史经验得出的基本结论。"❹ 基于当代中国场域的社会主义核心价值体系建设，只有基于中华民族文化心理，才能最大限度地传承中华传统美德，最大限度地形成国民共识，最大限度地建立起人们的精神家园，从而激发全民族文化创造的活力，提高国家文化软实力。

第三，当代中国的核心价值体系是社会主义的，而不是资本主义的，即与当代中国社会相适应、与中国现代文明相协调的核心价值体系。北京大学中国与世界研究中心潘维教授提出："自'冷战'以来，核心价值观不断被抽象化、符号化，逐渐成为生存方式的图腾、阵营间对抗的利器、乃至民族兴衰的原因。……符号化的核心价值观被从本国的基本社会关系中剥离出来，成为国际斗争的战场，成了撬动基本社会关系的杠杆。苏联不是被经济挫折打败的，不是被科技创新打败的，也不是被海陆空军的武器打败的。苏联是被观念打败的，是被符号打败的，是在解构和建构核心价值观的混战中采取鸵鸟政策而失败。"❺ 在多种价值体系并存且相互竞争的当今世界，我们坚持的是富强民主文明和谐的中国特色社会主义道路，秉持的是促进人的自由全面发展的共产主义理想和信念，这是当代中国社会主义核心价值体系的本质性规定。

---

❶ ［德］M. 舍勒：《爱的秩序》，生活·读书·新知三联书店，1995年，第35页。

❷ 《熊十力全集》第五卷，湖北教育出版社，2001年，第24页。

❸ 《毛泽东选集》第一卷，人民出版社，1991年，第115页。

❹ 《邓小平文选》第三卷，人民出版社，1993年，第1、3页。

❺ 潘维、玛雅主编：《聚焦当代中国价值观》，生活·读书·新知三联书店，2008年，序言第4页。

第四，当代中国的社会主义核心价值体系建设不只是思想道德建设和精神文明建设的核心命题，而且是当代中国的发展道路、发展模式的“思想根基”、“精神动力”和“发展旗帜”问题。20世纪80年代末90年代初，苏联及东欧剧变，社会主义运动进入前所未有的低潮。由于中国曾经发生过1989年春夏之交的政治风波，也由于苏联及东欧剧变后中国的社会主义道路依然强劲，中国社会主义的前途和命运引起国外学者的高度关注和或善意或恶意的揣测。20年来，在西方舆论中，“中国崩溃论”、“中国威胁论”、“中国发展前景不确定论”，此起彼伏。诸如此类的种种论调，其深层的立论依据，无不与中国的发展理念、发展路线密切相关，无外乎认为中国没有明确的核心价值观念，“摸着石头过河”。英国前首相撒切尔夫人曾预言中国改革不会成功，其根据就是，中国缺乏引领市场经济的价值观念。通过对中国发展道路和种种西方论调的深刻思考，中国社会科学院哲学所教授李景源指出：核心价值体系是确保一个国家和民族有序发展的思想根基；必须从“中国道路”的视角来理解核心价值体系。❶ 亦即是说，当代中国的核心价值体系建设，绝不单单是一个社会价值观和价值体系建构或重构的问题，其本身就是“中国道路”、“中国模式”、“中国奇迹”的有机组成部分，甚至可以说是前提的、灵魂的部分。

也正是在上述四个方面的整体意义上，李景源教授指出：“价值体系不仅要说明它由哪几部分组成，更要讲清楚它是怎么构成的，以及为什么这样构成。……‘中国特色社会主义’是统帅改革开放的总体理论，是统领政治、经济、文化和社会四位一体建设的纲领，是全体人民各尽所能、各得其所而又和谐相处的政治保证，是在实践中丰富和发展马克思主义、提升人民精神文明的根本条件。作为当下中国的实践主题和理论主题，中国特色社会主义必然是价值体系的核心。”❷

四

2006年10月11日党的十六届六中全会通过的《中共中央关于构建社会主义和谐社会若干重大问题的决定》，深刻总结新中国成立以来，特别是改革开放以来精神文明建设和意识形态建设的历史经验，集科学社会主义价值理念之大成，第一次鲜明地提出“建设社会主义核心价值体系”这一重大战略决策，并系统整合我党的基本理论、思想观念和价值取向，从政治意识形态层面对“社会主义核心价值体系”这一重大命题做出了纲领性的概括。五年多来，有

---

❶❷ 《核心价值体系是立国之基——访中国社会科学院学部委员李景源教授》，《光明日报》，2011年1月10日。

关社会主义核心价值体系和核心价值观的理论研究成为当今中国理论界的中心课题之一，全国哲学社会科学规划办和教育部几乎每年都将"社会主义核心价值体系和核心价值观"列入国家社会科学基金和教育部人文社会科学研究课题，中宣部及许多宣传研究机构举办了"社会主义核心价值体系和核心价值观"研讨会。

综观五年多来的成果，围绕"为什么要建设社会主义核心价值体系"、"建设什么样的社会主义核心价值体系"以及"怎样建设社会主义核心价值体系"三大理论问题，各个层次的研究不仅数量剧增，而且逐渐走向深入。具体可以概括为：从简单地说明构成部分走向深入地讲清楚为什么这样构成的来龙去脉，从思想宣传走向社会意识形态和文化价值观念的学理建构，从基于当下的单一陈述走向"弄清楚所研究的问题发生的一定的时间和一定的空间，把问题当作一定历史条件下的历史过程去研究"❶。然而，总体而言，虽然数量很多，但是问题突破还不是很明显；涉及的领域不少，对事关社会主义核心价值体系"合法性"的来龙去脉问题还缺乏深入系统地发掘和阐释。

既注重当下，又深入历史，在历史与现实、世界与中国的交融视阈中把握"建设社会主义核心价值体系"这一重大课题的历史方位和社会意义，既是深化"建设社会主义核心价值体系"研究的必然趋向，也是现有创见性研究成果的共同特点。清华大学万俊人教授指出："社会主义核心价值体系和核心价值观问题首先，是由30多年的中国特色社会主义改革开放实践所提出的时代性课题；其次，它也是由60年中国特色社会主义艰难探索、曲折发展、不断创新的独特经验所集中反映出来的关键性课题；最后，它还是由近代欧洲空想社会主义思潮诞生以来世界社会主义思想、理论和实践运动所累积起来的历史性课题。只有至少从这三个不同的历史视阈来看待这一课题，也就是从社会主义的当下中国实景、中国历史中景和长远的世界历史远景，多层面、多视角、多方位地来审视这一课题，才能具体而不失全面、深入而不失系统地把握好这一重大理论课题的研究方向。"❷

在"当下中国实景、中国历史中景和长远的世界历史远景"交融中把握好当代中国社会主义核心价值体系建设这一重大课题的"研究方向"，其中一个根本的、核心的问题，是如何在学理上把握好社会主义核心价值体系灵魂的马克思

---

❶ 《毛泽东文集》第二卷，人民出版社，1993年，第400页。

❷ 万俊人：《关于社会主义核心价值体系研究——田海舰、邹卫〈社会主义核心价值观论纲〉序》，见田海舰、邹卫：《社会主义核心价值观论纲》，人民出版社，2010年，序第2页。

主义价值理论[1]与当代中国社会主义核心价值体系的内在关系和表述方式。

首先，正如离开中国文化传统和中华民族心理的历史方位来建设当代中国社会主义核心价值体系会成为一种无根的浮萍一样，离开马克思主义价值理论及其中国化的发展成果来研究当代中国社会主义核心价值体系建设，也会成为一种无根的浮萍。如上所述，社会主义核心价值体系正是集新中国成立以来特别是改革开放以来马克思主义价值理论中国化发展成果之大成。

其次，价值观多元交融背景下的当代中国社会主义核心价值体系之所以是社会主义的核心价值体系，而不是其他形态的核心价值体系，就在于马克思主义基本立场、观点、方法的指导作用。正是马克思主义基本立场、观点和方法的理论指引和精神支柱作用，保证了当代中国社会主义核心价值体系的根本性质和发展方向。也正是在这一意义上，马克思主义价值理论是社会主义核心价值体系建设的灵魂。

由此可见，就当代中国社会主义核心价值体系建设而言，从近代中国社会价值转型背景下先进知识分子对马克思主义价值理论的历史选择出发，更能客观准确地揭示马克思主义价值理论与当代中国社会主义核心价值体系建设的内在逻辑。用毛泽东的话说："我们研究党史，只从1921年起还不能说明问题，恐怕要有前面这部分的材料说明共产党的前身。"[2] 同时，立足于社会主义核心价值体系建设的当代中国时空场域，更能保证研究的理论指向性和现实针对性。

因此，立意于当代中国社会主义核心价值体系建设的历史轨迹和时代特征，本论著主要内容分为五章，依次为：近代中国社会价值转型与马克思主义价值理论的中国选择，马克思主义价值理论中国化与现当代中国核心价值体系的历史建构，社会主义核心价值体系：当代中国价值观建设的实践总结与理论抽象，当代中国核心价值体系建设的实践主体和实践机制。第一章从中国实践、中国历史、中国文化的时空场域，客观揭示马克思主义价值理论中国选择的历史必然性和马克思主义价值理论中国化的初始形态；第二章基于社会意识的社会存在基础，系统梳理现当代中国核心价值体系建构的历史进程和主要阶段性核心价值观；第三章从社会意识的自我运动和自觉建构本身，全面呈现社会主义核心价值体系建设

---

[1] 这里用马克思主义价值理论，意在从学理层面做出准确表述。如果不是割裂而是坚持马克思主义的整体性，以"每个人的自由发展是一切人的自由发展的条件"为根本和核心的无产阶级和人类解放的科学，实质上就是一个科学的价值理论体系。在《资本论》中，马克思再次重申《共产党宣言》关于未来理想社会的核心观点，共产主义是"以每一个个人的全面而自由的发展为基本原则的社会形式"（《马克思恩格斯全集》第44卷，人民出版社，2001年，第683页）。中央社会主义学院张峰教授2011年5月3日做客人民网理论频道与网友在线交流时亦指出，建设社会主义核心价值体系，之所以要以马克思主义为指导，在于马克思主义本身就是价值观，就有价值追求。

[2] 《毛泽东文集》第二卷，人民出版社，1993年，第402页。

的建构实践；第四章分析社会主义核心价值体系建设的实践主体，回答"谁来建设"问题；第五章探讨与社会主义核心价值体系建设主体相应的实践机制，阐明"怎样建设"问题。

研究方法上，以辩证唯物主义和历史唯物主义为原则，以科学抽象与文献研究相结合为基础，以历史与逻辑相统一为核心，实事求是地面向当代中国核心价值体系建设中的"问题"，坚持从历史的动态把握、史料的解读叙述和相关权威数据的分析中寻求理论的答案，在史论结合、史思并重的理论阐释中呈现社会主义核心价值体系建设的历史轨迹与现实要求，努力做到宏观总体与微观具体的有机结合。

第一章 近代中国社会价值转型与马克思主义价值理论的中国选择

1916年2月15日，陈独秀在《青年杂志》第一卷第六号刊发了《吾人最后之觉悟》一文，以一个在场者的亲身体验这样表达出当时的中国先进知识分子对包括马克思主义在内的近代西方文明的选择取向。他说："伦理思想，影响于政治，各国皆然，吾华尤甚。儒者三纲之说，为吾伦理政治之大原，共贯同条，莫可偏废。三纲之根本义，阶级制度是也。所谓名教，所谓礼教，皆以拥护此别尊卑明贵贱制度者也……吾人果欲于政治上采用共和制，复欲于伦理上保守纲常阶级制，以收新旧调和之效，自家冲撞，此绝对不可能之事……自西洋文明输入中国，最初促吾人之觉悟者为学术，相形见绌，举国所知矣；其次为政治，年来政象所证明已有不克守缺抱残之势。继今以往，国人所怀疑莫决者，当为伦理问题。此而不能觉悟，则前之所谓觉悟者，非彻底之觉悟，盖犹在惝恍迷离之境。吾敢断言曰：伦理的觉悟，为吾人最后觉悟之最后觉悟。"❶ 也就是说，近代中国选择马克思主义，旨在解决"救亡"这一政治问题，但首要的、更根本更深层更直接的，却是用马克思主义价值理论唤醒民众、"启蒙"民众，解决广大民众的政治价值观问题。毋庸置疑，只有价值理论才能"启蒙"价值观，只有新的价值理论才能破解超越旧的价值理论，以非价值理论的本体论、认识论破解超越旧的价值理论，是不可能的，也是荒谬的。而且今天各国对马克思主义创始人马克思恩格斯思想的深入研究表明：作为部分的马克思主义哲学或马克思主义政治经济学，是一个科学的理论体系；但作为整体的以"每个人的自由发展是一切人的自由发展的条件"❷ 为根本和核心、以马克思主义哲学、政治经济学和科学社会主义为基本构成的、关于无产阶级和人类解放的马克思主义，本质上是一个科学的价值理论体系。从根本意义上说，我们今天坚持马克思主义，坚持的不是马克思主义的个别词句，而是坚持马克思主义的立场、观点和方法，坚持马克思主义的价值立场、价值观点和价值方法。

---

❶ 《陈独秀著作选》第一卷，上海人民出版社，1984年，第179页。

❷ 《马克思恩格斯选集》第1卷，人民出版社，1995年，第294页。

一、传统中国核心价值体系的原初表达及其异化

从哲学层面来说，包括政治思想、经济思想在内的思想观念的变革，关键在于价值观与思维方式的变革。张岱年先生指出："在文化生活中，指导人们的行为活动的，首先是价值观；制约人们的认识、学术的，主要是思维方式。"[1] 而对于中国传统文化而言，无需深入哲学层面，只从《诗经》、《尚书》、《论语》记载的日常表达中，我们就可以看得极为明白，中国传统文化的主体部分、甚至可以说核心部分，就是价值观或者价值论。从这一意义上说，尽管价值论或者价值哲学作为哲学的一个独立部分或一种独特的哲学形态直至 19 世纪末期才在西方兴起，但关于价值哲学的表达，借"天道"以明"人伦"的中国传统文化在"天人合一"的思维中已经将其渗透于社会文化和哲学的各个领域，成为社会文化和哲学问题的核心。就哲学形态而言，甚至可以说，中国传统哲学就是价值哲学。在这样一个社会文化体系中，价值观的变迁就具有了至关重要的意义。认识了这一点，我们就能客观把握马克思主义价值理论中国选择的历史前提，而不停留于空洞的历史假设和抽象的理论思辨。

（一）敬德保民：西周时期天道人伦的转向

《殷周制度论》一开篇，王国维即指出："中国政治与文化之变革，莫剧于殷周之际。"[2] 从有文字可考的历史来看，殷、周之际政治与文化的变革之所以既剧于之前的夏、殷之际，也剧于之后"轴心时代"的春秋战国，不仅在于宗法制度的确立，更在于政治价值观的根本转向，即由"敬天"转向"敬德"，由"天道"转向"人伦"，从而奠定了中国政治文化的基调。用徐复观的话来说："周人的贡献，便是在传统的宗教生活中，注入了自觉的精神；把文化在器物方面的成就，提升而为观念方面的展开，以启发中国道德的人文精神的建立。"[3]

考察殷商时期的甲骨文，就其内容而言，是殷代的卜辞，即占卜的记录，更确切地说，是殷朝后期（约公元前 14 世纪至前 11 世纪）王室在进行占卜活动后，对有关占卜活动的内容及其应验的事实等的记载。在具体分类上，中国近代考古学奠基人、甲骨学家罗振玉在《殷墟书契考释》中将其分为卜祭、卜告、卜享、出入、卜渔猎、征伐、卜年、风雨、杂卜九项。罗振玉依据当时的考古发

---

[1] 张岱年：《文化与哲学》，中国人民大学出版社，2006 年，第 204 页。

[2] 《王国维文集》第四卷，中国文史出版社，1997 年，第 42 页。

[3] 《徐复观文集》第三卷，湖北人民出版社，2002 年，第 28 页。

现统计，卜辞共1169条，其中卜祭538条，占第一位。另外，据郭沫若《卜辞通纂》，卜辞中虽有表示善恶价值判断的抽象概念字样，例如“福”、“祐”、“保”、“咎”等，但这些字样皆为占卜的具象和祖先崇拜的宗教联系，而没有我们今天所理解的道德价值的意味。

因此，在殷人的思想观念中，有“天”❶有“神”而没有“人”。这种见“天”见“神”而不见“人”的宗教性特点渗透于社会生活的各个领域，对人们的种种言论和行动发生着重大的甚至是决定性的影响。《尚书·盘庚上》云：“先王有服，恪谨天命。……今不承于古，罔知天之断命，矧曰其克从先王之烈？……天其永我命于兹新邑，绍复先王之大业，底绥四方。”《尚书·盘庚中》曰：“予迓续乃命于天，予岂汝威，用奉畜汝众。”盘庚是商朝很有作为、影响很大的君主，在实施自己的政治举措时，最后都得乞灵于天威神权，不难发现殷人政治价值观的实质，是以神为本的神权政治。

然而，殷人没有得到所敬奉的“天”和“神”的永久护佑，公元前11世纪亡于殷纣的暴政。周人克殷后，竭力总结殷人虔诚地不惜财物和人力侍奉“天”和“神”却未能长治久安的经验教训。《尚书·召诰》曰：“我不可不监于有夏，亦不可不监于有殷。我不敢知曰，有夏服天命，惟有历年；我不敢知曰，不其延。惟不敬厥德，乃早坠厥命。我不敢知曰，有殷受天命，惟有历年；我不敢知曰，不其延。惟不敬厥德，乃早坠厥命。今王嗣受厥命，我亦惟兹二国命，嗣若功。”

正是在这一过程中，周人“以天为宗，以德为本，以道为门，兆于变化”（《庄子·天下》），一方面，高举天帝、天命的旗帜号召天下，灭殷而建周；另一方面，重视民意民力，制礼作乐，将政治价值观的重心从“天道”转向“人伦”，提出了“以德配天”、“敬德保民”等新型政治价值观，从而萌发了以道德价值观为中心的中国传统文化的幼芽。需要注意的是，这种在今天看来似乎充满矛盾和悖论的思想状况，实际上正是周人价值观念变革过程的反映。《礼记·表记》曰：“殷人尊神，率民以事神，先鬼而后礼，……周人尊礼尚施，事鬼敬神而远之。”清华大学教授葛兆光指出，在周人那里，“除了‘天’的意志是价值的终极依据之外，‘人’的感情也是价值的合理依据，于是，亲情及其向外扩展

---

❶ 需要说明的是，“天”在甲骨卜辞中为“𠀘”，一个人上面的巨大的头脑。《说文解字》曰：“天，颠也。至高无上。”段玉裁注：“颠者，人之顶也。以为凡高之称。”据郭沫若考释，“天”字在初始本没有什么神秘的意思，卜辞称至上神为“帝”，凡是《诗经》、《尚书》、彝铭中所称的“帝”都是指的天帝或上帝。殷代晚年，对至上神的称号，在“帝”上又加了一个“上”字。上下是相对的文字，有“上帝”也就有“下帝”，殷末二王称“帝乙”、“帝辛”，卜辞有“文武帝”的称号，大约是帝乙对于其父文丁的追称，又有“帝甲”，当是祖甲。也就是说，“帝”的称号在殷代末年已由天帝兼摄到了人王。大约在殷周之际，“上帝”和“下帝”明确区分，“人王”称为“帝”，“上神”称为“天”。这里为了避免今天人们理解上的歧义，采用殷周之际区分“天”、“帝”后的用法。

是人际和谐的基础，血缘及其应有的远近分别是社会秩序的本原，而‘礼’则成了社会认同的象征性规则，凭借这套规则，世界确立了秩序”，即血缘与等级同一（也就是“把父子关系为纵轴、夫妇关系为横轴、兄弟关系为辅线，以划定血缘亲疏远近次第的‘家’，以君臣关系为主轴、君主与姻亲诸侯的关系为横轴、君主与领属卿大夫的关系为辅线，以确定身份等级上下的‘国’重叠起来”）的宗法制。[1]

“民之所欲，天必从之”（《尚书·泰誓上》），“天视自我民视，天听自我民听”（《尚书·泰誓中》），周人把天与民、天的意志与民的意志联系起来，认为天有“道”可依，天之“道”为“德”。《尚书·蔡仲之命》云：“皇天无亲，惟德是辅”。《史记·伯夷列传》亦有言：“天道无亲，常为善人”。天道以德为基，王道和人伦自然必须“敬德”，只有“敬德”才能做到“敬天”。这样，不仅明确了西周天道人伦的理论依据，而且奠定了中国传统文化以价值观或价值论为核心的思想基调。

实践层面，周人强调“明德慎罚”，突出“敬德”以“保民”，从而保社稷、保国家。《尚书·康诰》曰：“惟乃丕显考文王，克明德慎罚；不敢侮鳏寡，庸庸，祗祗，威威，显民，用肇造我区夏，越我一、二邦以修我西土。惟时怙冒，闻于上帝，帝休，天乃大命文王。殪戎殷，诞受厥命越厥邦民。”正是英明的文王崇德教、慎刑罚，不欺孤寡，用其所用，敬其所敬，惩其所惩，尊宠其民，从而缔造了国家，扩大了领土，推广了德政，乃至得到了上帝的嘉许，受权灭掉殷，接管殷的统治区域。在此基础上，周人着力于“用保乂民”、“用康保民”、“助王宅天命，作新民”。

综观西周“敬德保民”之天道人伦观的理论与实践，二者之间，“敬德”是“保民”的思想前提，“保民”是“敬德”的行动体现，相比于殷人“敬天役民”的天道人伦观，不能不说是一个根本的转向。也正因为如此，孔子说：“周监于二代，郁郁乎文哉！吾从周”（《论语·八佾》）。

（二）仁爱与民本：传统中国核心价值的原初体系

历史总是在悲剧性的二律背反中行进。与信守敬天奉神政治价值观的殷人在殷纣的暴政中遭遇的命运一样，凸显敬德保民政治价值观的周人在周幽王的贪婪荒淫和刚愎自用中走向了自己的末日。

与此同时，太子宜臼在晋、郑、卫、秦等诸侯拥立下建立的东周王朝，却只

---

[1] 葛兆光：《中国思想史》第一卷，复旦大学出版社，2001 年，第 34、35 页。

具有“天下共主”的象征意义，权力重心不断由天子下移至诸侯，继而由诸侯至卿大夫、至士。这样，西周时期那种和谐与整齐的秩序坍塌，中国历史因“礼崩乐坏”而重新进入一个“天下无道”的时期。《庄子·天下》云：“天下大乱，贤圣不明，道德不一。天下多得一察焉以自好。譬如耳目鼻口，皆有所明，不能相通。犹百家众技也，皆有所长，时有所用。虽然，不该不遍，一曲之士也。判天地之美，析万物之理，察古人之全。寡能备于天地之美，称神明之容。是故内圣外王之道，暗而不明，郁而不发，天下之人各为其所欲焉以自为方。”

值得注意的是，“危机”并不是绝对的“危机”，同时也蕴含着“转机”和“契机”。在约公元前 800 年至前 200 年这一“道术将为天下裂”的时期，伴随神话时代和自明真理的终结与心灵的平静，“以前无意识接受的思想、习惯和环境，都遭到审查、探究和清理”，“意识再次意识到自身，思想成为它自己的对象”[1]。这样，中国社会文化开始了自己的第一次全面转型和精神家园的重构，从而开启了中国历史的“轴心时代”，并且自此以后，“每一次新的飞跃都回顾这一时期，并被它重燃火焰”[2]。

其中，由孔子开创经孟子光大的儒家学派，承继周人“敬德保民”的价值观传统，反思“德”的标准和“民”的地位，创建了以“仁爱”和“民本”为核心的原初价值体系，奠立了传统中国核心价值体系的根基。

面对由“王”而“霸”的时代特点，孔子总结周王朝“敬德保民”的政治价值观理念与实践，提出“政者，正也。子帅以正，孰敢不正”（《论语·颜渊》）的思想主张。不难看出，在孔子那里，“正”的设想是针对统治者而不是针对人民的，这也正是周朝灭亡的历史给予孔子的答案。其要旨在于：统治者为了能够领导，就必须端正自己的品格。从这一层面来说，孔子是站在“人民的立场”[3] 来接受、整理、改造和发展西周的政治价值观，并建构起着眼于社会政治实践的政治伦理和

---

[1] ［德］卡尔·雅斯贝斯：《历史的起源与目标》，魏楚雄、俞新天译，华夏出版社，1989 年，第 9 页。

[2] ［德］卡尔·雅斯贝斯：《历史的起源与目标》，魏楚雄、俞新天译，华夏出版社，1989 年，第 14 页。

[3] 需要说明的是，对于普通百姓来说，孔子的主张一方面反映了人民的意志，另一方面也充当了统治阶级教化的工具。《论语·子路》曰：“上好礼，则民莫敢不敬；上好义，则民莫敢不服；上好信，则民莫敢不用情。”可见，在孔子那里，“上”与“民”不是统一的，而是对立的；孔子主张的出发点是“民”，但落脚点是“上”，亦即通过“为民”而“为上”，而不是通过“为上”而“为民”。这也正是儒家思想经秦至汉后能够为统治阶级所接受而上升为意识形态的内在原因。正如列宁所指出的：“所有一切压迫阶级，为了维持统治，都需要两种社会职能：一种是刽子手的职能，另一种是牧师的职能。刽子手的任务是镇压被统治者的反抗和暴乱。牧师的使命是安慰被压迫者，给他们描绘一幅在保存阶级统治的条件下减少苦难和牺牲的前景（这做起来特别方便，只要不担保这种前景一定能‘实现’……），从而使他们顺从这种统治，使他们放弃革命行动，打消他们的革命热情，破坏他们的革命决心”（《列宁选集》第二卷，人民出版社，1995 年，第 478 页）。

政治哲学。也正是在这一意义上，郭沫若称孔子是一位“注重实际的主张人文主义的人”，美籍华人哲学史家陈荣捷称孔子的思想为“人文主义”。

既然“为政”就是带头“端正”，那么，怎样端“正”呢？孔子说：“文武之政，布在方策。其人存，则其政举；其人亡，则其政息。”（《礼记·中庸》）从文王和武王的政治践履可知，“正”的根本在有“德”。因此，孔子强调：“为政以德，譬如北辰，居其所而众星共之”（《论语·为政》）。

“正”的根本在“德”，“德”的根本又在哪里呢？这是西周灭亡的历史对包括孔子在内的诸子百家提出的一个重要而深层的时代课题。站在政治实践的角度，孔子认为“为政在人”，因而，唯有“取人以身，修身以道，修道以仁”（《礼记·中庸》），亦即“志于道，据于德，依于仁”（《论语·述而》）。这样，孔子将一个普通的“仁”的观念提升为普遍的价值原则，并构建起以“仁爱”为核心的价值体系。

“仁”，《说文解字》释“从人从二”，《论语·颜渊》曰“爱人”，《礼记·中庸》云“人也”。《孟子·尽心下》更说：“仁也者，人也。合而言之，道也。”可见，具有价值原则意义的“仁”，关注的不是孤立的生命个体，而是处于现实的人际关系中的社会人（在孔子时代，也就是宗法人伦中的人），在一定程度上反映了人的真实状态。在这个意义上，“仁”就意味着人之所以为人的充分体现，“仁”就是人的本质规定性。每一个人不仅要把自己当成人，而且先要把别人当成人，然后自己才能成为人。孔子说：“人而不仁，如礼何？人而不仁，如乐何？”（《论语·八佾》）“夫仁者，己欲立而立人，己欲达而达人。”（《论语·雍也》）“己所不欲，勿施于人。”（《论语·颜渊》）

据文本统计，一部《论语》，“仁”字出现110次，仅次于“知”（118次）。但“知”从来就不具有价值原则的意义，而只是“仁”这一价值原则的具体体现，“仁者安仁，知者利仁”（《论语·里仁》）。通过对儒家道德价值论原理的深入研究，杜维明指出，在儒家诸德的基本结构中，“仁”这一概念具有优先性，是“首德”，所有其他美德都内在地同“仁”关联着，都作为“仁”的若干方面发挥着人际关系的维系和建设作用。具体而言，孔子明确“仁和智”为“两种基本美德”，并提出“仁、智、勇”“三达德”，孟子发展为“仁、义、礼、智”“四项原初德目”或“四端”，董仲舒扩充为“仁、义、礼、智、信”“五常”。这样，以“仁爱”中心，以“仁、义、礼、智、信”为价值体系，人与人之间在良序的交往中建立起一种“信赖社群”[1]。

孔子“祖述尧舜，宪章文武”（《礼记·中庸》），建构了以“仁爱”为核心

---

[1] 《杜维明文集》第三卷，武汉出版社，2002年，第425～427页。

的伦理政治价值观体系，揭示了“为政”之“德”的实质和内核，并提出了君要如尧舜那样的君，臣要如舜禹那样的臣，父要如尧舜那样的父，子要如舜禹那样的子。但对“君”与“民”的关系，尚缺乏与“仁爱”一脉相承的明确阐释。正因为如此，孔子“君君，臣臣，父父，子子”“正名”的深意遭遇的却是齐景公庸俗的误读。

直面由“霸”而“雄”这一新的时代特征，孟子提出：“以力假仁者霸，……以德行仁者王”（《孟子·公孙丑上》）。在孔子的基础上，孟子由“仁”出发，进一步提出“仁政”的政治论社会哲学方案。《孟子·离娄上》云：“尧、舜之道，不以仁政，不能平治天下。”《孟子·梁惠王下》曰：“君行仁政，斯民亲其上。”

通过“仁政”这一理想的政治实践模式，孟子不仅将“君”与“民”联系为一个相互作用的整体，而且承先启后，凸显“民”的地位和利益，将孔子以前流传的君民主张发展为“民贵君轻”、“重视民意”这一意义深远的“民本”思想。《孟子·尽心下》云：“民为贵，社稷次之，君为轻。”《孟子·梁惠王下》曰：“左右皆曰贤，未可也；诸大夫皆曰贤，未可也；国人皆曰贤，然后察之；见贤焉，然后用之。左右皆曰不可，勿听；诸大夫皆曰不可，勿听；国人皆曰不可，然后察之；见不可焉，然后去之。”

随着价值理论核心的“仁爱”与价值实践根本的“民本”的明晰，传统中国核心价值的原初体系奠立。论及中国的思想文化及其发展史，梁启超说：“《论语》为国人思想之总源泉。《孟子》自宋以后势力亦与之相埒。此二书可谓国人内的外的生活之支配者。”[1] 孙中山说：“两千多年前的孔子、孟子便主张民权”，“我辈之三民主义首渊于孟子……孟子实为我等民主主义之鼻祖。”[2] 韦政通说：“民本思想，乃中国几千年的思想中最光辉的传统之一……后来儒家能在中国史上占一优势的地位，因它是从这条根上孕育而出，实是一决定性的关键。”[3]

（三）三纲五常：传统中国核心价值原初体系的异化

作为时代的产儿，思想不仅追随着时代，而且反映着时代，承载着时代。“春秋时犹尊礼重信，而七国则绝不言礼与信矣；春秋时犹宗周王，而七国则绝不言王矣；春秋时犹严祭祀、重聘享，而七国则无其事矣；春秋时犹论宗姓氏

[1] 《梁启超全集》第七册，北京出版社，1999 年，第 4232 页。

[2] 《孙中山全集》第九卷，中华书局，1986 年，第 262、532 页。

[3] 韦政通：《中国思想史》，上海书店出版社，2004 年，第 896 页。

族，而七国则无一言及之矣；春秋时犹宴会赋诗，而七国则不闻矣；春秋时犹有赴告、策书，而七国则无有矣。邦无定交，士无定主……文、武之道尽矣。驯至西汉，此风未改。”（《日知录·卷十三·周末风俗》）因此，在孔子那里，与“仁爱”的主体性和自觉性相一致，君臣关系上，主张“君使臣以礼，臣事君以忠”（《论语·八佾》），即臣应该“事君”，但不是绝对服从，而是以“君使臣以礼”为原则，如果君不肯接受正确的意见，臣可辞职退隐，所谓“天下有道则见，无道则隐”（《论语·泰伯》）；“邦有道则仕，邦无道则可卷而怀之”（《论语·卫灵公》）。在孟子那里，与“民本”思想共旨趣，主张“君之视臣如手足，则臣视君如腹心；君之视臣如犬马，则臣视君如国人；君之视臣如土芥，则臣视君如寇仇”（《孟子·离娄下》），即君臣之间不仅转化为一种明确的相对关系，而且特别需要注意的是，这种相对关系是以君对于臣的态度为转移，如果君轻视其臣，则臣可以把君看作仇敌。在此基础上，孟子还进一步以臣—民—人为基准表达出对“事君人”的藐视和对独立自主人格的崇敬：“有事君人者，事是君则为容悦者也；有安社稷臣者，以安社稷为悦者也；有天民者，达可行于天下而后行之者也；有大人者，正己而物正者也”（《孟子·尽心上》）。显而易见，在先秦儒家的主张中，没有绝对君权的思想。

然而，经秦王朝“皇权专制主义”中央集权制的催化和法家“不期修古，不法常可”（《韩非子·五蠹》）的政治实践，政治思想文化领域出现了这样三个方面的变化：政治上，虽然汉初在外裂土封王，在内封侯拜相，建立起一种“‘封建制度’与‘军人政府’混合”[1]的体制，但地方王国势力不久即因吴楚七国之乱的爆发和平息而再次削减，至汉武帝时，政治模式不仅已承“秦制”，而且皇权愈加膨胀；思想上，在汉初宽松的黄老模式下，儒生们借助太子太傅身份等有利条件，不断通过反思秦王朝的速亡来倡导儒家学说，如汉高祖、汉惠帝时叔孙通制定礼仪，规范朝廷上下尊卑秩序，汉文帝时博士诸生奉命撰写《王制》，明确国家结构和社会秩序；儒生群体的角色定位上，秦王朝的暴政使他们深谙政治的残酷和时代的变迁，在社会角色上，开始从“批判建构型”转向“论证建构型”，从理想型转向现实型，从自我觉解以求明主的超越型转向弃绝自我迎合主上的世俗型，如张苍根据五德终始的理论和天象历法的技术制定汉初历法，从宇宙论上论证汉朝的历史合理性等。

正是在这一背景下，窦太后公元前135年一去世，汉武帝即用武安侯田蚡为相，重启建元初年新政，“绌黄老、刑名百家之言，延文学儒者数百人”（《史记·儒林列传》）。第二年，即元光元年，汉武帝令郡国举孝廉，策贤良，“欲闻

---

[1] 钱穆：《中国文化史导论》，商务印书馆，1996年，第100页。

大道之要，至论之极”（《汉书·董仲舒传》），即探求力保汉朝强大兴旺、长治久安之道。

为了迎合膨胀的皇权专制的需要，儒家学说必须“建设一个拥有天然合理的终极依据、涵盖一切的理论框架、解释现象的知识系统以及切合当时并可供操作的政治策略在内的庞大体系”[1]，亦即从宇宙论的高度给汉王朝“制礼作乐”的行动以终极依据的论证，从而规范和清理世界的秩序，确定并指引历史的路向。因为先秦儒学关于人与社会的道德学说与礼乐制度的合理性，更多的只是一种经世致用的实践主张和言说，在现实的利益冲突面前，常常会因为终极依据的缺失而丧失其不言而喻的权威性。

于是，在对汉武帝的献策中，董仲舒以“天人感应论”为核心，以《春秋公羊传》为文本，兼取道、法、墨、阴阳等的思想，融合周代以来的天道观和阴阳、五行学说，凸显“天”与“君”的绝对地位，确立起“天”与“君”之间的对等互通，从而将一个包容的“民本”“爱人”的开放思想体系改造为一个独尊的“君本”“爱君”的封闭的意识形态。他说：“《春秋》大一统者，天地之常经，古今之通谊也。今师异道，人异论，百家殊方，指意不同，是以上亡以持一统；法制数变，下不知所守。臣愚以为，诸不在六艺之科孔子之术者，皆绝其道，勿使并进。邪辟之说灭息，然后统纪可一而法度可明，民知所从矣。”（《汉书·董仲舒传》）对比李斯的“禁私学”和“焚书”[2]主张，钱钟书指出，两者“均欲‘禁私学’、‘绝异道’，‘持一统’，‘定一尊’（Gleichschaltung）；东西背驰而遵路同轨，左右易位而照影随行（mirror image）。然则汉人之‘过秦’，非如共浴而讥裸裎，即如劫道之伤事主耳”[3]。

这样，在“定一尊”、“持一统”的政治预设下，先秦文化中包含朴素辩证法思想的自然法则的“阴阳之道”被董仲舒赋予“尊卑”、“主从”等政治道德秩序意涵，并在“天人相与”的理论基础上幻化出“君权神授”这一人伦之道的终极依据。《春秋繁露·基义》云：“阴者，阳之合，妻者，夫之合，子者，父之合，臣者，君之合，物莫无合，而合各相阴阳。……君臣、父子、夫妇之义，皆取诸阴阳之道。君为阳，臣为阴，父为阳，子为阴，夫为阳，妻为阴，阴

---

[1] 葛兆光：《中国思想史》第一卷，复旦大学出版社，2001年，第258页。

[2] 《史记·李斯列传》载：“古者天下散乱，莫能助一，是以诸侯并作，语皆道古以害今，饰虚言以乱实，人善其所私学，以非上所建立。今陛下并有天下，别白黑而定一尊；而私学乃相与非法教之制，闻令下，即各以其私学议之，入则心非，出则巷议，非主以为名，异趣以为高，率群下以造谤。如此不禁，则主势降乎上，党与成乎下。禁之便。臣请诸有文学诗书百家语者，蠲除去之。……所不去者，医药卜筮种树之书。若有欲学者，以吏为师。”

[3] 钱钟书：《管锥编》第一册，中华书局，1979年，第261页。

阳无所独行，其始也不得专起，其终也不得分功，有所兼之义。是故臣兼功于君，子兼功于父，妻兼功于夫，阴兼功于阳，地兼功于天。……王道之三纲，可求于天。”

“民本”异化为“君本”，“爱人”异化为“爱君”，自然而然，孔子“君君、臣臣、父父、子子”（《论语·颜渊》）的相对平等的人伦之道，也就走向了它的反面，即单向度的绝对服从关系。而在建初四年即公元79年东汉章帝主持的白虎观会议后，董仲舒的“私言”更化为封建王朝的“公论”。《白虎通义·三纲六纪》规定：“三纲者何谓也？谓君臣、父子、夫妇也。六纪者，谓诸父、兄弟、族人、诸舅、师长、朋友也。故《含文嘉》曰：‘君为臣纲，父为子纲，夫为妻纲。’……何谓纲纪？纲者，张也；纪者，理也。大者为纲，小者为纪，所以张理上下、整齐人道也。人皆怀五常之性，有亲爱之心，是以纲纪为化，若罗网之有纪纲而万目张也。”

在“三纲”的统领下，孟子“父子有亲，君臣有义，夫妇有别，长幼有序，朋友有信”的“五伦”亦异化为形近实殊的“五常”。《白虎通义·五经》云：“人情有五性，怀五常，不能自成，是以圣人象天五常之道而明之，以教人成其德也。”五性者何？《白虎通义·性情》曰：“人生而应八卦之体，得五气以为常，仁、义、礼、智、信是也。”本质上，“五常”已不是孟子意指五种宗法社会关系的人伦之道，而是指人怀有五行的属性却不能自我成就，因此圣人用取法于天的五行规律来加以阐明，以教导人们成就自己的德行。

在“三纲五常”的支配下，以“仁爱”与“民本”为核心的原初价值体系发生了根本的异化。因此，身处“三千年未有之变局”的近代中国思想家们皆以自身的切肤之痛对传统中国“三纲五常”的核心价值体系进行了猛烈而深刻地批判。谭嗣同说：“五伦（这里的“五伦”，实际上是异化后的“五常”。——引者注）中于人生最无弊而有益，无纤毫之苦，有淡水之乐，其惟朋友乎！……所以者何？一曰‘平等’；二曰‘自由’；三曰‘节宣惟意’。总括其义，曰不失自主之权而已矣。兄弟于朋友之道差近，可为其次。余皆为三纲所蒙蔽，如地狱矣。……伦有五，而全具自主之权者一，夫安得不矜重乎！……自孔耶以来，先儒牧师所以为教所以为学，莫不倡学会，联大群，动辄合数千万人以为朋友。……夫惟朋友之伦独尊，然后彼四伦不废自废。亦为明四伦之当废，然后朋友之权力始大。今中外皆侈谈变法，而五伦不变，则举凡至理要道，悉无从起点，又况于三纲哉！”[1]

---

[1] 谭嗣同：《仁学：谭嗣同集》，辽宁人民出版社，1994年，第86～88页。

二、传统中国核心价值体系的近代裂变与重估

步入19世纪40年代，在西方列强的坚船利炮和“西学东渐”携带的现代文明的全面冲击下，“天朝帝国万世长存的迷信破了产，野蛮的、闭关自守的、与文明世界隔绝的状态被打破”，“而当这种隔绝状态通过英国而为暴力所打破的时候，接踵而来的必然是解体的过程”❶。这里的解体，不只是政治、经济的解体，更核心、更深远的是价值观和价值体系的解体。坚船利炮等器物文化以雄辩的事实表明，这些“蛮夷”的异质文化，如果不是更高类型的文化，至少也是在当时条件下更有效用的文化。在这一背景下，近代中国开始了核心价值体系的裂变与重估。

（一）进化主义：社会价值观的转换

近代中国被迫逐渐离开传统的发展轨道并陷入政治、经济、文化的全面危机，时代的中心问题变成“怎么办，中国向何处去”❷ 这一根本的方向抉择问题。具体而言，即“灾难深重的中华民族，如何才能获得自由解放，摆脱帝国主义的压迫、欺凌和奴役？……这个时代的中心问题在政治思想领域表现为‘古今中西’之争，其内容就是如何向西方学习，并且对传统进行反省，来寻求救国救民的真理，以便使中华民族走上自由解放的道路”❸。西方列强的坚船利炮不仅使近代中国人睁眼看世界，而且“在观念意识和价值信仰上动摇和否定了中国传统文化优势地位，动摇了国民心理上的自我中心意识和华夏本位主义意识，直接威胁到儒家文化为代表的传统文化以及民族本身的存亡。民族生存的危机与文化危机交织在一起，构成了近现代中国最严峻的现实危机。近现代中国一切先进知识分子的努力与奋斗，所致力解决的都是要摆脱近代以来中国面临的这种双重危机”❹。因而，近代中国先进知识分子“对西方社会诸种文化思潮的信仰和传播，几乎都是不仅将它作为一种拯救中国危机的工具理性，而且将它作为一种价值理性，一种世界观、价值观、人生观，即一种总的精神信仰”❺。

在“救亡图存”、“变局”观念和“危亡”意识的社会心态主导下，“自从一

---

❶ 《马克思恩格斯选集》第1卷，人民出版社，1995年，第691、692页。
❷ 《毛泽东选集》第二卷，人民出版社，1991年，第662页。
❸ 冯契：《中国近代哲学的革命进程》，华东师范大学出版社，1997年，第4页。
❹ 庄福龄、邱守娟主编：《马克思主义中国化研究》第一卷，人民出版社，2008年，第84页。
❺ 庄福龄、邱守娟主编：《马克思主义中国化研究》第一卷，人民出版社，2008年，第85页。

八四〇年鸦片战争失败那时起，……求进步的中国人，只要是西方的新道理，什么书也看。……学了这些新学的人们，在很长的时期内产生了一种信心，认为这些很可以救中国，除了旧学派，新学派自己表示怀疑的很少”[1]。

在这一过程中，近代中国先进知识分子对中国传统的世界观和历史观进行了深刻反思和批判，并逐步走向了“进化主义”的世界观、价值观和人生观。严复说：“尝谓中西事理，其最不同而断乎不可合者，莫大于中之人好古而忽今，西之人力今以胜古；中之人以一治一乱、一盛一衰为天行人事之自然，西之人以日进无疆，既盛不可复衰，既治不可复乱，为学术政化之极则。”[2]

需要注意的是，在近代中国，将进化论或者说进化主义作为一种世界观、历史观和价值观来推行并使其盛行于中国，当首推严复译述的以阐发达尔文的生物进化论为宗旨的《天演论》。但在19世纪90年代进化主义成为中国的时代强音——新的世界观、历史观和价值观之前，它已经零星地东传到了中国。据浦嘉珉考察，在《物种起源》出版前4年、《物种起源》系统介绍到中国前40年的1855年，与达尔文同年出生的英国领事阿礼国（Rutherford Alcock）在上海写道：“一条自然和道德的法则支配着各民族的活力、成长和衰落，如同作用于人的生命那么清晰……毫无例外——当那些即将受惠于文明的种族在智力和体质上都比那些正变得文明的民族更低劣和更衰弱的时候——有且仅有一个结果：弱者屈服于强者。”[3]

“弱者屈服于强者”非常符合当时中国先进知识分子的“危机意识”，因而提出了“师夷长技以制夷”，从器物层面学习“西艺”以对抗“西方”，并兴起了“师夷长技以自强”的洋务运动。然而，这些都不仅没有达到“自强”的目的，而且在1895年败给了新近崛起的日本。败给“蕞尔小国日本”，无异于在近代中国知识分子中间投放了一颗原子弹，忧虑、失落、愤懑的民族情绪和民族心境空前爆发，“变法”之声不绝于耳。梁启超高呼：“法者，天下之公器也；变者，天下之公理也。……变亦变，不变亦变；变而变者，变之权操诸已，可以保国，可以保种，可以保教。不变而变者，变之权让诸人，束缚之，驰骤之，呜呼，则非吾之所敢言矣！”[4]

和当时的每一位先进知识分子一样，严复“大受中日甲午战争刺激”，于是“致力于译述以警示，先译述《天演论》”。《天演论》原著为赫胥黎的《进化论与伦理学》，系1893年在牛津大学“罗马尼斯”（Romanes）讲座的演讲稿。

[1] 《毛泽东选集》第四卷，人民出版社，1991年，第1469～1470页。

[2] 《论世变之亟：严复集》，辽宁人民出版社，1994年，第1页。

[3] 引自［美］浦嘉珉：《中国与达尔文》，钟永强译，江苏人民出版社，2008年，第3页。

[4] 《梁启超全集》第一册，北京出版社，1999年，第14页。

1894 年 7 月出版时，赫胥黎又加了一篇《导论》。严复的译述，以 1894 年版为底本，“根据达尔文的生物进化论及斯宾塞的社会达尔文主义，结合当时的中国国情，采取意译的办法，加以改写，而且加进了不少按语，按语约占全书的1/3，有的按语长于译文”[1]。尽管第一次系统介绍西方进化论思想的译著《天演论》1898 年才正式出版，但实际上 1895 年就已经脱稿，并在梁启超、康有为、夏曾佑等知识分子中间流传，且备受推崇。[2]

严复将《进化论与伦理学》译成《天演论》，不仅具有时代性，而且具有象征性：

第一，严复对《进化论与伦理学》的反应速度之快，足见当时中国思想界对中国传统世界观、历史观、价值观的绝望与悲懑。正因为如此，19 世纪末 20 世纪初，“进化论”或者说“进化主义”成为中国知识界和思想文化领域中最强有力的精神符号之一。甚至可以说，它是比“科学”这一符号兴起得更早并持久不衰的一种“神话”。作为一种新的宇宙观和世界观，“进化主义”具有广泛的解释力和适应性，因而如同一服效力极强的“兴奋剂”，令近代中国先进知识分子着迷和信奉。众所周知，对于近代中国先进知识分子来说，“进化主义”通过把历史划分为“后来居上”的不同阶段而展示出来的历史直线性进步，为他们提供了对未来的强烈乐观信念，适应了他们解释中国困境的需要和复兴中华民族的价值需求。如林毓生所言：“从纯粹的认识论观点来讲，达尔文主义的变化观点倒可以用作一种工具来帮助我们理解和说明西方入侵带来的屈辱和震惊这一空前的经历。它提供的思想架构有助于中国知识分子克服因不理解中国危机而产生的极度忧虑。”[3]

第二，严复通过传统中国主流意识形态中至高无上的概念“天”同中国历史观中表征变易内涵的“演”的结合创造了具有“宇宙观”意义的“天演”概念，并以之作为“evolution”的译名，不仅将斯宾塞的“进化世界观”与达尔文的“物竞天择”结合起来，而且在中国传统的“体用”观念下整合为一套融通中西文化、适应中华民族心理和时代需求的世界观、历史观和价值观：“以天演为体，而其用有二：曰物竞，曰天择。此万物莫不然，而于生之类为尤著”[1]。

---

[1] 孙应祥：《严复年谱》，福建人民出版社，2003 年，第 79 页。

[2] 孙应祥著《严复年谱》载：1895 年夏，严复译述《天演论》“未数月而脱稿”。梁启超 1896 年《与严幼陵先生书》说：“二月间读赐书二十一纸，循环往复诵十数过，不忍释手，甚为感佩，乃至不可思议。”还引《天演论》：“克己太深，而自营尽泯者，其群亦未尝不败。”又说：“南海先生读大作后，亦谓眼中未见此等人。如穗卿，言倾佩至不可言喻”（《梁启超全集》第一册，北京出版社，1999 年，第 72 页）。

[3] ［美］林毓生：《中国意识的危机——“五四”时期激烈的反传统主义》，穆善培译，贵州人民出版社，1988 年，第 96 页。

[1] 《严复集》第五册，中华书局，1986 年，第 1324 页。

于是，戊戌至“五四”这一近代中国思想最为活跃的时期，在进化主义的支配下，民族主义、自由主义、社会主义前推后涌，层出叠现。用陈兼善的话说：“我们放开眼光看一看，现在底进化论，已经有了左右思想底能力，无论什么哲学，伦理，教育，以及社会之组织，宗教之精神，政治之设施，没有一种不受他的影响。”❶

（二）臣民到新民：人生价值观的变革

进化主义的价值观反映到社会发展主体的人本身，即是民众的社会角色和社会人格由“臣民”进化为“新民”。❷

传统中国自古代至近代数千年间，经历了形式多样的风云变幻，发生了引人注目的社会变迁，然而，这些变迁主要是在社会表层的政治形式层面，较少涉及社会深层的宗法制组织结构及其与之相应的生活方式、风尚习俗、人际关系、思维模式和国民心理等。在宗法制社会模式下，整个社会以家族为中心，以血缘关系为纽带，按照亲属网络组成一个个小金字塔，又由一个个小金字塔组成一个巨大的金字塔，居于塔顶的是位于诸多父亲家长之上的总家长，即“天子”，正所谓“普天之下，莫非王土。率土之滨，莫非王臣”（《诗经·小雅·北山》）。中国思想史研究专家侯外庐指出：“如果我们用‘家族、私有、国家’三项来做文明路径的指标，那么，‘古典的古代’是从家族到私产再到国家，国家代替了家族；‘亚细亚的古代’是由家族到国家，国家混合在家族里面，叫做‘社稷’。……前者是新陈代谢，新的冲破了旧的，这是革命的路线；后者却是新陈纠葛，旧的拖住了新的，这是维新的路线。前者是人惟求新，器亦求新；后者是‘人惟求旧，器惟求新’。”❸

因而，如果说春秋战国时期中国的独立自主人格幼芽已经萌发的话，自秦初的皇权集权至清末长达2000多年的封建君主专制统治期间，传统中国人又重新退回到“人的依赖关系”（马克思语）状态，每个人基本上都是在有限的世世代代固定的地域范围内活动，区域间接触较少，彼此生活隔离，各自保持着孤立的社会圈子。不仅如此，在自秦至清的封建君主专制统治衍化过程中，伴随君主专制权力不断扩大及君主自我人格非理性的极度扩张，宗法性关系也随着政治、伦理、教化等因素而更加强化，个人的独立意志和独立人格受到更为严重的压抑，富有主体张力的自我人格在以君主、宗族、尊长为贵的三纲五常的礼教价值系统

---

❶ 陈兼善：《进化论发达略史》，《民铎》，1922年3卷5号。

❷ 李金和：《平民化自由人格——梁启超新民人格研究》，知识产权出版社，2010年，第44～57页。

❸ 侯外庐：《中国思想通史》第一卷，人民出版社，1980年，第11～12页。

中被消解，个体意识在纲常名教持久、强大的模塑下，造就了无个体独立特性和自我主体精神的“臣民”人格。黑格尔指出：“在东方的国家生活里，我们看到一种实现了的理性的自由，逐渐发展而没有进展成为主观的自由。这是‘历史的幼年时期’。客观的种种形式构成了东方各‘帝国’的堂皇建筑，其中虽然具有一切理性的律令和布置，但是各个人仍然被看作是无足轻重的。他们围绕着一个中心，围绕着那位元首，他以大家长的资格——不是罗马帝国宪法中的君主——居于至尊的地位。……东方观念的光荣在于‘唯一的个人’一个实体，一切皆隶属于它，以致任何其他个人都没有单独的存在，并且在他的主观的自由里照不见他自己。想象和自然的一切富丽都被这个实体所独占，主观的自由根本就埋没在它当中。它只能在那绝对的对象中、而不能在它自身内觅得尊严。”❶

面对清末的社会危机，近代中国先进知识分子站在文化觉醒、人格觉悟的高度反思传统中国人的自我意识，强调历史是“众人自造，非圣人所造”，批判圣人史观，推崇平民创造历史，强烈要求挣脱封建专制的思想束缚，倡导经世致用，从哲学高度弘扬自我的主体意志，张扬个性，呼唤有为于社会的“豪杰”人格。在古代中国的“最后”和近代中国的“最初”的双重叠加与转折时代，龚自珍即“劝天公重抖擞，不拘一格降人才”。他提出：“古未曾有范金者，亦无抟埏者，亦无削楮、揉革、造机者，其始有之，其天下豪杰也。或古有其法，中绝数千岁，忽然有之，其天下豪杰也。”❷ 这样，龚自珍将所有有所发现、有所创造的劳动者都定义为豪杰，从而将人才从圣贤的宝座上拉了下来，公开倡导一种面向大众的平民人格。19 世纪 90 年代，严复在英国实证主义哲学家斯宾塞的“三育”（智育、德育和体育）理论影响下，提出国民全面发展的“三民”人格，倡导“鼓民力，开民智，新民德”。戊戌变法前后，康有为、谭嗣同等维新派借鉴西方近代思想改造中国人的人格观念，将西方人格平等的思想与儒家“人人皆可以为尧舜”的观念相融合，宣传“天赋人权”、先天资质相同的平等观念，将西方人格平等的思想与儒家的“忠恕之道”相沟通，提出了博爱人格、平等人格等。

在康有为、谭嗣同、严复等的人格主张基础上，梁启超立身社会全面转型的近代中国，面向救亡图存的时代主题，总结技术变革和制度变革的社会实践，以其深邃的眼光洞察到社会变革和社会现代化的根本——人的变革和人的现代化，并以其宽广的文化视野和开放性思维方式兼收并蓄，“淬历”中国传统文化所本有，“采补”中国传统文化所本无，将严复的“三民”思想发展为以独立、自

---

❶ ［德］黑格尔：《历史哲学》，王造时译，上海书店出版社，2001 年，第 107 ~ 108 页。

❷ 《龚自珍全集》，上海人民出版社，1975 年，第 172 页。

由、平等、责任为基本内容的、具有近代中国特色的新民人格。

"中国国运之兴也，不在有万能之政府，而在有健全自由之社会。而健全自由之社会，惟由人民之人格优秀以成之"[1]，这是近代中国"在场者"切身体验的表达。就是说，近代中国之存亡，不仅仅在于技术的进步和制度的变革，更关键的在于居于民族国家主体地位、具有主体意识和主体能力、人格充实而健全的芸芸平等之广大国民，在于将个人从社会和传统的束缚中解放出来，使个体的主体性得到肯定和承认，使个人成为共同体中一个真实的力量，由"臣民"而"新民"，从而成就健全自由之社会。因而，梁启超中庸调和中西文化，"烈山泽以辟新局"而构建的"新民"人格对中国近代以来的各个思想流派都有着持久的吸引力。

胡适说："严先生的文字太古雅，所以少年人受他的影响没有梁启超的影响大。梁先生的文章，明白晓畅之中，带着浓挚的热情，使读的人不能不跟着他走，不能不跟着他想。……我个人受了梁先生无穷的恩惠。现在追想起来，有两点最分明。第一是他的《新民说》，第二是他的《中国学术思想变迁之大势》。……'新民'的意义是要改造中国的民族，要把这老大的病夫民族，改造成一个新鲜活泼的民族。……我们在那个时代读这样的文字，没有一个人不受他的震荡激动的。"[2] 在梁启超新民人格的影响下，胡适提出娜拉式的平民人格。与胡适一样，中国的马克思主义者李大钊、陈独秀、毛泽东等也从梁启超的"新民"人格中汲取营养，提出共产主义理想人格。毛泽东说："个人有无上之价值，百般之价值依个人而存，使无个人（或个体）则无宇宙，故谓个人之价值大于宇宙价值可也。凡有压抑个人、违背个性者，罪莫大焉。故吾国之三纲在所必去，而教会、资本家、君主、国家四者，同为天下之恶魔也。或曰个人依团体而存，与团体之因个人而存其事相等，盖互相依存不可偏重也。是不然。事固先有个人而后有团体，个人离团体固不能独存，然团体无意思，其有意思仍系集合个人之意思也。"[3] 亦即是说，人不以任何别的东西为目的，人本身就是目的，人按照自己的需要创造并拥有价值。

综观20世纪中国思想家的理想人格叙述和中国人独立自主人格的成长，可以说，正是在由"臣民"到"新民"的人生价值取向转向过程中，一代一代中国先进知识分子不断描绘出现代理想人格的蓝图，一代一代中国人不断走出独立、富强、民主、文明、和谐的中国特色社会主义民族复兴之路。

---

[1] 克柔编：《张东荪学术文化随笔》，中国青年出版社，2000年，第63页。

[2] 《胡适文集》（1），北京大学出版社，1998年，第71~72页。

[3] 《毛泽东早期文稿》，湖南出版社，1990年，第151~152页。

（三）民主、科学、人权：近代中国核心价值体系的重估

如果说19世纪末20世纪初兴起的进化主义社会价值观和理想新民人格的人生价值观只是近代中国价值观体系的变革和启蒙的话，积累到五四新文化运动时期，传统中国异化的核心价值体系开始了近代中国的彻底质变，即深度的裂变与重估。具体为："破"的层面，对以纲常名教为核心的封建专制主义价值观体系进行彻底批判，以至摧毁；"立"的层面，与社会制度、社会理念、社会主体相应地民主、科学、人权价值观高扬。

1915年9月15日，陈独秀在《青年杂志》创刊号中"敬告青年"，必须是"自主的而非奴隶的"、"进步的而非保守的"、"进取的而非退隐的"、"世界的而非锁国的"、"实利的而非虚文的"、"科学的而非想象的"。他说："等一人也，各有自主之权，绝无奴隶他人之权利，亦绝无以奴自处之义务。……世称近世欧洲历史为'解放历史'，……解放云者，脱离夫奴隶之羁绊，以完其自主自由之人格之谓也。""近世欧洲之所以优越他族者，科学之兴，其功不在人权说下，若舟车之有两轮焉。今且日新月异，举凡一事之兴，一物之细，罔不诉之科学法则，以定其得失从违；其效将使人间之思想云为，一尊理性，而迷信斩焉，而无知妄作之风息焉。国人而欲脱蒙昧时代，羞为浅化之民也，则急起直追，当以科学与人权并重。"❶

1919年1月15日，《新青年》旗帜鲜明地竖起民主与科学的大旗，自信而坚定地说，我们现在认定只有德、赛两位先生（Democracy、Science）"可以救治中国政治上道德上学术上思想上一切的黑暗"，"要拥护那德先生，便不得不反对孔教，礼法，贞节，旧伦理，旧政治；要拥护那赛先生，便不得不反对旧艺术，旧宗教；要拥护德先生又要拥护赛先生，便不得不反对国粹和旧文学"❷。

"民主"，核心在于人民当家作主，作为新文化运动中兴起的一种新思想、新精神和新的制度理念，不仅是对传统中国"君主"——君王当家做主——思想及其制度的彻底否定，而且是对中国传统"民本"思想的扬弃与转换。马克思指出："在民主制中，任何一个环节都不具有与它本身的意义不同的意义，每一个环节实际上都只是整体人民的环节。在君主制中，则是部分决定整体的性质。在这里，国家的整个制度构成必须适应一个固定不动的点。民主制是国家制度的类。君主制则只是国家制度的种，并且是坏的种。民主制是内容和形

❶ 《陈独秀著作选》第一卷，上海人民出版社，1993年，第130、135页。

❷ 《陈独秀著作选》第一卷，上海人民出版社，1993年，第442～443页。

式，君主制似乎只是形式，然而它伪造内容。在君主制中，整体，即人民，从属于他们的一种存在方式，即政治制度。在民主制中，国家制度本身只表现为一种规定，即人民的自我规定。在君主制中是国家制度的人民；在民主制中则是人民的国家制度。民主制是一切形式的国家制度已经解开的谜。在这里，国家制度不仅自在地，不仅就其本质来说，而且就其存在、就其现实性来说，也在不断地被引回到自己的现实的基础、现实的人、现实的人民，并被设定为人民自己的作品。国家制度在这里表现出它的本来面目，即人的自由产物。”[1] 反思辛亥革命后近代中国民主政治的曲折历程，李大钊指出：“民与君不两立，自由与专制不并存，是故君主生而国民死，专制活则自由亡。……今犹有敢播专制之余烬，起君主之篝火者，不问其为筹安之徒与复辟之辈，一律认为国家之叛逆、国民之公敌，而诛其人，火其书，殄灭其丑类，摧拉其根株，无所姑息，不稍优容，永绝其萌，勿使滋蔓，而后再造神州之大任始有可图，中华维新之运命始有成功之望也。”[2]

与“民主”这一新的思想、精神和制度理念相呼应，《新青年》群体“热衷于用科学及其引发的价值观念和假设来诘难、直至最终取代传统价值主体”。就陈独秀而言，甚至可以说，“他对科学及其作用的基本哲学理解，是他早期迷恋社会民主、后期相信唯物论的历史发展规律之间的重要连接环节”[3]。《青年杂志》第一卷第一号，陈独秀即提出：“凡此无常识之思，惟无理由之信仰，欲根治之，厥维科学。夫以科学说明真理，事事求诸证实，较之想象武断之所为，其步度诚缓；然其步步皆踏实地，不若幻想突飞者之终无寸进也。”[4] 针对《灵学杂志》1918 年刮起的张鬼神之说，鲁迅同年 10 月 15 日亦在《新青年》第五卷第四号上强调：“要救治这‘几至国亡种灭’的中国，那种‘孔圣人、张天师传言由山东来’的方法，是全不对症的，只有这鬼话的对头的科学！——不是皮毛的真正科学！”[5] 总结近代中国变法维新至 1923 年间的社会思想历程，胡适说：“这三十年来，有一个名词在国内几乎做到了无上尊严的地位；无论懂与不懂的人，无论守旧和维新的人，都不敢公然对他表示轻视或戏侮的态度。那个名词就是‘科学’。”[6]

---

[1] 《马克思恩格斯全集》第 3 卷，人民出版社，2002 年，第 39 ~ 40 页。

[2] 《李大钊全集》第一卷，人民出版社，2006 年，第 163 页。

[3] ［美］郭颖颐：《中国现代思想中的唯科学主义（1900—1950）》，雷颐译，江苏人民出版社，2005 年，第 3、44 页。

[4] 《陈独秀著作选》第一卷，上海人民出版社，1993 年，第 135 页。

[5] 《鲁迅全集》第一卷，人民文学出版社，2005 年，第 318 页。

[6] 《胡适文集》（3），北京大学出版社，1998 年，第 152 页。

“民主”、“科学”的追求反映到社会主体的人本身，即是对以“人权”为内容的独立自主人格的主体意识、主体地位、主体能力的张扬。显而易见，在《新青年》群体的民主精神和民主思想中，不仅包含着个性解放、人格独立及其自由民主权利等内容，而且可以说，他们明确地表达了民主社会的建构依赖于个性解放、人格独立的思想，即有了个性的解放、人格的独立及其自由民主权利，才有社会的民主制度和民主建构，离开社会主体的人的人格独立及其自由民主权利，民主社会的建立是不可想象的。“科学”呢？如美国学者郭颖颐所言，对于20世纪20年代的中国人来说，已经远远超出了科学技术、科学知识、科学思想、科学方法等层面而上升为一种理念、精神意义上的世界观、价值观和人生观，即崇尚人类理性和人格独立，强调用科学的尺度衡量世间一切事物，反过来，也只有具有理性意识和独立人格，才能自觉地运用科学。正因为如此，《新青年》反复宣扬人人“各有其自主之权”和“独立自主之人格”。创刊号说：“我有手足，自谋温饱；我有口舌，自陈好恶；我有心思，自崇所信；绝不认他人之越俎，亦不应主我而奴他人”。欲救近代中国陈腐朽败的人身和社会，“是在一二敏于自觉勇于奋斗之青年，发挥人间固有之智能，抉择人间种种之思想，……利刃断铁，快刀理麻，决不作牵就依违之想，自度度人，社会庶几其有清宁之日也。”“近代文明之特徵，最足以变古之道，而使人心社会划然一新者，厥有三事：一曰人权说，一曰生物进化论，一曰社会主义。”❶

在民主、科学、人权的近代中国核心价值体系裂变与重估中，传统中国人逐步走向现代中国人，并在对各色各样“主义”的认识、实践和反思、总结中，在巴黎和会的刺激和俄国十月革命启迪的双重作用下，历史地选择了马克思主义。历史学家陈旭麓指出：“中国人从‘师夷之长技以制夷’开始，进而‘中体西用’，进而自由平等博爱，进而民主和科学。在这个过程中，中国人认识世界同时认识自身，其中每一步都伴随着古今中西新旧之争。高扬民主和科学之旗，包含着八十年中西文化论争所积累起来的认识成果，又体现了认识的一种飞跃。它由古今中西新旧之争而来，又是对古今中西新旧之争的历史概括。中国人因此而找到了一个最重要、最本质的是非标准，而后才可能有完全意义上的近代中国和近代中国人。”❷

❶ 《陈独秀著作选》第一卷，上海人民出版社，1993年，第130、136页。

❷ 陈旭麓：《近代中国的新陈代谢》，上海人民出版社，1992年，第398页。

三、中国最早马克思主义者李大钊的马克思主义价值叙说

在思潮丛生、“主义”杂陈——有进化主义、自由主义、保守主义，有民族主义、社会主义、无政府主义，有科学主义、实证主义、人文主义——的近代中国，李大钊首先以敏锐的眼光和高度的社会责任感给正在向西方寻求救国救民真理的中国人深度评介俄国十月革命及作为其指导思想的马克思主义理论体系，不仅使马克思主义在中国由早期的传入转向广泛的传播，而且在他和陈独秀的影响下，毛泽东等青年知识分子逐步成长为马克思主义者，从而成功开创出中国特色的革命、建设、改革和发展之路，一步步带领中华民族走向伟大复兴。1949 年 3 月 23 日，毛泽东将抵达北平时说：“三十年前我为了寻求救国救民的真理而奔波。……在北平遇到了一个大好人，就是李大钊同志。在他的帮助下我才成为一个马列主义者。……他是我真正的好老师，没有他的指点和教导，我今天还不知在哪里呢！”❶ 不言而喻，要准确把握中国的马克思主义“选择”，首先必须准确理解李大钊的马克思主义“引入”和“传播”，尤其是俄国十月革命后和中国共产主义小组成立前的《法俄革命之比较观》、《庶民的胜利》、《Bolshevism 的胜利》、《我的马克思主义观》四个重要文本。需要注意的是，对李大钊的马克思主义“引入”和“传播”的阐释和评析，必须始终坚持历史唯物主义这一根本方法，而不是站在今天的立场形而上学地做出“混乱”和“清晰”、“伦理”和“科学”、“片面”和“完整”的简单评价。列宁指出：“判断历史的功绩，不是根据历史活动家没有提供现代所要求的东西，而是根据他们比他们的前辈提供了新的东西。”❷

（一）《法俄革命之比较观》之价值视阈

目睹帝国主义侵略下的国家危亡局势和社会黑暗状况，青年时期的李大钊即立志为苦难的中国寻求出路，把学习和求知的重心放在寻找解决中国现实问题的方法上。1912 年 10 月，针对日本人中岛端《支那分割之运命》一书对中国的诋毁，李大钊迅即组织北洋法政学会共同翻译，并逐段附注译者按或眉批，驳斥侵略谰言，两个月后编译出版，定名为《〈支那分割之运命〉驳议》，全书驳议按语 58 段，眉批 186 处，约三万余字。下篇《〈世道人心之一大危机〉驳议》曰：

---

❶ 柯延编著：《毛泽东生平全纪录》，中央文献出版社，2009 年，第 67 页。

❷ 《列宁全集》第 2 卷，人民出版社，1984 年，第 154 页。

"物极必反，天之道也。印度阶级之制严，而佛氏倡平等之教；法国专制之风酷，而卢骚倡民约之论；日本伪立宪而有幸德秋水鼓吹社会主义。佛氏也、卢骚也、幸德秋水也，之三人者，虽生不同时，居不同地，而其慈祥恻怛，为吾人类一大救世主则一也。"[1] 不难看出，这时的李大钊已经接触到社会主义思想。1913 年留学日本早稻田大学后，李大钊对幸德秋水、河上肇等日本社会主义思想家中的社会主义思想有了更进一步地直接接触。这些思想虽然当时在李大钊那里还没有形成独立的体系，但为他后来对俄国革命的关注，继而成为中国最早的马克思主义者铺奠了深厚的基础。

1917 年 3 月 15 日，俄国"二月革命"推翻统治长达 300 多年的罗曼诺夫王朝，结束沙皇专制制度的反动统治。19 日，李大钊即在《甲寅》日刊撰文说："今昨所传，电音甚简，……盖尝论之，世界之进化无止境，即世界之革命无已时，帝王之运命，将渐绝于兹世。即彼依其末光之官僚政治，亦将以失所凭依而日即消沈。于是知自由民权之大义，无论如何屈挫，终有时而昌。专制阴谋之恶政，无论如何披猖，终有时而穹［穷］。"[2] 29 日更指出："今以俄人庄严璀璨之血，直接以洗涤俄国政界积年之宿秽者，间接以灌润吾国自由之胚芽，使一般官僚耆旧，确认专制之不可复活，民权之不可复抑，共和之不可复毁，帝政之不可复兴。即彼貌托共和之'官僚政治'，于今亦不可尝试。苟尝试焉，必且撄国民之怒，抑之愈甚，抗之愈力，……平心论之，俄国此次革命之成功，未始不受吾国历次革命之影响。今吾更将依俄国革命成功之影响，以厚我共和政治之势力。"[3] 可见，李大钊这时虽然还不是马克思主义者，但已经用世界历史的眼光来探索中国的革命。他不仅向国人宣扬俄国二月革命的功绩，而且以之为中国革命的先兆，倡导民主共和的革命行动。在他看来，俄国革命就是代替专制政治和官僚政治的"自由政治之曙光"。

李大钊对"二月革命"的反应预示了他对"十月革命"的反应。尽管"十月革命"爆发时李大钊已离开《甲寅》日刊编辑部，没能像"二月革命"爆发时那样及时地评介这一重大事件。但 1918 年年初，李大钊已向林伯渠等志同道合者宣传和介绍"十月革命"的情况。林伯渠在 1956 年 10 月接受王来棣、董其昉访谈时回忆说："约在一九一八年三四月，连续接到李大钊同志几次信，详细给我介绍了'十月革命'情况及一些小册子、文件，并对目前中国形势阐述了他的所见，得到很大的启发。"[4]

---

[1] 引自刘民山：《李大钊与幸德秋水》，《近代史研究》，1995 年第 4 期。

[2] 《李大钊全集》第二卷，人民出版社，2006 年，第 1 页。

[3] 《李大钊全集》第二卷，人民出版社，2006 年，第 22 页。

[4] 《"一大"前后中国共产党第一次代表大会前后资料选编》（二），人民出版社，1980 年，第 31 页。

1918 年 7 月 1 日，李大钊在《言治》季刊第 3 册正式发表《法俄革命之比较观》，以“平民主义”[1] 的进化论历史观和世界历史的视野表达了他对俄国社会主义革命之“人道主义精神”及其世界历史意义的深刻认识，从而表明了李大钊对社会主义和马克思主义认知的初始视阈。李大钊说，历史是“普遍心理表现之记录”，虽然“有权威之历史，足以震荡亿兆人之心”，但“惟能写出亿兆人之心之历史，始有震荡亿兆人心之权威”。[2] 这一点，对于从中国革命的实际出发客观准确地理解马克思主义在中国的传播与发展十分重要。

基于平民主义的进化论历史观，李大钊在比较中反复突出，相比于表征“十九世纪全世界人类普遍心理变动”的法国资产阶级革命，显兆“二十世纪全世界人类普遍心理变动”的俄国社会主义革命，是“立于社会主义上之革命，是社会的革命而并著世界的革命之采色者”，它“冲决‘神’与‘独裁君主’之势力范围，而以人道、自由为基础，将统制一切之权力，全收于民众之手”，因而，“其人道主义之精神，入人之深，世无伦比”，“内足以唤起其全国之自觉，外足以适应世界之潮流，倘无是者，则赤期飘飘举国一致之革命不起”。[3] 于是，李大钊高度赞扬“倾于世界主义”的俄国社会主义革命，认为俄人之“爱人的精神”“足为和平之曙光”，“二十世纪初叶以后之文明，必将起绝大之变动，其萌芽即茁发于今日俄国革命血潮之中”[4]，吾人“惟有翘首以迎其世界的新文明之曙光，倾耳以迎其建于自由、人道上之新俄罗斯之消息，而求所以适应此世界的新潮流”[5]。

在这里，通过对法俄革命的比较，首先，李大钊从近代中国革命和中国人的解放出发表达了马克思主义的“人道主义”价值理论内涵。马克思说，共产主义是“通过人并且为了人而对人的本质的真正占有；因此，它是人向自身、向社会的即合乎人性的人的复归，这种复归是完全的，自觉的和在以往发展的全部财富的范围内生成的。这种共产主义，作为完成了的自然主义 = 人道主义，而作为

---

[1] 李大钊的“平民主义”历史观系统地体现在 1923 年 1 月 16 日发表于《北京大学经济学会半月刊》的《平民主义》（《李大钊全集》第四卷，人民出版社，2006 年，第114～133 页）一文中。李大钊提出，“平民主义”是现代社会风靡世界的一绝大潮流，是与社会主义密切相连的一种运动；现代政治或社会兴起的运动，都是解放的运动，都是“平民主义化”的运动；现代的“平民主义”，已经不是“属于人民、为人民、由于人民的政治”（Government of the people，for the people，by the people），而为“属于人民、为人民、由于人民的执行”（Administration of the people，for the people，by the people），不是对人的统治，而是对事物的管理；纯正的“平民主义”，就是把政治上、经济上、社会上一切特权阶级，完全打破，使人民全体，都是为社会国家作有益的工作的人，不须用政治机关以统治人身，政治机关只是为全体人民，属于全体人民，而由全体人民执行的事务管理的工具。

[2] 《李大钊全集》第二卷，人民出版社，2006 年，第 227 页。

[3] 《李大钊全集》第二卷，人民出版社，2006 年，第 226～227 页。

[4] 《李大钊全集》第二卷，人民出版社，2006 年，第 225 页。

[5] 《李大钊全集》第二卷，人民出版社，2006 年，第 228 页。

完成了的人道主义＝自然主义，它是人和自然界之间、人和人之间的矛盾的真正解决，是存在和本质、对象化和自我确证、自由和必然、个体和类之间的斗争的真正解决”。❶

其次，在前期新文化运动的个性解放和主体意识、主体能力呼唤基础上，进一步深化了民主、科学、人权的价值理性启蒙。康德从人的自觉性和自主性的角度指出：“启蒙运动就是人类脱离自己所加之于自己的不成熟状态。不成熟状态就是不经别人的引导，就对运用自己的理智无能为力。当其原因不在于缺乏理智，而在于不经别人的引导就缺乏勇气与决心去加以运用时，那么这种不成熟状态就是自己所加之于自己的了。”❷ 对于近代中国绝大多数普通人而言，众所周知，由于两千多年封建专制制度的长期钳制，基本上处于这样一种“不经别人的引导就缺乏勇气与决心去运用自己的理智的不成熟状态”，奴隶性和奴隶主义成为他们的处世哲学和生活习性，并形成强大的习惯势力和社会舆论。用梁启超的话说：“举国之大，竟无一人不被视为奴隶者，亦无一人不自居于奴隶者，而奴隶视人之人，亦即为自居奴隶之人，……故虽日日为奴，而不觉其苦，反觉其乐，不觉其辱，反觉其荣焉。”❸ 更有甚者，不仅自居奴隶，还嘲笑不愿为奴隶之人。对于此种国民性，以民主、科学、人权为内容的前期新文化运动价值观从主体觉醒和革新的意义上给予了民众抽象的社会启蒙，而俄国社会主义革命的人道主义则为主体权利的获取和主体地位的维护提供了具体的努力方式。

（二）《庶民的胜利》、《Bolshevism 的胜利》之价值立场

李大钊在《法俄革命之比较观》中表达出的社会主义人道主义思想，如同马克思的人道主义思想一样，在其思想进程中不断由一般的人走向现实的人，由一般意义上的人道主义走向“现实人道主义”，即以现实的人为前提的人道主义。在《1844 年经济学哲学手稿》中，马克思写道：“对于社会主义的人来说，整个所谓世界历史不外是人通过人的劳动而诞生的过程，是自然界对人来说的生成过程。”❶ 在《神圣家族，或对批判的批判所做的批判 驳布鲁诺·鲍威尔及其伙伴》中，马克思恩格斯指出：“人是本质，是人的全部活动和全部状况的基础……历史什么事情也没有做，它‘不拥有任何惊人的丰富性’，它‘没有进行任何战斗’！其实，正是人，现实的、活生生的人在创造这一切、拥有这一切并

❶ 《马克思恩格斯全集》第 3 卷，人民出版社，2002 年，第 297 页。

❷ ［德］康德：《历史理性批判文集》，何兆武译，商务印书馆，2005 年，第 23 页。

❸ 《梁启超全集》第二册，北京出版社，1999 年，第 415 页。

❶ 《马克思恩格斯全集》第 3 卷，人民出版社，2002 年，第 310 页。

且进行战斗。并不是‘历史’把人当做手段来达到自己——仿佛历史是一个独具魅力的人——的目的。历史不过是追求着自己目的的人的活动而已。”[1] 经历“关于费尔巴哈的提纲”这一“包含着新世界观的天才萌芽的第一个文件”的思想飞跃，在《德意志意识形态》中，马克思恩格斯说，历史唯物主义“从现实的前提出发，它一刻也不离开这种前提。它的前提是人，但不是处在某种虚幻的离群索居和固定不变状态中的人，而是处在现实的、可以通过经验观察到的、在一定条件下进行的发展过程中的人”[2]。马克思恩格斯所说的“现实的人”，从共产党人作为“无产者”或“无产阶级”的先锋队性质来看，也就是李大钊用中国特色的中国话语表达的“庶民”和“劳工”。

在《法俄革命之比较观》发表近半年后，李大钊在《庶民的胜利》演说词及其姊妹篇《Bolshevism的胜利》[3] 一文中，用“全世界的庶民”、“劳工主义”、“革命的社会主义”深刻地表达了马克思主义的现实人道主义和马克思主义的价值理性。

1918年11月11日，德国投降，第一次世界大战结束。段祺瑞政府为捞取政治资本，大搞庆祝活动，向国人评功摆好，极力把一战的胜利吹嘘为“联合国的兵力战胜德国的兵力”。为了揭穿段祺瑞政府的种种假象和谎言，并正确回答一战的胜利究竟是谁的胜利，“庆祝”究竟应该为谁庆祝等尖锐而迫切的关系中国前途和民众启蒙的重大现实问题，李大钊在《庶民的胜利》演说中开门见山指出：“我们这几天庆祝战胜，实在是热闹的很。可是战胜的，究竟是那一个？我们庆祝，究竟是为那个庆祝？我老老实实讲一句话，这回战胜的，不是联合国的武力，是世界人类的新精神。不是那一国的军阀或资本家的政府，是全世界的庶民。”[4] 全世界庶民的胜利，表现为政治和社会两个方面的结果：政治的结果是，民主主义战胜大国主义、专制主义和军国主义；社会的结果是，劳工主义战胜资本主义，今后世界人人都成为庶民，人人都成为工人。民主主义、劳工主义胜利的新潮流新纪元即“一九一七年的俄国革命”，它是“二十世纪中世界革命的先声”[5]。

---

[1] 《马克思恩格斯文集》第1卷，人民出版社，2009年，第295页。

[2] 《马克思恩格斯选集》第1卷，人民出版社，1995年，第73页。

[3] 《庶民的胜利》最早刊载于1918年12月6日的《北大日刊》，并标明“李大钊主任在中央公园之演说”。《Bolshevism的胜利》，据朱乔森、黄真考证（朱乔森、黄真：《关于〈庶民的胜利〉的发表和〈Bolshevism的胜利〉的写作》，《历史研究》1980年第4期），最早写作于1918年12月初。透过文本的时间和内容，不难发现，《Bolshevism的胜利》是对《庶民的胜利》演说词的进一步展开，可以说，《Bolshevism的胜利》是《庶民的胜利》的姊妹篇。

[4] 《李大钊全集》第二卷，人民出版社，2006年，第254页。

[5] 《李大钊全集》第二卷，人民出版社，2006年，第256页。

在《Bolshevism 的胜利》中，李大钊进一步指出："原来这次战局终结的真因，不是联合国的兵力战胜德国的兵力，乃是德国的社会主义战胜德国的军国主义。不是德国的国民降服在联合国武力的面前，乃是德国的皇帝、军阀、军国主义降服在世界新潮流面前。德国军国主义的失败，是 Hohenzollern 家（德国皇家）的失败，不是德意志民族的失贩［败］。对于德国军国主义的胜利，不是联合国的胜利，更不是我国徒事内争托名参战的军人和那投机取巧卖乖弄俏的政客的胜利，是人道主义的胜利，是平和思想的胜利，是公理的胜利，是自由的胜利，是民主主义的胜利，是社会主义的胜利，是 Bolshevism 的胜利，是赤旗的胜利，是世界劳工阶级的胜利，是二十世纪新潮流的胜利。"[1] 在这里，李大钊不仅指明了"劳工阶级"战胜"皇帝、军阀、军国主义"、社会主义战胜资本主义的"世界新潮流"，而且明确了社会主义人道主义是"劳工"的人道主义。

由此可见，如果我们用今天所认知的科学社会主义来简单评判当时李大钊的马克思主义认知和马克思主义择取，并断章取义地将其定性为"伦理的社会主义"，不仅是教条的，而且是背离李大钊的思想实际和历史唯物主义基本方法的，甚至在某种程度上是脱离时代精神的历史发展而对中国马克思主义第一人的苛刻。客观地说，恰恰相反，李大钊的马克思主义价值理性表达，正是用中国风格、中国气派表达的马克思主义；正是对马克思主义与中国实际相结合的自觉，亦即对教条主义的超越和对马克思主义中国化的自觉探索；正是成长中的中国马克思主义者处于成长过程之中的典型反映。这一点，在李大钊 1923 年 9 月至 1924 年 4 月讲授的《社会主义与社会运动》中有明确的注解：社会主义理想"因各地、各时之情形不同，务求其适合者行之，遂发生共性与特性结合的一种新制度（共性是普遍者，特性是随时随地不同者），故中国将来发生之时，必与英、德、俄……有异。因中国受国际压迫（帝国主义与资本主义），各阶级是相同的，所以实行时应当与资本中等……阶级联成一气，使中国成一独立者，不受国际压迫者之国家。惟最后应注意尚有国际资本阶级……亦应打破"[2]。

这里的"异"只是实现方式上的异，在马克思主义价值立场这一根本问题上，无论何时何地，都是始终如一的，都是基于"庶民"、"劳工"、"群众"的根本权益。李大钊指出："Bolshevism 就是俄国 Bolsheviki 所抱的主义……他们的主义，就是革命的社会主义；他们的党，就是革命的社会党；他们是奉德国社会主义经济学家马客士（Marx）为宗主的；他们的目的，在把现在为社会主义的障碍的国家界限打破，把资本家独占利益的生产制度打破。……他们主张一切男女

---

[1] 《李大钊全集》第二卷，人民出版社，2006 年，第 259 页。

[2] 《李大钊全集》第四卷，人民出版社，2006 年，第 197 ~ 198 页。

都应该工作，工作的男女都应该组入一个联合，……一切产业都归在那产业里作工的人所有，此外不许更有所有权。他们将要联合世界的无产庶民，拿他们最大、最强的抵抗力，创造一自由乡土，先造欧洲联邦民主国，做世界联邦的基础。这是 Bolsheviki 的主义。这是二十世纪世界革命的新信条"；"有了 Bolshevism，于贫苦的人是一好消息，于地上的天堂是一捷径的观念"。[1] 接下来，李大钊从世界新潮流和人类新纪元的高度进一步指出，"Bolshevism 在今日的俄国"，已经"成为一种群众的运动"，以此为显兆，20 世纪的世界都将"为这种群众的运动所风靡"；"由今而后，到处所见的，都是 Bolshevism 战胜的旗。到处所闻的，都是 Bolshevism 的凯歌的声。人道的警钟响了！自由的曙光现了！试看将来的环球，必是赤旗的世界"！[2]

（三）《我的马克思主义观》之价值表达

透过上述论析，我们不难明确一个基本事实：即李大钊等彻底的中国马克思主义者不是为研究马克思主义而研究马克思主义的，不是为宣传马克思主义而宣传马克思主义的，而是为了解决近代中国的"救亡"与"启蒙"这一双重时代课题而"阐释"、"传播"马克思主义的。这是我们准确理解和把握李大钊等彻底的中国马克思主义者之"马克思主义观"的基本前提。离开这一点，我们就会歪曲他们的马克思主义表达。在他们那里，马克思主义就是他们的世界观、实践论和价值观。李大钊说："彼西洋学者，因其所处之时势、境遇、社会各不相同，则其著书立说，以为救济矫正之者，亦不能不从之而异。吾辈立言，不察中国今日之情形，不审西洋哲人之时境，甲引丙以驳乙，乙又引丁以驳甲，盲人瞎马，梦中说梦，殊虑犯胡适之先生所谓'奴性逻辑'之嫌，此为今日立言之大忌"[3]；"我们惟有一面认定我们的主义，用他作材料、作工具，以为实际的运动；一面宣传我们的主义，使社会上多数人都用他作材料、作工具，以解决具体的社会问题。那些……过激主义哪，洪水猛兽哪，邪说异端哪，尽管任他们乱给我们作头衔，那有闲工夫去理他。"[4]

进入到 1919 年，近代中国"具体的社会问题"，最突出的是什么？1919 年元旦，李大钊这样敏锐地预言："今日是一九一九年的新纪元，现在的时代又是人类生活中的新纪元，……一九一四年以来的世界大战的血、一九一七年俄国革

---

[1] 《李大钊全集》第二卷，人民出版社，2006 年，第 259～260、261 页。
[2] 《李大钊全集》第二卷，人民出版社，2006 年，第 263 页。
[3] 《李大钊全集》第二卷，人民出版社，2006 年，第 207 页。
[4] 《李大钊全集》第三卷，人民出版社，2006 年，第 6 页。

命的血、一九一八年德、奥革命的血，好比作一场大洪水——诺阿以后最大的洪水——洗来洗去，洗出一个新纪元来。这个新纪元带来新生活、新文明、新世界，和一九一四年以前的生活、文明、世界，大不相同，仿佛隔几世纪一样。……这个新纪元是世界革命的新纪元，是人类觉醒的新纪元。我们在这黑暗的中国，死寂的北京，也仿佛分得那曙光的一线，好比在沉沉深夜中得一个小小的明星，照见新人生的道路。”❶

具体说来，在国内，思想上，“一战”显明的西方资本主义文明神话的破灭使中国先进知识分子对西方文明价值产生强烈的怀疑，并由此开始对西方资本主义制度进行反思和批判。李大钊指出：“此次战争，使欧洲文明之权威大生疑念。欧人自己亦对于其文明之真价不得不加以反省。”❷ 陈独秀说：“我们相信世界上的军国主义和金力主义，已经造了无穷罪恶，现在是应该抛弃的了。”❸ 政治上，中国外交的节节失利刺激了中国人敏感的神经，巴黎和会伪“和”实“掠”的本质打破了中国人对于帝国主义列强的幻想，激发了中国人反对帝国主义、反对封建主义的愤怒浪潮。国际上，俄国“十月革命”胜利后，欧亚革命浪潮兴起，芬兰、德国、奥地利、匈牙利、捷克斯洛伐克等国相继爆发大规模的工人罢工运动，日本爆发了全国性群众自发斗争的“米骚动”，朝鲜掀起了反对日本帝国主义的斗争。与此同时，共产国际成立大会1919年3月在莫斯科举行，通过《共产国际行动纲领》等重要文件，积极支持包括中国在内的欧、美、亚各国的民族解放运动和人民革命斗争，中国旅俄华工联合会的刘绍周和张永奎应邀以“中国社会主义工人党”代表的名义出席大会。

正是在一战及其伪善的巴黎和会、五四运动和十月革命的综合作用下，人们在否定封建主义的同时也开始怀疑以至放弃资产阶级共和国的方案，转而向往社会主义。瞿秋白这样描述当时的情状：“经八九年中国社会现象的反动，《新青年》《新潮》所表现的思潮变动，趁着学生运动中社会心理的倾向，起翻天的巨浪，摇荡全中国。当时爱国运动的意义，绝不能望文生义的去解释他。中国民族几十年受剥削，到今日才感受殖民地化的况味。帝国主义压迫的切骨的痛苦，触醒了空泛的民主主义的噩梦。学生运动的引子，山东问题，本来就包括在这里。工业先进国的现代问题是资本主义，在殖民地上就是帝国主义，所以学生运动倏然一变而倾向于社会主义。”❹ 忆及五四运动前后，吴玉章说：“处在‘十月革命’和‘五四运动’的伟大时代，我的思想上不能不发生一种非常激烈的变化。

❶ 《李大钊全集》第二卷，人民出版社，2006年，第266～268页。
❷ 《李大钊全集》第二卷，人民出版社，2006年，第218页。
❸ 陈独秀等：《新青年》，王中江、苑淑娅选编，中州古籍出版社，1999年，第364页。
❹ 《瞿秋白文集》（文学编）第一卷，人民文学出版社，1985年，第26页。

当时我的感觉是：革命有希望，中国不会亡，要改变过去革命的办法。虽然，这时候我对中国革命还不可能立即得出一个系统的完整的新见解，但是通过十月革命和五四运动的教育，必须依靠下层人民，必须走俄国人的道路，这种思想在我头脑中日益强烈、日益明确了。”[1]

“必须依靠下层人民”，不仅是李大钊在《庶民的胜利》演说词及其姊妹篇《Bolshevism 的胜利》的明确立场，更是《我的马克思主义观》为当时中国杂陈的“社会主义”给出的答案。

五四时期的中国，如同马克思恩格斯在《共产党宣言》中考察的“社会主义的和共产主义的文献”一样，在社会主义的名号下，马克思主义、无政府主义、互助主义、新村主义、合作主义、泛劳动主义、基尔特社会主义、伯恩斯坦主义潮涌而至，吸引着迷茫中有志于救亡和启蒙的各层次中国知识分子。在场者毛泽东、瞿秋白分别这样说：“在这时候，我的思想还是混乱的，用我们的话说，我正在找寻出路。我读了一些关于无政府主义的小册子，很受影响。我常常和来看我的一个名叫朱谦之的学生讨论无政府主义和它在中国的前景。在那个时候，我赞同许多无政府主义的主张”[2]；“社会主义的讨论，常常引起我们无限的兴味。然而究竟如俄国十九世纪四十年代的青年思想似的，模糊影响，隔着纱窗看晓雾，社会主义流派，社会主义意义都是纷乱，不十分清晰的。”[3]

正是针对这一复杂局面，李大钊紧紧抓住唯物史观和剩余价值学说这马克思的“两个发现”，抓住马克思的阶级斗争理论，于 1919 年 9 月、11 月在《新青年》第 6 卷第 5 号、第 6 号上分两次刊载了两万多字的长文——《我的马克思主义观》[4]，从整体性的高度向当时的中国知识分子阐述了马克思主义的基本立场、观点和方法。

李大钊说：“马氏社会主义的理论，可大别为三部：一为关于过去的理论，

---

[1] 中国社会科学院近代史研究所编：《五四运动回忆录》（上册），中国社会科学出版社，1979 年，第 61 页。

[2] ［美］斯诺（Snow，E.）：《西行漫记：英汉对照》，董乐山译，外语教学与研究出版社，2005 年，第 228 页。

[3] 《瞿秋白文集》（文学编）第一卷，人民文学出版社，1985 年，第 26 页。

[4] 关于《我的马克思主义观》的写作和发表时间，中国李大钊研究会编注《李大钊全集》（最新注释本）这样注释：“该文 1—7 节发表于《新青年》第 6 卷第 5 号，8—11 节续载于第 6 号。第 5 号刊面标明的出版时间为 1919 年 5 月，而据当时报刊上所发出版广告，实际出版时间为 9 月。……根据该文引用了 1919 年 8 月 3 日出版的《每周评论》第 33 号的内容（《欧游记者明生君通信》），……该文主体部分的写作时间应在 1919 年 5 月之前，……实际定稿的时间也应在 8 月初。……第 6 号刊面标明的出版时间为 1919 年 11 月 1 日”（《李大钊全集》第三卷，人民出版社，2006 年，第 353 页）。

就是他的历史论，也称社会组织进化论；二为关于现在的理论，就是他的经济论，也称资本主义的经济论；三为关于将来的理论，就是他的政策论，也称社会主义运动论，就是社会民主主义。离了他的特有的史观，去考他的社会主义，简直的是不可能。因为他根据他的史观，确定社会组织是由如何的根本原因变化而来的；然后根据这个确定的原理，以观察现在的经济形态，就把资本主义的经济组织，为分析的、解剖的研究，豫言现在资本主义的组织不久必移入社会主义的组织，是必然的命运；然后更根据这个豫见，断定实现社会主义的手段、方法仍是最后的阶级竞争。他这三部理论，都有不可分的关系，而阶级竞争说恰如一条金线，把这三大原理从根本上联络起来。……他的学说是完全自成一个有机的有系统的组织，都有不能分离不容割裂的关系。”[1] 依据恩格斯关于马克思的评述，不难看出，李大钊的《马克思主义观》对马克思主义的表述不仅是较准确的，而且是较深刻的，尤其是其强调的马克思主义“整体性”。

阶级竞争是什么？李大钊进一步指出，就是“为工人联合的实际运动”，“争经济上的利益”，“争政治上的权力，直至那建在阶级对立上的经济的构造自己进化，发生了一种新变化为止”。[2] 因而，“马氏与昂格思合布《共产者宣言》大声疾呼，檄告举世的劳工阶级，促他们联合起来，推倒资本主义，……社会主义的实现，离开人民本身，是万万作不到，这是马克思主义一个绝大的功绩。”[3] 在这里，李大钊不仅从社会主体出发揭示了马克思主义阶级斗争理论的深层内涵，而且表达了马克思主义之历史唯物主义的群众史观。马克思恩格斯指出，无产阶级的阶级斗争，就是“生产者阶级把生产和分配的领导权从迄今为止掌握这种领导权但现在已经无力领导的那个阶级手中夺过来”[4]；就是“社会把国家政权重新收回，把它从统治社会、压制社会的力量变成社会本身的生命力”，亦即“人民群众把国家政权重新收回，他们组成自己的力量去代替压迫他们的有组织的力量”[5]，从而获得社会解放。

---

[1] 《李大钊全集》第三卷，人民出版社，2006 年，第 18 ~ 19 页。
[2] 《李大钊全集》第三卷，人民出版社，2006 年，第 7、30 页。
[3] 《李大钊全集》第三卷，人民出版社，2006 年，第 32 页。
[4] 《马克思恩格斯选集》第 4 卷，人民出版社，1995 年，第 623 ~ 624 页。
[5] 《马克思恩格斯选集》第 3 卷，人民出版社，1995 年，第 95 页。

正是在“群众史观”——用李大钊的话语来说——即“民彝史观”[1] 的意义上，李大钊提出：“我们主张以人道主义改造人类精神，同时以社会主义改造经济组织。不改造经济组织，单求改造人类精神，必致没有效果。不改造人类精神，单等改造经济组织，也怕不能成功。我们主张物心两面的改造，灵肉一致的改造。”[2] 不难看出，李大钊所强调的人道主义，不是抽象的人道主义，而是凸显庶民权益的人道主义；不是主观主义的人道主义，而是强调改造客观世界与改造主观世界统一的、着眼于人的主体性启蒙的人道主义。从这一意义上来看，如果不是机械地割裂李大钊的马克思主义价值理性表达，甚至将其价值理性降格为工具理性，可以说，李大钊在这里接近了恩格斯对唯物史观简单化、机械化、庸俗化错误倾向的纠正，彰显了唯物史观的立场、观点和方法。恩格斯强调：“根据唯物史观，历史过程中的决定性因素归根结底是现实生活的生产和再生产。无论马克思或我都从来没有肯定过比这更多的东西。如果有人在这里加以歪曲，说经济因素是唯一决定性因素，那么他就是把这个命题变成无内容的、抽象的、荒诞无稽的空话。”[3]

四、马克思主义中国化开创者毛泽东的马克思主义价值“本源”

马克思主义价值理论的中国选择，实质上就是马克思主义价值理论的中国化。因而，对马克思主义价值理论的“中国问题”研究，不仅必须置于马克思主义中国化的整体视野中，而且必须基于中国最早的马克思主义者李大钊的马克

---

[1] 李大钊吸收改造中国传统民本思想和西方近代政治哲学，在1916年5月15日发表于《民彝》创刊号的《民彝与政治》一文中系统阐发了他的“民彝史观”，并在1921年12月的《由平民政治到工人政治》、1922年7月的《平民政治与工人政治》、1923年1月的《平民主义》等演讲和文章中得到进一步的阐述。李大钊的“民彝史观”一直渗透于他思想的深层，支配着他对社会政治问题研究的视角，推动他形成了深刻的马克思主义价值理性。中国社会科学院研究员朱成甲指出：“‘民彝’，在李大钊的著作中，并不是一个普通的词汇，而是表明一种新的思想。这种新的思想，是以‘民彝’为基础、为核心的。通过‘民彝’，李大钊比较系统地阐述了自己的政治观、历史观、哲学观和伦理观，阐述了自己的‘为治之道’和‘衡量事理之器’，探讨了中国民主革命的历史教训和今后的道路问题。”（朱成甲：《李大钊早期思想和近代中国》，河北人民出版社，1989年，第303页）武汉大学教授李维武指出：“民彝史观成为李大钊走向唯物史观的思想之桥，使李大钊超越了同时代的其他先进中国人，最早理解、接受了唯物史观”；“在李大钊那里，唯物史观是与人民大众的现实生活密切联系的，是充满了生活气息和实践精神的，没有以后的那些教条味。他对唯物史观的理解，比起许多后继者要更接近唯物史观创始人的本意”（李维武：《马克思主义哲学与中国传统哲学的结合之路》，《学术月刊》，2000年第7期）。

[2] 《李大钊全集》第三卷，人民出版社，2006年，第35页。

[3] 《马克思恩格斯选集》第4卷，人民出版社，1995年，第695～696页。

思主义价值传递和马克思主义中国化的开创者毛泽东思想深层的马克思主义价值“本源”。毛泽东的马克思主义价值“本源”是什么？在1936年与美国记者斯诺的谈话中，毛泽东说：“我第二次到北京期间，读了许多关于俄国情况的书。我热心地搜集那时候能找到的为数不多的用中文写的共产主义书籍。有3本书特别深地铭刻在我的心中，建立起我对马克思主义的信仰。我一旦接受了马克思主义是对历史的正确解释以后，我对马克思主义的信仰就没有动摇过。这3本书是：《共产党宣言》，陈望道译，这是用中文出版的第一本马克思主义的书；《阶级斗争》，考茨基著；《社会主义史》，柯卡普著。到了1920年夏天，在理论上，而且在某种程度的行动上，我已经成为一个马克思主义者了，而且从此我也认为自己是一个马克思主义者了。”❶ 在1941年9月“关于农村调查”的讲话中，毛泽东又说：“记得我在一九二〇年，第一次看了考茨基著《阶级斗争》，陈望道翻译的《共产党宣言》和一个英国人作的《社会主义史》，我才知道人类有史以来就有阶级斗争，阶级斗争是社会发展的原动力，初步地得到认识问题的方法论。……我只取了它四个字：‘阶级斗争’，老老实实地来开展研究实际的阶级斗争。”❷ 越过由于种种原因导致的时间准确性问题，一个毋庸置疑的事实是，毛泽东思想深层的“马克思主义观”，在理论思维层面，源之于陈望道译《共产党宣言》、考茨基著《阶级斗争》、柯卡普著《社会主义史》。

（一）陈望道译《共产党宣言》

作为国际共产主义运动的第一个纲领性文件，《共产党宣言》是为了从思想上和组织上改造工人、改造工人阶级组织的需要而历史地产生形成的。马克思恩格斯指出：“共产党人为工人阶级的最近的目的和利益而斗争，……共产党一分钟也不忽略教育工人尽可能明确地意识到资产阶级和无产阶级的敌对的对立，以便德国工人能够立刻利用资产阶级统治所必然带来的社会的和政治的条件作为反对资产阶级的武器，以便在推翻德国的反动阶级之后立即开始反对资产阶级本身的斗争。”❸

同样，《共产党宣言》中文全译本的翻译，也是为了适应“五四运动”后日益高涨和日益自觉的民族“救亡”和民族“启蒙”运动的需要而历史地提出的。在“十月革命”的直接启示下，以李大钊、陈独秀为代表的先进知识分子积极

---

❶ ［美］斯诺（Snow，E.）：《西行漫记：英汉对照》，董乐山译，外语教学与研究出版社，2005年，第234页。

❷ 《毛泽东文集》第二卷，人民出版社，1993年，第378～379页。

❸ 《马克思恩格斯选集》第1卷，人民出版社，1995年，第306页。

向西方寻求革命理论，热情学习马克思主义著作，运用其学说观察、剖析国家命运，谋求民族解放和独立。“五四运动”后，新文化运动已发展成为以传播马克思主义为中心的思想解放运动。1919 年 5 月，《新青年》拟出版“马克思主义研究”专号，《晨报》副刊开辟了“马克思研究”专栏。1919 年 6 月起，《民国日报》的《觉悟》副刊不断刊载马列主义原著和介绍苏俄政治制度的文章。1919 年 8 月至 1920 年 4 月，《建设》杂志刊载关于马克思主义的文章和译文 20 余篇。《星期评论》在当时更成为与《新青年》齐名的介绍马克思主义的刊物，在全国学生和群众中很有影响，学生和工人经常有很多人投稿。与此同时，1920 年 3 月，李大钊在北京发起成立了马克思学说研究会。1920 年 5 月，陈独秀在上海发起成立了马克思主义研究会。1920 年 4 月，共产国际代表维经斯基先后在北京和上海会见了李大钊和陈独秀，并同包括陈望道在内的一批上海先进分子进行座谈。特别值得注意的是，在重庆，一些拥护马克思主义的教师在没有共产国际帮助的情况下独立自主地成立了研究会，并聚集了一些研究马克思主义的大学生和拥护马克思主义的工人，于 1920 年 3 月 12 日成立了我国最早的共产主义组织——“四川省重庆共产主义组织”[1]。正是在这一过程中，1920 年 3 月，陈望道接到了《民国日报》邵力子的来信，告诉他《星期评论》主编戴季陶约请他翻译《共产党宣言》，并给了他戴季陶所提供的日文版《共产党宣言》和陈独秀通过李大钊从北大图书馆借来的英文版《共产党宣言》。

需要注意的是，在西方传教士的中国传教和近代中国知识分子向西方寻求救国救民真理的过程中，报刊上业已刊出《共产党宣言》中译文的部分章节和片段。1899 年 2 月英国传教士李提摩太在《万国公报》上发表的《大同学》第一章《今世景象》一文中对“马克思之言”的介绍，即是对现行中译本《宣言》第一章“资产者和无产者”中“资产阶级，由于开拓了世界市场，使一切国家的生产和消费都成为世界性的了”部分内容的意译。1905 年 11 月，朱执信以笔名“蛰伸”在《民报》发表的《德意志社会革命家小传》第一个传记《马尔克 Marc》（马克思）中，专门摘译了《宣言》第一章开篇部分、第二章的十条纲领及《宣言》结束语等段落。1906 年 6 月，宋教仁以笔名“劈斋”在《民报》编译发表的《万国社会党大会略史》中亦摘译了《宣言》的结束语。8 月叶夏声以“梦蝶生”为笔名在《民报》发表的《无政府党与革命党之说明》中亦列举了《宣言》的十条纲领。1907 年 12 月《天义报》刊载的震述《女子革命与经济革命》一文文后摘译了《宣言》第二章关于家庭和婚姻制度的论述。1908 年 1 月《天义报》刊载了因格尔斯（恩格斯）著、民鸣译《〈共产党宣言〉一八八八年

---

[1] 《四川省重庆共产主义组织的报告》，《红岩春秋》，2011 年第 2 期。

英文版序言》，3 月《天义报》刊载了《宣言》的前言和第一章。1919 年 4 月，李大钊、陈独秀主编的《每周评论》发表了署名为“舍”的《共产党的宣言》，摘译了《宣言》第二章包括十条纲领在内的最后部分。9 月，李大钊在刊载于《新青年》的《我的马克思主义观》一文中摘译了《宣言》第一章有关唯物史观的内容。11 月，《国民》杂志刊载了李泽彰译自英文的《马克斯昂格斯共产党宣言》，即《宣言》第一章。

在这一时代的潮流之中和历史的关键时刻，陈望道参照英文版、依从日文版，翻译出了我国第一个中文全译本《共产党宣言》。译稿经陈独秀和李汉俊校阅，几经周折，在共产国际的资助下，于 1920 年 8 月由上海社会主义研究社作为社会主义研究小丛书的第一种出版问世。值得注意的是，也就是在 1920 年 8 月，陈独秀、李汉俊、沈玄庐、李达、陈望道等人在上海发起建立了通常公认的中国第一个共产主义小组。《共产党宣言》中文全译本初版为竖排平装 32 开本，共 56 页，用 5 号铅字排印。封面红印马克思半身肖像，肖像下面自右向左横题“马格斯”三字，肖像上面大字横题书名《共产党宣言》（初版印刷时“共产党”误印为“共党产”），上面用小字标注“社会主义研究小丛书第一种”字样，下面标注“马格斯、安格尔斯合著”、“陈望道译”等字样。初版 1000 册旋即售罄，9 月立即再版。再版时除将书名更正为《共产党宣言》、封面改为蓝印马克思半身肖像以及更改出版时间外，其余均同于初版。还需注意的是，在《共产党宣言》的直接影响下，同年 11 月，上海共产主义小组即根据马克思主义阶级斗争史观制定了中国共产党的宣言——《中国共产党宣言》。

陈望道译《共产党宣言》，内容为：第一章，“有产者和无产者”；第二章，“无产者和共产党”；第三章，“社会主义及共产主义的著作”，包括“复古的社会主义”、“保守的社会主义（资本家社会主义）”及“批评的空想的社会主义和共产主义”，其中“复古的社会主义”又分为“封建的社会主义”、“小资本家社会主义”、“‘真’的社会主义”；第四章，“共产党和在野各党派底关系”。

在《共产党宣言》中，马克思及恩格斯将唯物史观与工人运动有机结合，深刻阐述了阶级斗争历史观，全面批判了各种非科学的社会主义学说，揭示了资本主义社会关系的新变化和共产主义社会的基本特征以及共产党人的立场、观点和方法。马克思及恩格斯指出：“一切过去社会底历史，都是阶级争斗底历史”；“古来历史的运动，都是少数人的运动，都是为了少数人的利益的运动。无产阶级运动，却与此不同。他是为了大多数人的利益，大多数人自觉的独立的运动。但现在社会最下层的无产阶级，若不把官僚社会压在上层的全部抛出九霄云外，自己是不会翻身上达的”；“共产党直接的目的，……（一）纠合无产者团成一个阶级，（二）颠覆有产阶级底权势，（三）无产阶级掌握政权”；“我们要废去阶级对抗和阶级所组成的旧式资本家社会，换上各个人都能够自由发达，全体才能够自由发达的协同社会”；“近世阶级争斗一发达到一定的状态，那离开了争斗空想的立脚地及对于争斗所发空想的攻击，就完全失了实际的价值和理论的根基”；“共产党无论在什么地方，对于各种反抗社会及政治现状的革命运动，一概援助。……共产党最鄙薄隐秘自己的主义和政见。所以我们公然宣言道：要达到我们的目的，只有打破一切现社会的状况，叫那班权力阶级在共产的革命面前发抖”。[1]

《共产党宣言》中关于阶级斗争历史观和共产党人立场观点方法的深刻阐述以及对各种非科学的社会主义学说的全面批判，不仅在思想理论上给“还是混乱”又“正在找寻出路”的毛泽东以正确的价值观指引，激发了“农民出身的知识分子”毛泽东早年的社会体认及其在《民众的大联合》中显现的民众价值主体立场，更激励了毛泽东因1920年湖南自治运动失败的刺激而带来的反省、思考乃至彻悟。在发起湖南自治运动的初期，毛泽东只是强调：“湖南自治运动是应该由‘民’来发起的。假如这一回湖南自治真个办成了，而成的原因不在‘民’，乃在于‘民’以外，我敢断言这种自治是不能长久的。虽则具了外形，其内容是打开看不得，打开看时，一定是腐败的，虚伪的，空的，或者是干的。”[2] 经历湖南自治运动的失败后，毛泽东在11月25日致罗章龙的信中指出：“中国坏空气太深太厚，吾们诚哉要造成一种有势力的新空气，才可以将他斢换过来。我想这种空气，固然要有一班刻苦励志的‘人’，尤其要有一种为大家共同信守的‘主义’，没有主义，是造不成空气的。我想我们学会，不可徒然做人的聚集，感情的结合，要变为主义的结合才好。主义譬如一面旗子，旗子立起了，大家才有所指望，才知所趋赴。”[3] 总结1919年的驱张运动和1920年的自治运动，毛泽东还提出，可以考虑“从事于根本改造之计划和组织，确立一个改造的基础，如蔡和森所主张的共产党”[4]。

在理论和实践的引导与推动下，毛泽东不仅认同了《共产党宣言》，走向了马克思主义，而且由《共产党宣言》的阶级斗争历史观和对各种非科学的社会主义学说的批判进入了考茨基著《阶级争斗》和克卡朴著《社会主义史》，并在对《阶级争斗》和《社会主义史》的深入思考中反过来进一步坚定了对马克思主义的信仰。

---

[1] 《陈望道译文集》，复旦大学出版社，2009年，第6、13、15、21、28、29～30页。

[2] 《毛泽东早期文稿》，湖南出版社，1990年，第517～518页。

[3] 《毛泽东早期文稿》，湖南出版社，1990年，第554页。

[4] 《毛泽东早期文稿》，湖南出版社，1990年，第572页。

（二）柯祖基著《阶级争斗》

“一切过去社会底历史，都是阶级争斗底历史”。对于毛泽东等中国先进知识分子和刚刚成立的中国共产主义组织而言，马克思恩格斯在《共产党宣言》中开门见山阐扬的阶级斗争历史观，不仅仅是一种历史观，而且是一种实践观和价值观。如前所引，毛泽东知道人类有史以来就有阶级斗争、阶级斗争是社会发展的原动力后，就“初步地得到了认识社会问题的方法论”，从而老老实实地开展研究并组织起符合中国实际的阶级斗争来。这是其一。

其二，马克思主义阶级斗争历史观中的“阶级斗争”是什么？列宁指出：“这就是一部分反对另一部分人的斗争，就是广大无权者、被压迫者和劳动者反对特权者、压迫者和寄生虫的斗争，雇佣工人或无产者反对私有主或资产阶级的斗争。”❶ 简言之，就是站在无产者立场的无产者阶级反对有产者阶级的斗争，就是废去阶级对抗，实现各个人的解放的斗争。因而，与作为经济范畴和社会历史范畴的“阶级”不同，“阶级斗争”不只是一个政治的范畴，也是一个价值的范畴。因为“阶级斗争”有一个根本的前提，就是立场，即价值立场，也就是站在哪一个阶级的立场而斗争，为哪一个阶级而斗争，依靠哪一个阶级的力量而斗争。换言之，也就是代表哪一个阶级的利益，以哪一个阶级为出发点和落脚点，为哪一个阶级谋利益。基于不同的价值立场，站在不同的阶级、为不同的阶级而斗争，性质是完全不一样的，甚至是正相反的。用毛泽东的话说，也就是“为什么人的问题”，这“是一个根本的问题，原则的问题”❷。马克思主义的“阶级斗争”，就是站在无产阶级的立场，为无产阶级的利益而斗争，亦即站在人民群众的立场，为人民群众的利益而斗争，这是其鲜明的价值立场和价值取向。

离开了这一点来谈论“阶级斗争”，也就成了抽象的阶级斗争论，也就混淆了马克思主义的阶级斗争历史观同之前和之后的其他种种阶级斗争学说的界限。在 1852 年 3 月 5 日致约·魏德迈的信中，马克思指出：“无论是发现现代社会中有阶级存在或发现各阶级间的斗争，都不是我的功劳。在我以前很久，资产阶级历史编纂学家就已经叙述过阶级斗争的历史发展，资产阶级的经济学家也已经对各个阶级作过经济上的分析。我所加上的新内容就是证明了下列几点：（1）阶级的存在仅仅同生产发展的一定历史阶段相联系；（2）阶级斗争必然导致无产阶级专政；（3）这个专政不过是达到消灭一切阶级和进入无阶级社会的过渡。”❸

---

❶ 《列宁全集》第 7 卷，人民出版社，1986 年，第 169 页。
❷ 《毛泽东选集》第三卷，人民出版社，1991 年，第 857 页。
❸ 《马克思恩格斯选集》第 4 卷，人民出版社，1995 年，第 547 页。

从这一意义上说，在党的建设面临“四大危险”和“四大考验”——“精神懈怠的危险、能力不足的危险、脱离群众的危险、消极腐败的危险”和“执政考验、改革开放考验、市场经济考验、外部环境考验”的今天，在“全社会仍旧是金字塔形结构”和“特殊获益者群体、普通获益者群体、利益相对受损群体、社会底层群体”[1]等利益分化客观存在的今天，简单地用马克斯·韦伯等的社会阶层理论来歪曲、消解乃至取代马克思主义的社会阶级理论，不仅是片面的，而且是背离马克思主义的。马克思指出，“人们为之奋斗的一切，都同他们的利益有关”[2]，追求利益是人类一切社会活动的根本动因，利益决定思想，利益决定社会阶层的形成，“‘思想’一旦离开‘利益’，就一定会使自己出丑”[3]。针对19世纪30年代起英法两国封建贵族、资产阶级和无产阶级的斗争情况，恩格斯说：“只有故意闭起眼睛的人才看不见，这三大阶级的斗争和它们的利益冲突是现代历史的动力，至少是这两个最先进国家的现代历史的动力。”[4]

应该说，正是基于马克思主义阶级斗争历史观的实践观和价值观意义，在《共产党宣言》中文全译本刚刚出版问世和中国第一个共产主义小组刚刚成立的1920年秋天，陈独秀即委托恽代英翻译德国柯祖基（现译为考茨基）著《阶级争斗》一书。该书于1921年1月由上海新青年社作为新青年丛书第八种出版，竖排平装32开本，共198页，用5号铅字排印。封面正中竖题书名《阶级争斗》，上面用小字横排标注“新青年丛书第八种”，右边依次竖行标注“德国柯祖基著、恽代英译”字样。

恽代英译《阶级争斗》，是考茨基对1891年10月德国社会民主党在厄佛得（Erfurt，即爱尔福特）代表大会上所通过的党纲第一部分——理论部分的解说。北京三联书店1963年版中译本，陈冬野直接译为《爱尔福特纲领解说》。恽代英译《阶级争斗》，开篇即指出：“一八九一年德国社会民主党在厄佛得大会所决定采取的党纲宣言，可分为两部分。第一，缕述社会主义所根据的根本原理；第二，解释社会民主党对于现社会的要求。前者告诉社会主义家信的甚么；后者告诉他们怎样计划，使他们的信仰实现。我们现在只谈第一部分。”[5]全书分为三大部分五大章节。具体为：第一部分，现社会及其发达的剖解，包括：第一章，“小生产制的经过”；第二章，“劳动阶级”；第三章，“资本阶级”。第二部分，社会民主党的目的，即第四章，“未来的共同生活”。第三部分，用以求此目的

[1] 李强：《评析关于社会阶层的四大流行理论》，《北京日报》，2010年10月18日。
[2] 《马克思恩格斯全集》第1卷，人民出版社，1995年，第187页。
[3] 《马克思恩格斯文集》第1卷，人民出版社，2009年，第286页。
[4] 《马克思恩格斯选集》第4卷，人民出版社，1995年，第250页。
[5] ［德］柯祖基：《阶级争斗》，恽代英译，新青年社，1921年，第1页。

达于实现的方法，即第五章，“阶级争斗”。

关于作为实现未来共同生活方法的“阶级争斗”，厄佛得党纲宣言指出：“社会的改变，不仅是劳动家的解放，乃是全人类的解放。然而只有工人能把他实现出来。……工人阶级反对资本主义的剥夺的战争，必要是一个政治战争。没有政权，工人不能发达他的经济组织，以上他的经济战场。他非先有了政治权力，不能改变生产工具为全民所有。使这些工人的战争，成为有意识的联合，放一个大目的在大家面前，——这便是社会民主党的目的。……所以社会党不是为任何阶级的利益而战争，乃是要打破阶级与阶级法规，无种族男女的分别，一切权利义务都是平等。求合于这个主义，所以他在今天的社会中，不但反对赚工钱的工人所受剥夺与压抑，亦反对各种有害于一个阶级，一党，一性，一族的各种剥夺与压抑。”❶

回顾马克思主义发展史，这是《共产党宣言》之后对马克思主义阶级斗争历史观的第一次全面、深刻而系统的阐述。这是我们需要特别加以注意的。我们绝不能以1910年后“中派主义”的考茨基来简单替代甚至否定19世纪80年代至20世纪初作为马克思主义者的考茨基。

关于考茨基为1891年10月的爱尔福特德国社会民主党代表大会起草的纲领草案，恩格斯在1891年9月和10月致考茨基、倍倍尔、左尔格的信中分别这样说：“你的纲领草案要比正式草案好得多，而且我高兴地得悉，倍倍尔拟建议采纳你的草案。我支持他这样做。你的第一个草案的一个缺点——冗长，已经克服，而且比正式草案简明扼要”；“你准备在党的代表大会上赞同把卡·考茨基提出的原则性的论述部分作为党的纲领，我也认为，现在这个草案比我们那个要好得多。只是对载于第788页上的一段，我曾建议他把几个地方修改一下。显然，他对此是经过反复琢磨的，而且确有成效”；“考茨基的纲领草案，……倍倍尔和我都是赞同的。它已作为新纲领的基础，即其理论部分的基础。我们感到满意的是，马克思的批判发挥了充分的作用。拉萨尔主义最后的残余已肃清。这个纲领，除某些地方表述欠妥外（也只是措辞含糊和过于笼统），至少在初读以后，提不出更多的意见”。❷

总结毛泽东马克思主义观的思想进程，不难看出，正是《共产党宣言》和考茨基的《阶级斗争》给“还是混乱”又“正在找寻出路”的毛泽东送来了马克思主义阶级斗争历史观，并在1920年湖南自治运动的失败省思中及蔡和森、李大钊、陈独秀等的思想影响下，从实践观和价值观层面形成了对马克思主义阶

❶ ［德］柯祖基：《阶级争斗》，恽代英译，新青年社，1921年，第142~144页。

❷ 《马克思恩格斯全集》第38卷，人民出版社，1972年，第151、159、180页。

级斗争历史观的高度认同。近5年后的1925年冬，毛泽东即以马克思主义阶级分析法为指导，写成了规定中国新民主义革命基本走向、表征毛泽东思想基本特征的名著——《中国社会各阶级的分析》和《国民党右派分离的原因及其对于革命前途的影响》。而在近30年后的1949年8月，毛泽东更从唯物史观的高度指出："阶级斗争，一些阶级胜利了，一些阶级消灭了。这就是历史，这就是几千年的文明史。拿这个观点解释历史的就叫做历史的唯物主义，站在这个观点的反面的是历史的唯心主义。"❶

（三）克卡楪著《社会主义史》

或许是因为影响程度的差异，在毛泽东的记忆中，克卡楪（现译为柯卡普）的《社会主义史》总是列为三本书的最后一本。实际上，从初版的时间来看，克卡楪著《社会主义史》中译本比《阶级争斗》要早3个月。

李季译克卡楪《社会主义史》，由上海新青年社作为新青年丛书第一种于1920年10月出版，竖排平装32开本，22万字，分上下两卷。封面正中竖题书名《社会主义史》，上面用小字横排标注"新青年丛书第一种"，右边依次竖行标注"英国克卡楪原著、英国辟司增订、李季翻译、蔡元培序"字样。

克卡楪著《社会主义史》初版于1892年，记载了"世界重要各国社会主义运动的源流和派别，既很详细，又很扼要"。克卡楪称："这部书有两种目的，第一就是将历史的社会主义中各主要的方面标明出来，第二就是对于社会主义运动作一种概括的批评和解答。"1913年第五版时，"英国著名社会主义家辟司应发行人的请求，将克氏原本中关于解释社会主义的节段，删去许多"，又将1892年后"各国社会主义运动的事实撮要编入，至一千九百十三年为止，较原著约增加八分之一"。❷

五四运动后，"新思潮震荡全国"，一年中"新出版的报章杂志有好几百种，都竞谈世界各文明国的新学说，而社会主义尤为谈论的焦点，并且很受社会上的欢迎"。李季认为："我们要讨论一种学说，对于他必先具一种有统系的知识，才能够判断他的好歹，决定他是否可行。社会主义运动在欧、澳、美各洲非常发达，而派别亦复甚多，我们对于这种运动要想具一种有统系的知识，须先从历史

❶ 《毛泽东选集》第四卷，人民出版社，1991年，第1487页。

❷ 李季：《社会主义史序》和辟司：《社会主义史序》，见［英］克卡楪原著、辟司增订《社会主义史》，李季译，新青年社，1920年，第1～2页。

下手。”❶ 正是为了“从历史下手”，避免对社会主义的道听途说，上海共产主义小组15名发起人之一的李季，1920年春即着手翻译克卡楼著、犞司增订的《社会主义史》，“三个月之内，这部二十二万字的译品便告成功。……当时的读书界因其系易于了解的白话文，颇加称许，初版二千，未几即罄”。❷

李季译《社会主义史》含上下两卷共十六章。上卷前有蔡元培、李季、犞司所作三篇序言，下卷后有《圣西门派的辩护》、《德国社会主义工党党纲》、《费边会的基础》、《总同盟罢工表》、《澳洲工党内阁一览表》等七种附录。上卷九章：第一章，“绪论”；第二章，“初期的法国社会主义”，分为“圣西门”、“傅立叶”两节；第三章，“一千八百四十八年的法国社会主义”，分为“路易柏郎”、“蒲鲁东”两节；第四章，“初期的英国社会主义”；第五章，“拉塞尔”；第六章，“拉伯尔塔斯”；第七章，“马克思”（注：目录中字样为“马克司”，正文中为“马克思”）；第八章，“国际工人协会”；第九章，“德国社会民主党”。下卷七章：第十章，“俄国革命”（注：目录中字样为“俄国革命”，正文中为“俄罗斯革命”）；第十一章，“无政府主义和工团主义”；第十二章，“各国社会主义的进步”；第十三章，“近世国际工人协会”；第十四章，“英国派社会主义”；第十五章，“社会主义通论”；第十六章，“结论”。

尽管李季后来认为此书议论浅薄，且有些观点错误，但对于当时的毛泽东等“正在找寻出路”的未来中国马克思主义者而言，其中关于“马克思”、“俄国革命”、“无政府主义”等的历史述解和批评，无异于一个思想的指南针。

需要注意的是，犞司增订的《社会主义史》截至1913年，也就是说，该书关于俄国革命历史三个时期的介绍，未及1917年的俄国十月革命。因而，出于对毛泽东马克思主义观形成的集中阐释，此处着重呈现其中关于“马克思”的述解和“无政府主义”的批评。

近代中国流行的各种社会思潮中，无政府主义一度引人注目，李大钊、毛泽东、恽代英等中国马克思主义者都曾深受影响。1919年五四运动后，他们都或者还没有准确区分马克思主义和无政府主义，或者仍赞同甚至信从着无政府主义。1919年7月6日，李大钊在《每周评论》上还这样写道：“总结一句话：我信人类不是争斗着、掠夺着生活的，总应该是互助着、友爱着生活的。阶级的竞争，快要息了。互助的光明，快要现了。我们可以觉悟了。”❸ 1919年7月21日，毛泽东在《湘江评论》说：“联合以后的行动，有一派是很激烈的，就用

❶ 李季：《社会主义史序》，见［英］克卡楼原著、犞司增订《社会主义史》，李季译，新青年社，1920年，第1页。

❷ 李季：《我的生平》，亚东图书馆，1932年，第209页。

❸ 《李大钊全集》第二卷，人民出版社，2006年，第356页。

‘即以其人之道还治其人之身’的办法，同他们拼命的倒担。这一派的音〈首〉领，是一个生在德国的，叫做马克斯。一派是较为温和的，不想急于见效，先从平民的了解入手。人人要有互助的道德和自愿的工作，能够助人而不害人，也不必杀他。这派人的意思，更广，更深远。他们要联合地球做一国，联合人类一家，和乐亲善——不是日本的亲善——共臻盛世。这派的首领，为一个生于俄国的，叫做克鲁泡特金。”[1] 1919 年 9 月 9 日，恽代英在致王光祈的信中这样说：“从实告诉你，我信安那其主义已经七年了，我自信懂得安那其的真理，而且曾经细心的研究。……我信只要一个人有了自由、平等、博爱、互助、劳动的精神，他自然有日会懂得安那其的。……我信只要自己将自由、平等、博爱、劳动、互助的真理，一一实践起来，勉强自己莫勉强人家，自然人家要感动的，自然社会要改变的。”[2] 显然，这时的毛泽东、恽代英，更赞成的是克鲁泡特金的无政府主义，而不是马克思主义。

关于马克思主义和无政府主义，李季译《社会主义史》中怎样说呢？

在第七章中，克卡楼和鬬司这样概述：“马克思对于世界观是一种明明白白的唯物论。……马克思派的全体论旨是……以唯物的人类历史观和唯物的世界观为基础的。……我们为便利起见，可以将马克思派的社会主义总括如下：（一）唯物的世界观及唯物的历史观。（二）研究的辩证法。（三）经济制度是社会制度的基础；社会，宗教和哲学之法律上及政治上的组织，是按照经济的基础而规定出来的。（四）资本主义之历史上的发展；从十五世纪以来，资本阶级是怎样发达的，和他对峙的资产阶级是怎样发生的。（五）资本阶级利用并且积集含于生产物中的赢余价值，遂致巨富，而无产阶级所得的工钱，仅足维持生活。这种情形是社会的生产和资本主义的利用。（六）工厂的组织；社会的纷乱。（七）这种纷乱当商业上大危机的时候，愈加利害，即此可见中等阶级再没有能力去宰制生产上的势力。（八）要解决各种自相矛盾之点，只有明白承认生产的社会性。无产阶级将政治上的权力攫入手中，然后将生产工具变为社会的财产。（九）国家向来是一种压制生产阶级的机关，将来会变成一种无用之物，自然消灭。从此以后，政府的职务就在管理工业上的进行事宜。”[3]

在第十一章中，克卡楼和鬬司明确指出：“无政府主义是一种消极的信条。他所持的原则是要将政府和法律铲除，就是一切财产权除掉使用权以外，也要取消。在俄罗斯国中，……一班无政府主义者以为土地既是公有的，遂糊里糊涂想

---

[1] 《毛泽东早期文稿：1912. 6—1920. 11》，湖南出版社，1995 年，第 341 页。

[2] 《恽代英日记》，中共中央党校出版社，1981 年，第 624 页。

[3] ［英］克卡楼、鬬司：《社会主义史》上卷，李季译，新青年社，1920 年，第 169 ~ 172 页。

把各种资本都作为公共财产，而使每个自由人得随意使用这种财产去谋他自己的日食。这种工业组织的方法不能够见诸实行，他的理由也无说明之必要，那些无政府主义家想出这种大规模的工业，究竟怎样推行，他们从来没有说及过。……法律是因恶人而设的。我们近世工业上的法典不过是一种方法，使社会中不聪明和不仁慈的人得以上升，与其余的人立于同一的水平线上。在世界上财富如果非常丰足，各人可以随意使用，又可以依照他自己的能力和嗜好去选择他的职业，这种世界无论什么人都应当欢迎。我们现在是向这种理想与国家进行。但是进行的方法是将法律的范围扩充，不是即刻将他取消。……在英国和各处地方，无政府主义运动已渐次衰歇，当二十世纪起初十年中他简直是无声无嗅了。"❶

不难看出，无论是上述所引对马克思主义的整体解答，还是对无政府主义的批评，对于当时毛泽东的思想来说，都是一个极大的冲击。应该说，借助于《社会主义史》，毛泽东不仅在《共产党宣言》中马克思恩格斯关于"社会主义及共产主义的著作"的批判基础上，自觉划清了马克思主义同无政府主义的界限，而且进一步深化了对马克思主义的整体认知，从而在实践观和价值观的意义上认同了马克思主义，坚定了马克思主义信仰。如果没有对无政府主义的批判和超越，毛泽东在"读了许多关于俄国情况的书"并"热心地搜寻那时候能找到的为数不多的用中文写的共产主义的书籍"后，就能建立起对马克思主义的信仰，并将马克思主义理论运用于中国的实际，从此以后不再动摇，是很难想象的。刘少奇曾经指出："在起初各派社会主义的思潮中，无政府主义是占着优势的。马克思主义的拥护者到处都与无政府主义的拥护者争论着，斗争着。马克思主义直至在各方面克服无政府主义以后，并与中国的工人运动人民反帝运动结合以后，才成为中国政治生活中一个雄伟的力量。"❷

五、孙中山三民主义价值观的转向与马克思主义价值理论的中国选择❸

站在人民群众的立场，替人民群众代言，为人民群众谋利益，这是马克思主义价值理论作为科学的价值理论的根本，是马克思主义价值理论取代种种为少数人的利益代言和服务的价值理论的根本，是马克思主义价值理论超越诸如"先验

---

❶ [英] 克卡楼、嗣司：《社会主义史》下卷，李季译，新青年社，1920年，第49~52页。

❷ 中国人民大学马克思列宁主义基础系编：《无政府主义批判》，中国人民大学出版社，1959年，第223页。

❸ 见拙文《从孙中山三民主义价值观的转向看马克思主义价值理论的中国选择》，《南昌大学学报（人文社会科学版）》，2012年第2期。

主义”、“经验主义”、“心灵主义”和“语言分析路向”等种种抽象的甚至玄谈的价值理论的根本。如果不是教条式的宣讲的话，对比“中国革命先行者”孙中山“三大主义皆基本于民”的三民主义价值观基点与马克思主义价值理论的价值立场，不难看出，二者之间具有相当程度的内在契合性。透过孙中山由“三大主义皆基本于民”基点上的“联俄、容纳共产党、扶助农工”[1]的三民主义价值观转向，更能看出马克思主义价值理论中国化是中国人民和中国历史的必然选择。

（一）“三大主义皆基本于民”：三民主义的价值观基点

什么是主义呢？孙中山指出：“主义就是一种思想、一种信仰和一种力量。大凡人类对于一件事，研究当中的道理，最先发生思想；思想贯通以后，便起信仰，有了信仰，就生出力量。所以主义是先由思想再到信仰，次由信仰生出力量，然后完全成立。”[2]显而易见，从本体论、认识论、价值论和世界观、人生观、价值观的角度来分析，孙中山所强调并一以贯之的“三民主义”，首先是一种价值论或者说价值观。

三民主义是一种什么样的价值观（价值论）呢？立于“救亡”、“启蒙”以“图存”的近代中国，孙中山强调，“三民主义系促进中国之国际地位平等、政治地位平等、经济地位平等，使中国永久适存于世界”的“救国主义”[3]。这就是说，孙中山的三民主义不是一种基于个人利益或少数人利益、面向个人或少数人的人生价值观，而是一种基于民族国家利益、面向有民族责任感和民族良知的大多数人的政治价值观和实践观，亦即一种以政治革命和社会变革为主要内容的政治实践价值观。在《〈民报〉发刊词》中，孙中山这样说：“余维欧美之进化，凡以三大主义：曰民族，曰民权，曰民生。……今者中国以千年专制之毒而不解，异种残之，万邦逼之，民族主义、民权主义不可以须臾缓。而民生主义，欧美所虑积重难返者，中国独受病未深，而去之易。是故或于人为既往之陈迹，或于我为方来之大患，要为缮吾群所有事，则不可不并时而弛张之。……近时志士

---

[1] 孙中山的“三大政策”思想是在国民党“一大”成型的，但“三大政策”的表述是共产党人后来概括的，国民党“一大”未曾直接表述，尤其是国共两党以特殊方式实现的党内合作，后来国民党称之为“容共”，实际上孙中山本人没有明确简化为“联共”还是“容共”，因此，从思想阐释的准确性和客观性出发，本著采用1924年8月21日国民党中央执行委员会全体会议通过的《中国国民党中央执行委员会颁发有关容纳共产分子问题之训令》和《中国国民党中央执行委员会第二次全体会议决议》中“容纳共产党员”的原初表述。

[2] 《孙中山全集》第九卷，中华书局，1986年，第184页。

[3] 《孙中山全集》第九卷，中华书局，1986年，第184页。

舌敝唇枯，惟企强中国以比欧美。然而欧美强矣，其民实困，观大同盟罢工与无政府党、社会党之日炽，社会革命其将不远。吾国纵能媲迹于欧美，犹不能免于第二次革命，而况追逐于人已然之末轨者之终无成耶！……吾国治民生主义者，发达最先，睹其祸害于未萌，诚可举政治革命、社会革命毕其功于一役。还视欧美，彼且瞠乎后也。……惟夫一群之中，有少数最良之心理能策其群而进之，使最宜之治法适应于吾群，吾群之进步适应于世界，此先知先觉之天职。”[1]

为此，孙中山特别指出，民族、民权、民生“三大主义皆基本于民”[2]。在《中国国民党第一次全国代表大会闭幕词》中，孙中山更进一步指出，三民主义必须“照中国的现状，依人民的要求”来实行，“人民所做不到的，我们要替他们去做；人民没有权利的，我们要替他们去争。所以三民主义是为人民而设的，是为人民求幸福的”。[3]

应该说，正是在这一意义上，孙中山特别明确“民生就是人民的生活——社会的生存、国民的生计、群众的生命”，并认为“民生主义就是社会主义，又名共产主义，即是大同主义”。[4]

不可否认，孙中山简单地将“民生主义”等同于“社会主义”和“共产主义”，甚至以“民生主义”来简单地批评他所理解的片面的“马克思主义”，是粗糙的、肤浅的。然而，如果我们不是用二元对立的简单思维模式对“中国革命先行者”孙中山加以简单地阶级定性，而是历史地唯物地对待孙中山及其三民主义，运用“以人为本”的科学发展观对其进行全面的分析，如同党的“十七大”强调“坚持把改善人民生活作为正确处理改革发展稳定关系的结合点”[5]一样，把人民生活作为民族主义、民权主义和民生主义的结合点，把民生主义作为民族主义和民权主义的出发点和落脚点，我们就会发现，孙中山的三民主义，在理念上，不仅是深刻的，而且与马克思主义的人的自由全面发展这一最高价值命题具有相当程度的内在契合性。在对“民生主义”与他所认知的“马克思主义”的比较中，孙中山提出：“民生就是政治的中心，就是经济的中心和种种历史活动的中心，……我们现在要解除社会问题中的纷乱，便要改正这种错误，再不可说物质问题是历史中的中心，要把历史上政治、社会、经济种种中心都归之于民生问题，以民生为社会历史的中心。先把中心的民生问题研究清楚了，然后对于社

---

[1] 《孙中山全集》第一卷，中华书局，1981年，第288～289页。
[2] 《孙中山全集》第一卷，中华书局，1981年，第288页。
[3] 《孙中山全集》第九卷，中华书局，1986年，第177页。
[4] 《孙中山全集》第九卷，中华书局，1986年，第355页。
[5] 《十七大以来重要文献选编》（上），中央文献出版社，2009年，第14页。

会问题才有解决的方法”[1]。在这一点上，孙中山不仅表达了恩格斯晚年批判机械的、庸俗的经济决定论的基本观点，而且表达了马克思恩格斯在《德意志意识形态》中的历史唯物主义基本观点，更表达了党的“十七大”“加快推进以改善民生为重点的社会建设”的基本观点。在《德意志意识形态》中，马克思恩格斯指出：“一切人类生存的第一个前提，也就是一切历史的第一个前提，这个前提是：人们为了能够‘创造历史’，必须能够生活”；“当人们还不能使自己的吃喝住穿在质和量的方面得到充分保证的时候，人们就根本不能获得解放”[2]。

需要注意的是，民生主义虽然是民族主义和民权主义的出发点和落脚点，离开了民生主义，民族主义和民权主义就成了少数人谋利益的借口，但是反过来，离开了民族主义的保障和民权主义的支撑，民生主义就成了海市蜃楼。而在半殖民地半封建社会的近代中国，离开了民族主义和民权主义，民生主义更成了空想社会主义。因此，孙中山始终强调：“本党底最大目的，要把‘民族’、‘民权’、‘民生’三种功夫同时做完，这就是本党底主义，这才是国利民福，人民才可享真正的幸福。”[3]

正因为如此，当列宁看到孙中山《中国革命的社会意义》一文时，这样评价：“孙中山的纲领的字里行间都充满了战斗的、真诚的民主主义。它充分认识到‘种族’革命的不足，丝毫没有忽视政治问题，或者说，丝毫没有轻视政治自由或容许中国专制制度与中国‘社会改革’、中国立宪改革等等并存的思想。这是带有建立共和制度要求的完整的民主主义。它直接提出群众生活状况及群众斗争问题，热烈地同情被剥削劳动者，相信他们是正义的和有力量的。我们现在看到的是真正伟大的人民的真正伟大的思想；这样的人民不仅会为自己历来的奴隶地位而痛心，不仅会向往自由和平等，而且会同中国历来的压迫者作斗争。”[4]显而易见，列宁对三民主义是充分肯定的。

同样因为如此，孙中山非常关注俄国的十月革命，并于1918年夏致电列宁和苏维埃政府说：“中国革命党对贵国革命党所进行的艰苦斗争，表示十分钦佩，并愿中俄两党团结共同斗争。”[5] 共产国际成立后，致力国民革命的孙中山在维经斯基、马林、越飞、达林、鲍罗廷等共产国际代表的帮助下直接将三民主义政治价值观实践调整完善为联俄、容纳共产党、扶助农工，从而使三民主义政治价值观走向了新的阶段。

---

[1] 《孙中山全集》第九卷，中华书局，1986年，第377页。
[2] 《马克思恩格斯选集》第1卷，人民出版社，1995年，第78～79、74页。
[3] 《孙中山全集》第五卷，中华书局，1985年，第480页。
[4] 《列宁选集》第2卷，人民出版社，1995年，第291页。
[5] 《孙中山全集》第四卷，中华书局，1985年，第500页。

（二）联俄、容纳共产党、扶助农工：三民主义价值观的政策转向

辛亥革命既是孙中山“民族、民权、民生”三民主义革命价值观的直接实践，也是孙中山革命价值观总结、反思和重建的开始。二次革命、护国运动、护法战争一步步显明“民族、民权、民生”的三民主义在实践中的不足，一步步呼唤着三民主义的更新。在这一历史进程中，孙中山、共产国际、中国共产党等历史人物各以自己的认识和实践表达出自己的选择。“这样就有无数互相交错的力量，有无数个力的平行四边形，由此就产生出一个合力，即历史结果，而这个结果又可以看作一个作为整体的、不自觉地和不自主地起着作用的力量的产物。”[1] 这种“整体的、不自觉地和不自主地起着作用的力量”，不言而喻，就是历史选择力，它以现实的历史选择表明历史选择的现实。

1924 年 1 月 20 日，孙中山在中国国民党第一次全国代表大会上的演讲中这样总结中国的辛亥革命和俄国的十月革命：“我们自办同盟会以来，有很大的力量表现出来，就是把满洲政府推倒。但推倒之后，官僚之流毒日益加甚，破坏虽成功，建设上却一点没有尽〈力〉。这十三年来，政治上、社会上种种黑暗腐败比前清更甚，人民困苦日甚一日。……故从各方面看来，中国自革命后并无进步，反为退步。……人民以各种痛苦归咎于我们，我们实难辞其责，要皆由于所用方法不对。……中国革命六年后，俄国才有革命。俄国革命党不仅把世界最大权威之帝国主义推翻，且进而解决世界经济政治诸问题。这种革命，真实彻底的成功，皆因其方法良好之故。”[2] 客观地说，辛亥革命使中国的社会历史发展实现了一次质的飞跃，它扫除了覆盖在中国人头上和心上的“皇冠”，开启了中国人的封建主义之蒙。毋庸置疑，中国人正是在辛亥革命的大潮中认知了中国社会历史发展的基本趋势，并使革命意识、民主意识、参政意识以及政党意识逐步在心中扎了根。没有辛亥革命，就很难有中国人的民主、平等意识，就很难有以民主、科学、人权为核心的新文化运动。然而，孙中山却认为：“俄国虽迟我六年革命而已成功，我虽早六年革命而仍失败。”[3] 可见，不仅俄国十月革命对孙中山的影响是深重的，而且孙中山联俄以学习其革命“方法”的决心是异常坚定的。

如上所述，俄国十月革命胜利后仅半年多时间，孙中山即致电列宁和苏维埃政府，表示愿意“中俄两党团结共同奋斗”。1921 年 8 月，在致俄罗斯苏维埃社

---

[1] 《马克思恩格斯选集》第 4 卷，人民出版社，1995 年，第 697 页。

[2] 《孙中山全集》第九卷，中华书局，1986 年，第 99 ~ 100 页。

[3] 《孙中山全集》第九卷，中华书局，1986 年，第 101 页。

会主义共和国外交人民委员格奥尔基·齐契林的信中，孙中山这样表白：“我希望与您及莫斯科的其他友人获得私人的接触，我非常注意你们的事业，特别是你们苏维埃底组织、你们军队和教育底组织。我希望知道您和其他友人在这些事情方面、特别是在教育方面所能告诉我们的一切。像莫斯科一样，我希望在青年一代——明天的劳动者们底头脑中深深地打下中华民国底基础。”[1] 相比于1918年的致电，这时的孙中山进一步明确了联俄的具体内容，即政党、军队和教育的方法。1921年12月，在广西桂林，孙中山赞同并初步接受了共产国际代表马林的建议：“一、改组国民党，为紧密联系工农群众的政党；二、创办军官学校，为革命奠定武装的基础。”[2] 不难看出，这两条建议直接成为后来孙中山三民主义价值观政策转向的理论基础和思想前提。经历陈炯明的叛变后，在与共产国际代表达林的通讯谈话中，孙中山更这样明确表示：“现在我深信，中国革命的唯一实际的真诚的朋友是苏俄。……我确信，苏俄甚至在危难之中也是我唯一的朋友。我决定赴上海继续斗争。倘若失败，我则去苏俄。”[3] 至此，孙中山联俄的政策已明确而坚定。

联俄的政策确定后，在共产国际的帮助下，调整完善三民主义价值观，与中国共产党合作、扶助农工，也就成为了孙中山致力于中国革命的自然选择。

对比1923年11月28日的《共产国际执行委员会主席团关于中国民族解放运动和国民党问题的决议》与1924年1月23日的《中国国民党第一次全国代表大会宣言》，不难看出，后者是前者基本精神的具体化。前者指出：“以孙中山博士为首的国民党革命派已认识到必须接近劳动群众，从而巩固和扩大中国革命运动的基础；同时相信，从国民党建党起就奉为该党基础的三民主义——民族主义、民权主义和民生主义，将通过下述解释，表明国民党是一个符合时代精神的民族政党。”即：一、“民族主义，就是国民党依靠国内广大的农民、工人、知识分子和工商业各阶层，为反对帝国主义及其走卒、为争取中国独立而斗争”；二、“在资产阶级社会的条件下，民权主义可能蜕变为压迫劳动群众的制度和工具。因此，国民党在向群众灌输民权主义的原则和解释其含意时，应使其有利于中国劳动群众，即只有那些真正拥护反帝斗争纲领的分子和组织才能广泛享有这些权利和自由，而决不使那些在中国帮助外国帝国主义者或其走狗（中国军阀）的分子和组织享有这些自由”；三、“民生主义，如果解释为把外国工厂、企业、银行、铁路和水路交通收归国有，那它才会对群众具有革命化的意义，才能在群

[1] 《孙中山全集》第五卷，中华书局，1985年，第593页。
[2] 《孙中山集外集》，上海人民出版社，1990年，第260页。
[3] 《孙中山集外集》，上海人民出版社，1990年，第274页。

众中得到广泛的反响”。同时还强调指出：“革命政党国民党将更多地考虑中国工人运动日益发展的情况，为了加强全国的解放运动，将放手发动工人阶级的力量，全力支持它的经济组织及其阶级的政治组织——中国共产党。……共产国际曾经而且还将指示中国共产党、工人阶级和劳动农民，必须全力支持国民党，……国民党应当把全国的解放运动建立在广大人民群众支持的基础上，……同时还应当理解，必须同工农国家苏联建立统一战线，以反对帝国主义者及其在华势力。”❶ 在这里，联俄、与共产党合作、扶助农工，“为农夫、工人而奋斗”的国民党三民主义之“真释”❷ 一目了然。

在与共产党合作的具体方式上，1923 年 1 月 12 日的《共产国际执行委员会关于中国共产党与国民党的关系问题的决议》这样定位：“中国唯一重大的民族革命集团是国民党，它既依靠自由资产阶级民主派和小资产阶级，又依靠知识分子和工人。……因此，在目前条件下，中国共产党党员留在国民党内是适宜的。……但是，这不能以取消中国共产党独特的政治面貌为代价。党必须保持自己原有的组织和严格集中的领导机构。……只要国民党在客观上实行正确的政策，中国共产党就应当在民族革命战线的一切运动中支持它。但是，中国共产党绝对不能与它合并，也绝对不能在这些运动中卷起自己原来的旗帜。”❸ 这样，在共产国际帮助下改组的国民党与在共产国际指导下活动的共产党之间的合作，也就自然而然地采取“党内合作”的方式，即在“对外推翻帝国主义压迫的民族革命和对内推翻封建地主压迫的民主革命”这一双重共同奋斗目标之下，“接纳”共产党人以个人身份加入国民党，并允许共产党这个组织的合法存在，甚至可以保留共产党自己的党内机密。

于是，在与孙中山直接相关的决议及李大钊和毛泽东的早期文献中，关于“与共产党合作”这一坚定原则下的具体合作方式，普遍表述为“容纳共产党”。1924 年 8 月 21 日的中国国民党一届二中全会，针对中央监察委员邓泽如、张继、谢持“检举共党不法案”，按照孙中山主持中央政治委员会所拟《国民党内之共产派问题》及《国民党与世界革命运动的联络问题》两草案，国民党中央执行委员会全体会议通过《中国国民党中央执行委员会颁发有关容纳共产分子问题之训令》和《中国国民党中央执行委员会第二次全体会议决议》，明确表述为“容纳共产党员”，强调中国共产党员加入国民党以后，“仍不脱离中国共产党”，且

---

❶ 《共产国际有关中国革命的文献资料》（1919 ~ 1928），中国社会科学出版社，1981 年，第 81 ~ 83 页。

❷ 《孙中山全集》第九卷，中华书局，1986 年，第 121、122 页。

❸ 《共产国际有关中国革命的文献资料》（1919 ~ 1928），中国社会科学出版社，1981 年，第 76 ~ 77 页。

"以中国共产党为第三国际之一支脉"。[1] 而在1991年版《毛泽东选集》的第一篇文章——1925年12月1日的《中国社会各阶级的分析》中，针对一个自称为戴季陶"真实信徒"的人的错误言论，毛泽东指出："他们反对以阶级斗争学说解释国民党的民生主义，他们反对国民党联俄和容纳共产党及左派分子。……这个阶级的企图……是完全行不通的。"[2] 1926年3月12日，在刊发于《国民新报·孙中山先生逝世周年纪念特刊》的《孙中山先生在中国民族革命史上之位置》一文中，李大钊说，孙中山先生"一九〇五年，又在日本东京成立中国革命同盟会。二次革命失败后，又在东京改组中华革命党。一九二四年又在广州改组中国国民党，容纳中国共产党的分子，使中国的国民革命运动与世界革命运动联成一体；……这都是先生在中国民族革命史上继往开来，铸新淘旧，把革命的基础，深植于本国工农民众，广结于世界革命民众的伟大功绩。"[3]

不难看出，孙中山的"容纳共产党"就是国共两党"党内"联合，共同奋斗，既不是"限共"、"溶共"，更不是"反共"。因而，比较后人概括的"联共"和"容共"两个概念，相比于"容共"一词的模糊性和可能的歧义性，"联共"一词更能准确表达孙中山的本意。

（三）马克思主义价值理论中国选择的历史证明

"余致力国民革命凡四十年，其目的在求中国之自由平等。积四十年之经验，深知欲达到此目的，必须唤起民众及联合世界上以平等待我之民族，共同奋斗。"[4] "唤起民众及联合世界上以平等待我之民族，共同奋斗"，从而达到"求中国之自由平等"的目的，实现中华民族的独立和中国人民的富强，这既是孙中山一生的真实写照，也是中国共产党人新民主主义革命、社会主义革命和中国特色社会主义建设的生动写照。

透过前述李大钊、毛泽东和孙中山三人的思想进程，纵观1840年鸦片战争后近现代中国社会历史的曲折发展，"唤起民众及联合世界上以平等待我之民族，共同奋斗"以"求中国之自由平等"的历史现实和历史需要，决定了以"每个人的自由发展是一切人的自由发展的条件"为根本和核心的、旨在实现无产阶级和人类解放的马克思主义实践观和价值论必然来到"苦难"的中国，为先进的中国人民所理解、认同、接受和践履。马克思指出："理论在一个国家实现的程

---

[1] 《孙中山集外集》，上海人民出版社，1990年，第877、875页。
[2] 《毛泽东选集》第一卷，人民出版社，1991年，第4页。
[3] 《李大钊全集》第五卷，人民出版社，2006年，第102页。
[4] 《孙中山全集》第十一卷，中华书局，1986年，第639页。

度，总是决定于理论满足这个国家的需要的程度。”[1] 毛泽东更强调：“马克思列宁主义来到中国之所以发生这样大的作用，是因为中国的社会条件有了这种需要，……任何思想，如果不和客观的实际的事物相联系，如果没有客观存在的需要，如果不为人民群众所掌握，即使是最好的东西，即使是马克思列宁主义，也是不起作用的。”[2]

首先，怎样才能“唤起民众”？毋庸置疑，只有站在民众的立场，替民众代言，为民众谋利益，才能获得民众的情感认同和价值认同，从而启蒙民众，唤起民众。

在求进步的先进的中国人从古今中外找寻到的“真理”中，实践证明，唯有以实践论为基础的、“为劳动阶级利益而战”的马克思主义价值理论，是以群众史观为基础的、替群众代言、为群众谋利益的价值观和实践论。在马克思主义理论体系中，自然、社会、历史都不是与人相分离的抽象物，都不是人之外的某个东西，它本身就是人及人的活动，其起点就是“现实的人”，既不是某一个人，也不是某一部分人，而是每一个人，亦即最广大人民群众。

由此可见，孙中山“以大半辈子的光阴从西方资产阶级文化中寻找救国真理，结果是失望，转而‘以俄为师’”，这不是偶然的；孙中山“和他所代表的苦难的中国人民，一齐被‘西方的影响’所激怒，下决心‘联俄联共’，和帝国主义及其走狗奋斗和拼命”，也不是偶然。[3] 站在民生史观的立场，孙中山反复指出：“共产主义是民生的理想，民生主义是共产的实行，所以两种主义没有什么分别，要分别的还是在方法”；“民生主义就是共产主义，就是社会主义。所以我们对于共产主义，不但不能说是和民生主义相冲突，并且是一个好朋友”；“我们要解决中国的社会问题，……目标，就是要全国人民都可以得安乐，都不致受财产分配不均的痛苦。要不受这种痛苦的意思，就是要共产。所以我们不能说共产主义与民生主义不同。我们三民主义的意思，就是民有、民治、民享。这个民有、民治、民享的意思，就是国家是人民所共有，政治是人民所共管，利益是人民所共享”。[4] 如果不是教条或者机械的话，孙中山这一思想已经接近党的“十七大”彰显的“发展为了人民、发展依靠人民、发展成果由人民共享”的“以人为本”思想。如果进入孙中山思想的深层，就会发现更是意味深长、耐人寻味。据宋庆龄回忆，早在1896～1899年旅居伦敦、巴黎、布鲁塞尔、日内瓦和柏林期间，社会主义就对孙中山发生了吸引力，他敦促留学生研究马克思的

---

[1] 《马克思恩格斯选集》第1卷，人民出版社，1995年，第11页。

[2] 《毛泽东选集》第四卷，人民出版社，1991年，第1515页。

[3] 《毛泽东选集》第四卷，人民出版社，1991年，第1515页。

[4] 《孙中山全集》第九卷，中华书局，1986年，第381、386、394页。

《资本论》和《共产党宣言》，并阅读当时的社会主义书刊。1905 年，孙中山还专程前往设在比利时布鲁塞尔的第二国际书记处，要求接纳他为“党的成员”。

其次，谁是近代中国“平等待我之民族”？实践证明，是俄罗斯苏维埃联邦社会主义共和国。相比于英、美、日、法等帝国主义国家不断给中国强加的种种不平等条约及其对“苦难”中国的侵略、压迫和剥削，列宁领导的苏俄政府 1918 年 2 月即通过公告主动宣布放弃沙俄时代在中国的一切特权，1919 年 7 月 25 日、1920 年 9 月 27 日连续两次发表对华宣言，一再重申废除中俄不平等条约，1923 年，苏联副外交人民委员加拉罕第三次发表对华宣言，重申 1919 年及 1920 年的对华原则。

知悉苏俄 1919 年对华宣言，1920 年 4 ~ 5 月，中华民国全国报界联合会、全国学生联合会、全国各界联合会、中华实业协会、国会议员、中华劳动公会、中国工人联合会等中国社会各界纷纷致电苏俄政府，表达民众的心声。如中华民国全国报界联合会称：“我们谨代表中国的舆论，对于俄罗斯社会主义联邦苏域共和国人民表示最诚恳的谢意。希望中俄两国人民在自由、平等、互助底正义下面，以美的友谊，致力芟除国际的压迫及国家的、种族的、阶级的差别。”❶

看到当时中国各界民众对苏维埃俄国的真实态度，任何一个实事求是的人都会得出这样的结论：作为苏维埃俄国指导思想的马克思主义实践论和价值观必然应中国人民和中国历史的需要来到“苦难”的中国。或许有人会以苏俄宣言的“利益考量”来质疑甚至否认苏俄宣言的正义性。客观地说，利益是国际间行为的最基本动因。关键是看这种利益是否有利于“求中国之自由平等”，是否有利于“唤起民众及联合世界上以平等待我之民族，共同奋斗”。马克思主义唯物主义者并不讳言利益，只是反对那种站在少数人的立场、替少数人代言、为少数人谋利益的人民群众利益劫持者和伪善者。

---

❶ 《共产国际、联共（布）与中国革命文献资料选辑：1917 ~ 1925》，北京图书馆出版社，1997 年，第 82 页。

第二章　马克思主义价值理论中国化与现当代中国核心价值体系的历史建构

现当代中国的核心价值体系，既不是某种先验的静止的存在，也不是某一时期内突然自生自长的，而是基于现当代中国历史运动的一种历史建构。具体而言，是在马克思主义指导的现当代中国革命、建设和发展这一历史的解构和建构中逐步产生、形成、发展并继续完善的。离开现当代中国的发展历史来谈论现当代中国的核心价值体系，也就离开了作为其决定性因素的社会存在，成为了抽象的空洞的纸上谈兵。这就是说，对于现当代中国核心价值体系建设的学理考察，不仅需要懂得中国的今天，还需要懂得中国的昨天和前天；不仅需要放到整个现当代中国的社会历史发展中，而且需要放到马克思主义价值理论中国化的视野中。马克思主义价值理论不仅是马克思主义的有机组成部分，而且是其中最核心最基础的部分，没有马克思主义价值理论的中国化，也就没有马克思主义的中国化。马克思主义的中国化，从立场、观点、方法的深层而言，实质上是马克思主义价值理论的中国化。

一、马克思主义价值理论哲学基础的中国化模式

马克思主义理论的科学性，在于以马克思恩格斯为代表的马克思主义经典作家总是以唯物史观的分析方法来认识、揭示人类社会的发生历史和发展趋势，而不是像黑格尔等那样在精神世界里兜圈子。他们摒弃青年黑格尔派将人的思维、意识与精神视为人类历史发展动力的错误认识，从现实的人的生存方式——即“现实生活的生产和再生产”[1]来剖解社会意识形态的形成过程，呈现人类社会的进化历史及其演进的真谛。正是基于唯物史观这一科学方法和科学基础，马克思恩格斯在政治经济学的语境中表述了科学的哲学价值论——马克思主义价值理论。因此，探寻马克思主义价值理论指导的现当代中国核心价值体系的历史建构，必须而且只能从唯物史观这一前提出发，更确切地说，是从唯物史观的中国

[1] 《马克思恩格斯选集》第4卷，人民出版社，1995年，第695页。

化模式出发。马克思恩格斯指出："这种历史观和唯心主义历史观不同，它不是在每个时代中寻找某种范畴，而是始终站在现实历史的基础上，不是从观念出发来解释实践，而是从物质实践出发来解释观念的形成。"[1] 需要强调的是，"唯物史观"中的"物"，不是日常思维层面的"实物"或"财物"、"金钱"、"经济"等意思，而是哲学思维层面的"客观实在"。[2]"唯物史观"是科学性与价值性的统一，其中科学性是价值性的前提和基础，价值性是科学性的方向和目的。它不是"经济史观"，而是在不同的时代基于不同的主题有着不同的具体表现形式。对于现当代中国核心价值体系的历史建构而言，"站在现实历史的基础上"，也就是站在90年来中国社会历史发展的阶段性主题及其发展任务的基础上，具体说来，即站在90年来与中国革命、建设和发展的时代性主题基本相应的以阶级斗争为主线到以经济建设为中心、再到"以人为本"的转换的伟大实践基础上。在现当代中国，相应于革命、建设和发展的时代主题，唯物史观具体表现为阶级斗争模式、生产力模式和以人民为本[3]模式。

（一）阶级斗争模式

或许有人会因为1957年后、尤其是"文化大革命"中阶级斗争扩大化的危害，抑或当前阶层分化理论主导的学术生态的影响，而在理论的分析中忌讳马克思主义的阶级斗争理论。毋庸置疑，"以阶级斗争为纲"是错误的。但是，如前所述，在理论的探讨中，尤其是在"全社会仍旧是金字塔形结构"和"特殊获

---

[1] 《马克思恩格斯选集》第1卷，人民出版社，1995年，第92页。

[2] 针对卡·耐格里报告中"我们不知道物质是什么"的论调，恩格斯这样表述物质概念的内涵："物、物质无非是各种物的总和，而这个概念就是从这一总和中抽象出来的，……'物质'……这样的词无非是简称，我们就用这种简称把感官可感知的许多不同的事物依照其共同的属性概括起来"（《马克思恩格斯选集》第4卷，人民出版社，1995年，第343页）。针对马赫主义者"把关于物质的某种构造的理论和认识论的范畴混淆起来，把关于物质的新类型的新特性问题和认识论的老问题，即关于我们知识的泉源、客观真理的存在等等问题混淆起来"的错误，列宁指出："如果你们认为人感知的是客观实在，那么就需要有一个关于这种客观实在的哲学概念，而这个概念很早很早以前就制定出来了，这个概念就是物质。物质是标志客观实在的哲学范畴，这种客观实在是人通过感觉感知的，它不依赖于我们的感觉而存在，为我们的感觉所复写、摄影、反映"（《列宁选集》第2卷，人民出版社，1995年，第89页）。针对唯物史观被机械化、庸俗化理解的错误倾向，恩格斯强调："根据唯物史观，历史过程中的决定性因素归根到底是现实生活的生产和再生产。无论马克思或我都从来没有肯定过比这更多的东西。如果有人在这里加以歪曲，说经济因素是唯一决定性因素，那么他就是把这个命题变成无内容的、抽象的、荒诞无稽的空话"（《马克思恩格斯选集》第4卷，人民出版社，1995年，第695~696页）。

[3] 这里主要基于马克思主义唯物史观学理阐释的准确性考虑，同时也为了避免造成读者与西方人本主义思潮的混淆，依据马克思主义群众史观和江泽民1994年1月1日在全国政协新年茶话会上的讲话中"以人民群众为本"的表述及党的十七大报告中关于"必须坚持以人为本"的内涵实质的全面阐释，将唯物史观中国化的当代模式表述为"以人民为本"。

益者群体、普通获益者群体、利益相对受损群体、社会底层群体"等利益分化客观存在和党的建设面临"四大危险"和"四大考验"的现实面前，客观地面向历史，不仅是无需回避的，而且是十分必要的。马克思恩格斯指出，"一切划时代的体系的真正的内容"都是"以阶级关系的历史形式及其政治的、道德的、哲学的以及其他后果为基础的"❶。这就是说，要全面而科学地把握现当代中国核心价值体系，尤其是以阶级对立、阶级斗争为基本特征的现当代中国核心价值体系的早期形态，就必须面向革命时期的阶级斗争这一历史的现实。

实际上，阶级斗争不仅是革命时期最广大人民群众求生存、求解放的最直接、最有效的实践方式，而且在马克思主义理论体系整体中，如前引李大钊所言，阶级斗争理论就像一条"金线"，把关于过去、现在和将来的三大原理从根本上联成一体。众所周知，在《共产党宣言》正文中，马克思恩格斯通过对资本主义剥削和压迫的阶级本质的深刻揭露，客观地阐明了有文字记载的全部历史都是阶级斗争的历史这一科学的阶级斗争理论，并赋予无产阶级以资本主义掘墓人的历史使命。而在1883年德文版序言中，恩格斯更这样直接表述："（从原始土地公有制解体以来）全部历史都是阶级斗争的历史，即社会发展各个阶段上被剥削阶级和剥削阶级之间、被统治阶级和统治阶级之间斗争的历史；而这个斗争现在已经达到这样一个阶段，即被剥削被压迫的阶级（无产阶级），如果不同时使整个社会永远摆脱剥削、压迫和阶级斗争，就不再能使自己从剥削它压迫它的那个阶级（资产阶级）下解放出来。"❷ 从而正如《〈黑格尔法哲学批判〉导言》中"哲学把无产阶级当作自己的物质武器，同样，无产阶级也把哲学当作自己的精神武器"❸ 所蕴含，在求解放、求独立的革命和救亡斗争中，马克思主义阶级斗争理论把无产阶级当作自己的物质武器，无产阶级把马克思主义阶级斗争理论当作自己的精神武器，亦即当作自己的革命理论指南。

尤其值得我们注意和深思的是，苏联剧变前一年的1990年冬，针对法国克劳德·勒福尔（Claude Lefort，1978）和英国安东尼·吉登斯（Anthony Giddens，1981）等的"马克思历史模式冲突论"，美国德克萨斯大学分析马克思主义者斯蒂文·白斯特（Steven Best）在发表于美国《哲学论坛》的《马克思与历史模式冲突问题》一文中指出，马克思的历史观——唯物史观在不同阶段的著作中表现为三种不同的连续性模式：（1）人道主义模式（the humanist model），即把历史解释为"人的本质"的异化与实现过程；（2）生产力模式（the productive forces

---

❶ 《马克思恩格斯全集》第3卷，人民出版社，1960年，第544页。
❷ 《马克思恩格斯选集》第1卷，人民出版社，1995年，第252页。
❸ 《马克思恩格斯选集》第1卷，人民出版社，1995年，第15页。

model），即把历史解释为生产力的不断增长和生产力与生产关系之间的矛盾运动；（3）阶级斗争模式（the class struggle model），即把历史解释为由阶级斗争的动力所驱动。白斯特认为，尽管马克思在不同阶段的著作中强调的是不同的模式，但不能认为它们是不相容的，在《资本论》中，马克思通过“生产力发展——劳动异化——人道主义”的系统阐解，整体诠释了这三种历史观具体模式的连续性和整体性。而且在对这三种连续性模式的注释中，白斯特特别引注英国学者赫尔姆特·弗莱舍（Helmut Fleischer，1973）关于马克思历史观的三种连续性模式——人类学模式（anthropological model）、实用论模式（pragmatological model）、法则论模式（nomological model）的阐述加以对比说明，并指出弗莱舍的人类学模式即其人道主义模式。[1] 毋庸置疑，白斯特三种连续性模式的提出，不仅有助于完整准确地把握马克思历史观的深刻内涵，而且有助于社会主义的革命者和建设者在其不同的历史阶段对马克思主义唯物史观做出实事求是地具体分析和具体应用。如果不是巧合的话，在白斯特《马克思与历史模式冲突问题》一文的写作过程中，除了显性层面的马克思文本的逻辑支撑外，还有一个反思苏联斯大林模式下唯物史观教条化、机械化危害的隐性逻辑。

在白斯特的基础上，中央社会主义学院张峰教授和冯海波博士后将“人道主义模式”表述为“以人为本模式”，进而提出连续性模式是马克思思想发展固有的理论逻辑，以人为本模式、生产力模式、阶级斗争模式三者具有内在的统一性，都是唯物史观的具体确证，共同构成唯物史观的丰富内容。阶级斗争模式强调阶级斗争在推动历史进步方面的作用，告诉无产阶级只有采取阶级斗争这一唯物史观形式才能彻底打破资本对人的统治。生产力模式强调生产力对社会发展的决定性作用，既彰显社会主义建设中发展生产力的至关重要性，也显明资本主义生产关系将为社会主义生产关系所取代的历史必然性。以人为本模式强调人的全面解放和社会的发展进步实质上就是人的不断解放的过程，是人的能力全面进步的过程，彰显人依次从对人的依赖到对物的依赖，再到人的自由全面发展的历史必然性和必要性。张峰教授和冯海波博士后还提出，在马克思唯物史观的整体结构中，这三种连续性模式分属于不同的逻辑层次，其中，阶级斗争模式由生产力模式所派生，属于马克思唯物史观的表层结构；生产力模式一方面派生出阶级斗争模式，另一方面又内生于以人为本模式，属于马克思唯物史观的中层结构；以人为本模式是实现每一个人自由而全面的发展这一马克思主义最高价值命题的根本体现，属于马克思唯物史观的深层内核。继而，张峰教授和冯海波博士后精要

---

[1] Steven Best. Marx and the Problem of Conflicting Models of History. The Philosophical Forum. Volume XXⅡ, No. 2, Winter, 1990.

地梳理了中国共产党革命和建设的实践过程，阐述了唯物史观三个层次的具体模式在现当代中国的应用性选择。[1]

笔者认为，张峰教授和冯海波博士后对马克思唯物史观三种具体模式的结构层次划分是深刻的，但在历史观中将其深层内核表述为“以人为本模式”是值得商榷的，这一点，在后文将具体阐释。

可以确认的是，如张峰教授和冯海波博士后所言，在“救亡”、“启蒙”的近现代中国，正是以毛泽东为代表的中国共产党人以中国问题为中心，天才地将马克思主义阶级斗争史观与中国民族革命和民主革命实际相结合，直接运用马克思主义阶级斗争学说和阶级分析方法指导中国的革命运动，中国人民才彻底地取得了新民主主义革命和社会主义革命的伟大胜利，确立了社会主义的基本制度，奠定了社会主义建设的牢固基础。

如前所引，毛泽东自知道人类有史以来就有阶级斗争、阶级斗争是社会发展的原动力后，就老老实实地开始研究起实际的阶级斗争来。因而，以毛泽东为代表的中国共产党人的第一个纲领，即与之前的洪秀全、康有为、孙中山等先进的中国人完全不同，纲领在第一条定名为“中国共产党”之后随即明确主张：“（1）革命军队必须与无产阶级一起推翻资本家阶级的政权，必须支援工人阶级，直到社会的阶级区分消除为止；（2）承认无产阶级专政，直到阶级斗争结束，即直到消灭社会的阶级区分；（3）消灭资本家私有制，没收机器、土地、厂房和半成品等生产资料，归社会公有。”[2]

当然，承认马克思主义阶级斗争理论是一回事，能否真正在历史唯物主义的视野中自觉运用阶级斗争史观又是另外一回事。恩格斯指出：“旧的、还没有被排挤掉的唯心主义历史观不知道任何物质利益的阶级斗争，而且根本不知道任何物质利益；生产和一切经济关系，在它那里只是被当作‘文化史’的从属因素顺便提一下。”[3]

在中国新民主主义革命的阶级斗争实践中，正如恩格斯所揭示，出现过背离唯物史观、无视阶级斗争规律或教条化阶级斗争规律的“左”、右倾错误。针对这些错误，毛泽东通过对中国农村和农民运动的实地考察，从中国社会的实际出发，运用历史唯物主义的立场、观点和方法，从各阶级的经济地位入手，准确地分析判断出以农民为主体的中国社会各阶级对革命的不同态度，提炼出“农民问

---

[1] 张峰、冯海波：《马克思历史观的三种连续性模式与马克思主义中国化的应用性选择》，《中央社会主义学院学报》，2010 年第 5 期。

[2] 《中共中央文件选集》第一册，中共中央党校出版社，1989 年，第 3 页。

[3] 《马克思恩格斯选集》第 3 卷，人民出版社，1995 年，第 365 页。

题乃国民革命的中心问题，农民不起来参加并拥护国民革命，国民革命不会成功”[1] 这一中国特色的革命理论，从而科学地揭示出中国社会阶级斗争的客观规律，在实践上为党制定出正确的新民主主义革命和社会主义革命路线与策略提供了理论指针，在理论上成功解决了马克思主义与中国实际相结合所面临的一系列重大难题，推动并实现了马克思主义的中国化。可以说，没有毛泽东对唯物史观阶级斗争模式的中国化运用，就很难有马克思主义的中国化，就很难有中国革命的彻底胜利。

当然，在新民主义主义革命和社会主义革命时期，作为解放生产力的主要方式，以阶级斗争史观为理论，以群众运动为载体，这是符合革命规律的。但是，进入社会主义建设时期，社会的主要矛盾转化为人民内部矛盾，历史的任务转向了发展生产力，如果仍然以阶级斗争的方式来发起群众运动，也就走向了唯物史观的反面。这是值得我们警惕的。这同时也告诉我们，阶级斗争模式只是被剥削、被压迫阶级在阶级社会求解放的一种唯物史观模式，而不能等同于唯物史观。对于毛泽东晚年的“群众运动—阶级斗争”扩大化错误给中国社会主义建设带来的严重影响，邓小平这样评价：“毛泽东同志是伟大的领袖，中国革命是在他的领导下取得成功的。然而他有一个重大的缺点，就是忽视发展社会生产力。不是说他不想发展生产力，但方法不都是对头的，例如搞‘大跃进’、人民公社，就没有按照社会经济发展的规律办事。”[2]

（二）生产力模式

“革命是要搞阶级斗争，但革命不只是搞阶级斗争。生产力方面的革命也是革命，而且是很重要的革命，从历史的发展来讲是最根本的革命。”[3] 这不仅仅是邓小平对“文化大革命”阶级斗争扩大化的反思，不仅仅是邓小平对革命的深刻认识，而且是邓小平对马克思主义唯物史观的深刻认识。马克思恩格斯指出：“生产力和交往形式之间的这种矛盾……每一次都不免爆发为革命，同时也采取各种附带形式，如冲突的总和，不同阶级之间的冲突，意识的矛盾，思想斗争，政治斗争，等等。从狭隘的观点出发，可以从其中抽出一种附带形式，把它看作是这些革命的基础，……按照我们的观点，一切历史冲突都根源于生产力和交往形式之间的矛盾。”[4]

---

[1] 《毛泽东文集》第一卷，人民出版社，1993 年，第 37 页。
[2] 《邓小平文选》第三卷，人民出版社，1993 年，第 116 页。
[3] 《邓小平文选》第二卷，人民出版社，1994 年，第 311 页。
[4] 《马克思恩格斯选集》第 1 卷，人民出版社，1995 年，第 115 页。

可见，在马克思主义理论体系中，阶级斗争只是生产力革命在阶级社会的表现形式，只是阶级社会解放生产力的一种基本方式。在新民主义革命时期的理论与实践中，毛泽东对这一相互关系阐述得明白而深刻。他说："我们搞政治，搞政府，搞军队，为的是什么？就是要破坏妨碍生产力发展的旧政治、旧政府、旧军队。……妨碍生产力发展的旧政治、旧军事力量不取消，生产力就不能解放，经济就不能发展。因此，第一个任务就是要打倒妨碍生产力发展的旧政治、旧军事，而我们搞政治、军事仅仅是为着解放生产力。学过社会科学的同志都懂得这一条，最根本的问题是生产力向上发展的问题。我们搞了多少年政治和军事就是为了这件事。马克思主义社会科学也主要讲的这件事，讲生产力在历史上是如何发展起来。"❶ 在中共"七大"的报告中，毛泽东更进一步提出了政党政策和政党实践的生产力标准问题。他指出："中国一切政党的政策及其实践在中国人民中所表现的作用的好坏、大小，归根到底，看它对于中国人民的生产力的发展是否有帮助及其帮助的大小，看它是束缚生产力的，还是解放生产力的。"❷

毛泽东关于唯物史观生产力模式的这些精辟见解，为建国后社会主义革命方式的选择和社会主义建设工作中心的转移奠定了良好的思想基础。但是，由于毛泽东常常将生产力模式偏向于"解放生产力"这"破旧"的一极，因而尽管1957年2月提出了"从一九五六年以来，情况就根本改变了。……我们的根本任务已由解放生产力变为在新的生产关系下面保护和发展生产力"❸ 的科学论断，但在国内外复杂局势和自我习惯性思维的多重作用下，在实践中仍然不知不觉地弱化甚至忽略了"发展生产力"这"立新"的一极。

什么是生产力呢？在《德意志意识形态》中，马克思恩格斯指出："一定的生产方式或一定的工业阶段始终是与一定的共同活动方式或一定的社会阶段联系着的，而这种共同活动方式本身就是'生产力'；由此可见，人们所达到的生产力的总和决定着社会状况，因而，始终必须把'人类的历史'同工业和交换的历史联系起来研究和探讨。"❹

人们的"共同活动方式本身就是'生产力'"。这就告诉我们：

第一，生产力不只是"表示人们在生产过程中对自然界的关系"，不只是"人们征服自然、改造自然的能力"，而且还包括人们在生产过程中对社会的关系。反思工业文明的历史，更确切地说，生产力是人们在社会活动中形成的认识自然、利用自然、改造自然的能力和认识社会、利用社会、改造社会的能力。马

❶ 《毛泽东文集》第三卷，人民出版社，1996 年，第 108 ~ 109 页。

❷ 《毛泽东选集》第三卷，人民出版社，1991 年，第 1079 页。

❸ 《毛泽东文集》第七卷，人民出版社，1999 年，第 218 页。

❹ 《马克思恩格斯选集》第 1 卷，人民出版社，1995 年，第 80 页。

克思指出："一切生产力即物质生产力和精神生产力。"❶ 在此基础上，党的十六届四中全会明确提出"文化生产力"概念，强调党要带领人民推进中国特色社会主义伟大事业，必须大力发展社会主义文化，"解放和发展文化生产力"。党的十七大进一步指出："在时代的高起点上推动文化内容形式、体制机制、传播手段创新，解放和发展文化生产力，是繁荣文化的必由之路。""精神生产力"、"文化生产力"，不言而喻，不是人们在生产过程中对自然界的关系，更不是人们征服自然的能力。

第二，生产力不是一个个体概念，而是一个群体概念，是特定群体的人们在共同的社会活动中形成的认识自然、利用自然、改造自然和认识社会、利用社会、改造社会的群体"合力"。因而，对于生产力的理解，必须将其置于群体的共同活动方式中；对于生产力的变革，必须着眼于群体共同活动方式的变革。应该说正是在这一意义上，马克思强调："无论哪一个社会形态，在它所能容纳的全部生产力发挥出来以前，是决不会灭亡的；而新的更高的生产关系，在它的物质存在条件在旧社会的胎胞里成熟以前，是决不会出现的。"❷ 这就表明，离开群体的共同活动方式来谈生产力是抽象的、空洞的。

第三，唯物史观的生产力模式不仅包括解放生产力，还包括发展生产力，是解放生产力和发展生产力的统一。而且在生产力模式内部的这两个要素之间，解放生产力只是手段和前提，发展生产力才是目的和根本。1980 年 5 月会见几内亚总统杜尔时，邓小平说："根据我们自己的经验，讲社会主义，首先就要使生产力发展，这是主要的。只有这样，才能表明社会主义的优越性。社会主义经济政策对不对，归根到底要看生产力是否发展，人民收入是否增加。这是压倒一切的标准。空讲社会主义不行，人民不相信。"❸ 1984 年 6 月在会见第二次中日民间人士会议日方委员会代表团时，邓小平进一步指出："什么叫社会主义，什么叫马克思主义？我们过去对这个问题的认识不是完全清醒的。马克思主义最注重发展生产力。……社会主义阶段的最根本任务就是发展生产力，社会主义的优越性归根到底要体现在它的生产力比资本主义发展得更快一些、更高一些，并且在发展生产力的基础上不断改善人民的物质文化生活。如果说我们建国以后有缺点，那就是对发展生产力有某种忽略。"❹ 不难看出，邓小平不仅深刻地把握了唯物史观的生产力模式，而且自觉地运用生产力模式来思考和解决中国特色社会主义建设的重大理论和实践问题。

---

❶ 《马克思恩格斯选集》第 30 卷，人民出版社，1995 年，第 176 页。
❷ 《马克思恩格斯选集》第 2 卷，人民出版社，1995 年，第 33 页。
❸ 《邓小平文选》第二卷，人民出版社，1994 年，第 314 页。
❹ 《邓小平文选》第三卷，人民出版社，1993 年，第 63 页。

因为把解放生产力同发展生产力统一了起来，邓小平带领广大干部群众破除了离开生产力抽象地谈论社会主义的唯心主义观念，破除了离开发展生产力来强调解放生产力的片面观念，果断地停止了“以阶级斗争为纲”，纠正了“两个凡是”，阐明了坚持马克思主义的方法论问题。

因为把解放生产力同发展生产力统一了起来，邓小平带领广大干部群众做出了把全党工作重心转移到经济建设上来的战略决策，开辟了中国特色社会主义道路，并在实践基础上提出了社会主义本质的科学论断。在南方谈话中，邓小平指出：“社会主义基本制度确立以后，还要从根本上改变束缚生产力发展的经济体制，建立起充满生机和活力的社会主义经济体制，促进生产力的发展，这是改革，所以改革也是解放生产力。过去，只讲在社会主义条件下发展生产力，没有讲还要通过改革解放生产力，不完全。应该把解放生产力和发展生产力两个讲全了”；“社会主义的本质，是解放生产力，发展生产力，消灭剥削，消除两极分化，最终达到共同富裕”。❶ 邓小平关于社会主义本质的科学论断，从更深的层次上回答了“什么是社会主义、怎样建设社会主义”这一重大问题，为不断探索建设和发展社会主义的新机制和新方法铺奠了坚实的理论根基。

在邓小平社会主义本质理论基础上，江泽民更进一步深化了唯物史观的生产力模式，明确提出“以人民群众为本”的思想。在 1994 年 1 月 1 日全国政协新年茶话会上，江泽民指出：“一切事情，都要顺应人民群众的要求和愿望去做，才能取信于民，我们的工作才能步步主动、节节胜利。这个历史真理任何时候都不能忘记。……各级干部一定要牢记，联系群众，宣传群众，组织群众，团结群众为实现自己的利益而奋斗，这是我们党的根本力量和优势所在，也是我们各项工作的取胜之道。……希望大家处处以党和人民的利益为重，以人民群众为本，抛弃一切官僚主义、形式主义的不良风气，真正在领导方法和工作方法方面取得新的进步，在全心全意为人民谋利益方面创造出新的气象。”❷

（三）以人民为本模式

“社会主义制度优越性的根本表现，就是能够允许社会生产力以旧社会所没有的速度迅速发展，使人民不断增长的物质文化生活需要能够逐步得到满足。按照历史唯物主义的观点来讲，正确的政治领导的成果，归根结底要表现在社会生产力的发展上，人民物质文化生活的改善上。”❸ “我们建设有中国特色社会主义

---

❶ 《邓小平文选》第三卷，人民出版社，1993 年，第 370、373 页。

❷ 《江泽民文选》第一卷，人民出版社，2006 年，第 363 ~ 364 页。

❸ 《邓小平文选》第二卷，人民出版社，1994 年，第 128 页。

的各项事业，我们进行的一切工作，既要着眼于人民现实的物质文化生活需要，同时又要着眼于人民素质的提高，也就是要努力促进人的全面发展。这是马克思主义关于建设社会主义新社会的本质要求。”❶ 表现在“人民物质文化生活的改善上”，“促进人的全面发展”，这既是中国共产党人对阶级斗争扩大化、“经济决定论”、社会发展“唯GDP”论等错误论调的深刻反思和总结，也是中国共产党人对马克思主义唯物史观科学认识的升华。如同解放生产力是发展生产力的手段一样，在唯物史观的三种模式中，阶级斗争模式是生产力模式的手段，生产力模式又是“以人民为本”模式的手段。无论是解放生产力还是发展生产力，如邓小平的社会主义本质论所言，都是为了“消灭剥削”，即消灭阶级分化和阶级斗争，“消除两极分化”，即消除群体内部不同亚群体之间不平衡的发展状态，“最终达到共同富裕”，即达到“每一个个人的全面而自由的发展”❷。如果背离了这一目的，也就背离唯物史观阶级斗争模式和生产力模式的本意。

正是在这一意义上，西方马克思主义者埃利希·弗洛姆提出：“我们没有必要把马克思裁成两半。事实上，马克思在《经济学—哲学手稿》中所表达的关于人的基本思想与老年马克思在《资本论》中所表达的思想相比，并没有发生根本的转变。”在他看来，是俄国的共产党人提出了“青年马克思”与“老年马克思”在关于人的观点上的对立，“因为不仅他们的思维，而且还有他们的政治体制和社会体制在任何一点上都是跟马克思的人道主义相矛盾的。在他们的体制下，人是国家和生产的奴仆，而不是一切社会秩序的最高目的。马克思的目的，即发展人类品性的个性，在苏维埃政体下遭到否定的程度甚至比在当代资本主义制度下尤甚。”他还强调，“经典的马克思解说家们，无论是伯恩斯坦这样的修正主义者，还是像考茨基、普列汉诺夫、列宁或者布哈林这样的正统马克思主义者，都不曾把马克思解释成一个其思想是以人道主义的存在主义为中心的”❸，相反，都把马克思主义的唯物史观理解成经济决定论，严重遮蔽了马克思主义唯物史观的深意及其深远价值。弗洛姆认为，缺失了人道主义内涵的俄国“共产党人的唯物主义更接近于马克思所反对的十九世纪资产阶级的机械论的唯物主义，而不接近于马克思的历史唯物主义”❹。

弗洛姆将马克思主义等同于人道主义是错误的，但提出马克思主义的人道主

---

❶ 《江泽民文选》第三卷，人民出版社，2006年，第294页。

❷ 《马克思恩格斯全集》第44卷，人民出版社，2001年，第683页。

❸ ［德］埃·弗洛姆：《马克思论人》，陈世夫、张世广译，陕西人民出版社，1991年，第206～207页。

❹ E. 弗洛姆：《马克思关于人的概念》，见《西方学者论〈一八四四年经济学—哲学手稿〉》，复旦大学出版社，1983年，第79页。

义内涵是深刻的。透过马克思恩格斯的文本，不难看出，成长于西方文化背景的马克思主义不仅继承了人道主义思想中所包含的一切有价值的成果，而且还从社会关系的历史发展和社会生产生活的历史唯物主义高度揭示了“人民群众是历史的创造者”的群众史观。列宁指出，以往的历史理论有两个主要缺点：“第一，以往的历史理论至多只是考察了人们历史活动的思想动机，而没有研究产生这些动机的原因，没有探索社会关系体系发展的客观规律性，没有把物质生产的发展程度看作这些关系的根源；第二，以往的理论从来忽视居民群众的活动，只有历史唯物主义才第一次使我们能以自然科学的精确性去研究群众生活的社会条件以及这些条件的变更。”❶

进入新世纪以来，中国共产党人总结我国改革开放和现代化建设的成功经验，继承中华民族优秀文化传统，概括战胜“非典”疫情的重要启示，顺应时代的发展，从哲学价值论的角度提出了“以人为本”为核心的科学发展观，进一步深化了马克思主义唯物史观关于“每一个个人的全面自由发展”的模式。2003 年 7 月 1 日，胡锦涛在“三个代表”重要思想理论研讨会上的讲话中指出：“相信谁、依靠谁、为了谁，是否始终站在最广大人民的立场上，是区分唯物史观和唯心史观的分水岭，也是判断马克思主义政党的试金石。对于马克思主义政党来说，坚持立党为公、执政为民，实现好、维护好、发展好最广大人民的根本利益，充分发挥全体人民的积极性来发展先进生产力和先进文化，始终是最紧要的。全国各族人民是建设中国特色社会主义事业的主体，人民群众积极性创造性的充分发挥是我们事业成功的保证，不断实现最广大人民的根本利益是我们党全部奋斗的最高目的。”❷ 同年 10 月党的十六届三中全会决定：“坚持以人为本，树立全面、协调、可持续的科学发展观，促进经济社会和人的全面发展”，从而深化经济体制改革，完善我国社会主义市场经济体制。

而后，在胡锦涛《在中央人口资源环境工作座谈会上的讲话》和《在美国耶鲁大学的演讲》等有关“以人为本”❸ 思想的阐释基础上，党的“十七大”对“以人为本”的内涵这样明确界定：“全心全意为人民服务是党的根本宗旨，党

❶ 《列宁选集》第 2 卷，人民出版社，1995 年，第 425 页。

❷ 《十六大以来重要文选选编》（上），中央文献出版社，2005 年，第 369 ~ 370 页。

❸ 在中央人口资源环境工作座谈会上的讲话中，胡锦涛指出：“坚持以人为本，就是要以实现人的全面发展为目标，从人民群众的根本利益出发谋发展、促发展，不断满足人民群众日益增长的物质文化需要，切实保障人民群众的经济、政治和文化权益，让发展的成果惠及全体人民”（《十六大以来重要文献选编》（上），中央文献出版社，2005 年，第 850 页）。在美国耶鲁大学的演讲中，胡锦涛说：“我们坚持以人为本，就是要坚持发展为了人民、发展依靠人民、发展成果由人民共享，关注人的价值、权益和自由，关注人的生活质量、发展潜能和幸福指数，最终是为了实现人的全面发展”（《十六大以来重要文献选编》（下），中央文献出版社，2008 年，第 429 页）。

的一切奋斗和工作都是为了造福人民。要始终把实现好、维护好、发展好最广大人民的根本利益作为党和国家一切工作的出发点和落脚点，尊重人民主体地位，发挥人民首创精神，保障人民各项权益，走共同富裕道路，促进人的全面发展，做到发展为了人民、发展依靠人民、发展成果由人民共享。”[1] 科学发展观的“以人为本”思想，彻底改变了过去见物不见人、见集体不见个人的思想，为构建社会主义和谐社会，最终达到共同富裕奠定了坚实的理论基础。

但需要注意的是，第一，这里的“人”，从质的方面来说，不是抽象的人，不是阻碍中国社会发展进步的人，而是推动中国特色社会主义发展进步的“现实的人”；从量的方面来说，不是某一个人、某一些人和少数人，而是最广大人民群众。如果对劫持最广大人民群众利益而为个人或少数人谋利益的伪善者讲“以人为本”，显然背离了科学发展观“以人为本”的本意。在党的十七届五中全会第二次全体会议上，针对“有些党员干部群众观念淡薄，党的宗旨意识不强，不依靠、不相信群众，甚至脱离群众、脱离实际，违背群众意愿；有的党员干部群众立场不坚定，个人主义严重，一事当先只为自己考虑、不为群众考虑，对群众疾苦漠不关心，对群众呼声置若罔闻，对群众利益麻木不仁，甚至见利忘义、以权谋私；有的党员干部……习惯于发号施令、做表面文章，形式主义、官僚主义严重”等问题，胡锦涛指出：“群众观点是历史唯物主义的基本观点，也是我们做好群众工作的思想基础。……群众立场是决定我们党的性质的根本政治问题。我们党之所以得到广大人民群众拥护和支持，首先是因为我们党始终站在最广大人民的立场上说话办事，始终代表最广大人民根本利益。始终站在人民立场上而不是站在个人、少数人立场上说话办事，始终代表最广大人民根本利益而不是代表某一个人、某一部分利益，是决定人心向背、事业成败的关键。”[2] 与之相印证，2011 年 6 月 1 日发表于印度尼西亚最大的华文报纸《国际日报》的《中共 90 年奋斗历程 竖立治国理民不朽丰碑》一文亦提出，“扎根群众、为民请命”、“以民为本、以和为贵”是中国共产党领导中国取得巨大成就的最重要原因。因而，科学发展观的“以人为本”，完全不同于西方思想家基于抽象人性论和抽象人道主义的抽象的“以人为本”，从学理层面考察，最贴切的表述是“以人民为本”。而且也只有从这一意义出发，才能准确理解并把握好马克思主义群众史观，从而坚持并贯彻好马克思主义政党的群众路线。

第二，这里的“本”，不是本体论意义上的“本原”，而是价值论意义上的“根本”。也就是说，它不是回答什么是世界的本原的问题，而是在历史唯物主

---

[1] 《十七大以来重要文献选编》（上），中央文献出版社，2009 年，第 12 页。

[2] 《十七大以来重要文献选编》（中），中央文献出版社，2011 年，第 1011～1013 页。

义的基础上回答什么是最根本的这一价值立场问题。相对于唯心主义历史观的“以神为本”和机械唯物主义历史观的“以物为本”，历史唯物主义强调以“有生命的个人”为本。马克思恩格斯指出：“全部人类历史的第一个前提无疑是有生命的个人的存在。因此，第一个需要确认的事实就是这些个人的肉体组织以及由此产生的个人对其他自然的关系。……人们用以生产自己的生活资料的方式，首先取决于他们已有的和需要再生产的生活资料本身的特性。这种生产方式不应当只从它是肉体存在的再生产这方面加以考察。它在更大程度上是这些个人的一定的活动方式，是他们表现自己生活的一定方式、他们一定的生活方式。”❶

第三，“发展为了人民、发展依靠人民、发展成果由人民共享”的“以人为本”，从社会主义核心价值体系建设的导向要素——价值评价来说，凸显的是“人民群众权威评价论”，即发展是否科学，发展的效果如何，科学发展是否落到实处，不是理论本身说了算，也不是哪一个人或哪一少部分人说了算，而是最广大人民群众说了算。在全党深入学习实践科学发展观活动动员大会暨省部级主要领导干部专题研讨班上的讲话中，针对有些党员干部“在发展观念上重‘显绩’轻‘潜绩’、重当前轻长远、见物不见人、甚至制造虚假政绩”，有些党员干部“在关心群众疾苦、解决民生问题方面作风漂浮、工作不实，存在搞形式主义、做表面文章、敷衍塞责”等问题，胡锦涛指出：“人民是历史的创造者，群众是真正的英雄。人民群众是推动科学发展的主体。科学发展取得了多大成效、是否真正实现了，人民群众感受最真切、判断最准确。推动科学发展，必须紧紧依靠人民群众，做到谋划发展思路向人民群众问计，查找发展中的问题听人民群众意见，改进发展措施向人民群众请教，落实发展任务靠人民群众努力，衡量发展成效由人民群众评判”。❷

二、以“革命”为主题的“阶级斗争”核心价值观

价值观是客观社会价值关系的主体反映，与人的存在形式——个体存在、群体存在和类存在相对应，分为个体价值观、群体价值观和类价值观。在这三者之间，类价值观是个体价值观和群体价值观的发展指向和客观标准。但在民族国家时代，正如黑格尔所言：“一个民族的国家制度必须体现这一民族对自己权利和地位的感情，否则国家制度只能在外部存在着，而没有任何意义和价值”。❸ 因

❶ 《马克思恩格斯选集》第1卷，人民出版社，1995年，第67页。
❷ 《十七大以来重要文献选编》(上)，中央文献出版社，2009年，第573～574、579页。
❸ ［德］黑格尔：《法哲学原理》，范扬、张企泰译，商务印书馆，1996年，第291～292页。

而，从可通约性和现实性的角度来说，在国家消灭以前的民族国家时代，价值观研究必须也必然以群体价值观，更确切地说，是以国家为群体单位的社会价值观为重心。用毛泽东的话说："虽然理想一定要有，但是还要结合一个东西，叫做'现实'。"[1] 而且，无论是作为日常生活层面的人们关于好坏、善恶、美丑等的评价的价值观，还是作为哲学价值论层面的关于价值的基本理论、观点和方法的价值观，其核心要素都离不开作为价值观前提的价值立场，即"为什么人"的问题。此外，群体价值观作为一种存在于群体共同活动中的社会现象，必然由其中体现着一定时期的基本价值倾向、居于主导地位的核心价值观所支配，并伴随决定核心价值观的社会历史条件的变化而变化。由此可见，现当代中国核心价值体系的历史建构，即基于现当代中国革命、建设和发展的不同时代主题及其相应的唯物史观模式的阶段性核心价值观的递进式建构。在现当代中国核心价值体系建构的早期，也就是以"革命"为主题、以马克思主义唯物史观的阶级斗争史观为理论指针的"阶级斗争"核心价值观，具体而言，即以实事求是的实践论为精髓、以民族独立和人民解放为内容的社会核心价值观。

（一）实事求是的实践论

马克思主义理论之所以不是教条，而是行动的指南，最根本之处在于马克思主义理论始终以唯物史观为方法论基础，强调一般原理的实际运用"随时随地都要以当时的历史条件为转移"[2]，强调"看问题不要从抽象的定义出发，而要从客观存在的事实出发，从分析这些事实中找出方针、政策、办法来"[3]。正是在这一意义上，邓小平提出："马克思主义的辩证唯物主义和历史唯物主义，也就是毛泽东同志概括的实事求是"[4]。江泽民强调，实事求是是马克思主义的活的灵魂，"是马克思列宁主义的精髓，是毛泽东思想的精髓，也是邓小平理论的精髓"[5]。这就告诉我们，作为唯物史观方法论直接表达的"实事求是"，是马克思主义价值理论的方法论基础，它直接决定着人们对价值理论的理解方式和价值体系的建构方式。

在"建设社会主义核心价值体系，形成全民族奋发向上的精神力量和团结和睦的精神纽带"的新世纪新阶段，探讨现当代中国核心价值体系的历史建构，深

---

[1] 《毛泽东文集》第三卷，人民出版社，1996年，第361页。
[2] 《马克思恩格斯选集》第1卷，人民出版社，1995年，第248页。
[3] 《毛泽东选集》第三卷，人民出版社，1991年，第853页。
[4] 《邓小平文选》第三卷，人民出版社，1993年，第118页。
[5] 《江泽民文选》第二卷，人民出版社，2006年，第9页。

化对马克思主义价值理论的研究，必须以马克思主义价值理论的实事求是方法论为指针，在总结历史与现实的双重实践中不断调整、修正、完善甚至更新既有的研究范式，从而在范式的转换中逐步实现对马克思主义价值理论全面深入系统的科学把握，避免教条主义和经验主义的错误倾向。众所周知，在党的历史上，曾经出现过教条主义和经验主义的错误。教条主义拘泥于马克思主义的词句而轻视中国革命的生动实践，拒绝中国革命的经验而只生吞活剥马克思主义书籍中的只言片语来吓唬人们；经验主义则拘守于自身的片段经验，不了解革命的理论对于革命的实践的重要性而轻视科学理论的指导，看不见革命的全局，虽然努力但却是盲目地工作，这两者都背离了实事求是的方法论。托马斯·库恩（Thomas S. Kuhn）指出，在科学的意义上，一套范式就是关于现实的一套较为系统的用以阐释和说明人们观察现实世界的观点、理论和基本价值判断标准的模式。范式的存在是多种多样的，好的范式的作用就在于其模式可以更全面、更准确地反映现实的世界。在科学的探索和研究中，范式的精确和范式的转换是成熟科学通常的发展模式，是“科学革命所赖以转动的轴心”[1]。比较主观主义、先验主义、经验主义等价值论与马克思主义价值理论，根本前提正在于马克思主义价值理论不是从定义出发，而是从事实出发。

从事实出发，亦即彰显实事求是的实践论，而不是经验主义的实践论，也正是毛泽东思想对马克思主义的继承和发展，正是中国化马克思主义价值理论的方法论。

什么是实事求是？毛泽东指出：“‘实事’就是客观存在的一切事物，‘是’就是客观事物的内部联系，即规律性，‘求’就是我们去研究。”[2] 显而易见，在毛泽东的“实事求是”中，“实事”是出发点，“是”是落脚点，“求”是从出发点到落脚点的方式和过程。

从《实践论》来看，毛泽东所强调的“求”的方式，就是实践的方式；“求”的过程，就是实践的过程。毛泽东说：“只有在社会实践过程中（物质生产过程中，阶级斗争过程中，科学实验过程中），人们达到了思想中所预想的结果时，人们的认识才被证实了。人们要想得到工作的胜利即得到预想的结果，一定要使自己的思想合于客观世界的规律性，如果不合，就会在实践中失败。人们经过失败之后，也就从失败取得教训，改正自己的思想使之适合于外界的规律性，人们就能变失败为胜利。”[3] 因此，《实践论》一文在前5个自然段阐明了实

---

[1] ［美］托马斯·库恩：《科学革命的结构》，金吾伦、胡新和译，北京大学出版社，2003年，第31页。

[2] 《毛泽东选集》第三卷，人民出版社，1991年，第801页。

[3] 《毛泽东选集》第一卷，人民出版社，1991年，第284页。

践“不仅具有普遍性的品格，而且还具有直接现实性的品格”[1] 和实践的观点是马克思主义的基本观点之后，用20个自然段的篇幅即从第6自然段到第25自然段突出论述了马克思主义“通过实践而发现真理，又通过实践而证实真理和发展真理。从感性认识而能动地发展到理性认识，又从理性认识而能动地指导革命实践，改造主观世界和客观世界”[2] 的马克思主义实事求是的实践方式和实践过程。

在《实践论》中，作为实事求是出发点的“实事”是什么呢？文章一开篇，毛泽东这样说：“马克思以前的唯物论，离开人的社会性，离开人的历史发展，去观察认识问题，因此不能了解认识对社会实践的依赖关系，即认识对生产和阶级斗争的依赖关系。”[3] 这就表明，毛泽东实事求是中的“实事”，如果用一句话表达，即“人的社会关系”和“人的历史发展”，亦即人的坐标的横轴和纵轴。具体而言，包括两个方面，一是主体方面，即作为社会历史发展主体的“人”；二是客体方面，即因“人”的存在和发展而形成的“社会性”和“历史发展”，亦即社会历史的客观规律。离开了其中的任何一个方面，都不可能做到实事求是。

因此，在《实践论》中，毛泽东专门用第16和17两个自然段着重指明哲学史上的“唯理论”和“经验论”的错误。他说，“唯理论”一派“只承认理性的实在性，不承认经验的实在性，以为只有理性靠得住，而感觉的经验是靠不住的，这一派的错误在于颠倒了事实。理性的东西所以靠得住，正是由于它来源于感性，否则理性的东西就成了无源之水，无本之木，而只是主观自生的靠不住的东西了。”“经验论”的错误在于“不知道感觉材料固然是客观外界某些真实性的反映……但它们仅是片面的和表面的东西，这种反映是不完全的，是没有反映事物本质的。要完全反映整个的事物，反映事物的本质，反映事物的内部规律性，就必须经过思考作用，将丰富的感觉材料加以去粗取精、去伪存真、由此及彼、由表及里的改造制作工夫，造成概念和理论的系统，就必须从感性认识跃进到理性认识。”[4] 正如列宁所言：“思维从具体的东西上升到抽象的东西，不是离开……真理，而是接近真理。物质的抽象，自然规律的抽象，价值的抽象等等，一句话，一切科学的（正确的、郑重的、不是荒唐的）抽象，都更深刻、更正确、更完全地反映自然。”[5] 继而，毛泽东又用第22和23两个自然段专段指明右

[1] 《列宁全集》第55卷，人民出版社，1990年，第183页。
[2] 《毛泽东选集》第一卷，人民出版社，1991年，第296页。
[3] 《毛泽东选集》第一卷，人民出版社，1991年，第282页。
[4] 《毛泽东选集》第一卷，人民出版社，1991年，第290、291页。
[5] 《列宁全集》第55卷，人民出版社，1990年，第142页。

倾机会主义和“左”翼空谈主义及其行动上的冒险主义的危害。他说，右倾机会主义者“离开了社会的实践，他们不能站在社会车轮的前头充任向导的工作，他们只知跟在车子后面怨恨车子走得太快了，企图把它向后拉，开倒车”；“左”翼空谈主义超过客观过程的一定发展阶段，把幻想看作真理，“把仅在将来有现实可能性的理想，勉强地放在现时来做，离开了当前大多数人的实践，离开了当前的现实性”，这些都是必须反对的。❶

也因为如此，毛泽东强调，实事求是不仅要从客观存在的客体事实和客观规律出发，而且必须从主体事实即人民群众的生活出发。1933 年 8 月在中央革命根据地南部十七县经济建设大会上所作的报告中，毛泽东就指出，必须用“群众化的方式，即是每一个工人、农民所喜欢接受的方式”❷ 进行各项必要和可能的经济建设事业，必须把改善人民群众的生活当作一切工作的重心之一。1934 年 1 月在第二次全国工农兵代表大会上所作的《关心群众生活，注意工作方法》的讲话中，毛泽东更明确指出：“我们对于广大群众的切身利益问题，群众的生活问题”，“一点也不能疏忽，一点也不能看轻。……如果我们单单动员人民进行战争，一点别的工作也不做，能不能达到胜利敌人的目的呢？当然不能。我们要胜利，一定还要做很多的工作。……解决群众的穿衣问题，吃饭问题，住房问题，柴米油盐问题，疾病卫生问题，婚姻问题。总之，一切群众的实际生活问题，都是我们应当注意的问题。假如我们对这些问题注意了，解决了，满足了群众的需要，我们就真正成了群众生活的组织者，群众就会真正围绕在我们的周围，热烈地拥护我们。”❸ 从这一意义上来看，实事求是不仅是新民主主义革命时期“阶级斗争”价值观的方法论基础，而且实事求是本身就是实践论和价值观的统一，是科学性和价值性的统一。离开科学性，实事求是就会失去其客观基础；离开价值性，实事求是就会失去其群众基础，二者都必然导致错误和失败。毛泽东 1943 年 8 月 8 日在中央党校第二部开学典礼上的讲话中指出：“国民党也需要老百姓，也讲‘爱民’。不论是中国还是外国，古代还是现在，剥削阶级的生活都离不了老百姓。他们讲‘爱民’是为了剥削，为了从老百姓身上榨取东西，这同喂牛差不多。喂牛做什么？牛除耕田之外，还有一种用场，就是能挤奶。剥削阶级的‘爱民’同爱牛差不多。我们不同，我们自己就是人民的一部分，我们的党是人民的代表，我们要使人民觉悟，使人民团结起来。在这个问题上，我们同国民党是对立的，一个要人民，一个脱离人民。”❶

❶ 《毛泽东选集》第一卷，人民出版社，1991 年，第 295 年。
❷ 《毛泽东选集》第一卷，人民出版社，1991 年，第 124 页。
❸ 《毛泽东选集》第一卷，人民出版社，1991 年，第 136 ~ 137 页。
❶ 《毛泽东文集》第三卷，人民出版社，1996 年，第 57 ~ 58 页。

正是从科学性和价值性统一的实事求是的实践论出发，以毛泽东为代表的第一代中国共产党人科学地指明了半殖民地半封建社会的中国革命的两大任务——民族革命和民主革命。在价值论层次上，民族革命即民族独立，民主革命即人民解放。

（二）民族独立

任何现实的个人的独立存在，都是以某种共同体的独立存在为支撑的；离开了共同体的独立存在，任何个人的独立存在都是不可能实现的。马克思恩格斯指出："只有在共同体中，个人才能获得全面发展其才能的手段，也就是说，只有在共同体中才可能有个人自由。"[1]

在民族主义立国时代，保障个人的独立存在的"共同体"，毋庸置疑是"民族国家"。恩格斯在 1882 年 2 月 7 日致考尔·考茨基的信中反复指出，从国内而言，"一个大民族，只要还没有实现民族独立，历史地看，就甚至不能比较严肃地讨论任何内政问题"，因而，"排除民族压迫是一切健康而自由的发展的基本条件"；从国际而言，"只有在平等者之间才有可能进行国际合作，甚至平等者中间居首位者也只有在直接行动的条件下才是需要的"，"无产阶级的国际运动，无论如何只有在独立民族的范围内才有可能"，因而，不能认为"从国际观点来看民族独立是很次要的事情，恰恰相反，民族独立实际上是一切国际合作的基础"，任何民族"只有真正成为国家的民族时，才更能成为国际的民族"，亦即是说，在努力成为国际的民族以前必须先成为国家的民族。[2]

从这一意义上说，近代中国两次鸦片战争的失败和中日甲午战争的失败，即是没有实现独立民族国家的"家国"体制对独立的民族国家体制的失败。单纯从经济的角度和 GDP 的考量来说，作为世界唯一未曾中断的文明国家，中国在公元元年到 1500 年是世界经济最强大的国家，1500～1820 年仍然保持此势头。1820 年中国的 GDP 占世界总量将近 33%，工业制成品占世界的 30% 以上。[3] 与之相对照，国家统计局 2011 年 3 月 24 日发布的"'十一五'经济社会发展成就系列报告"之十七显示，2005 年中国的 GDP 占世界的 5%，2010 年成为世界第二大经济体的中国的 GDP 占世界的 9.5%。[1] 越过社会发展的唯 GDP 论进入社会

---

[1] 《马克思恩格斯选集》第 1 卷，人民出版社，1995 年，第 119 页。

[2] 《马克思恩格斯文集》第 10 卷，人民出版社，2009 年，第 471～473 页。

[3] 胡鞍钢：《国家生命周期与中国崛起》，《新华文摘》，2006 年第 8 期。

[1] 《"十一五"经济社会发展成就系列报告之十七：国际地位稳步提高 国际影响持续扩大》，中华人民共和国国家统计局，2011 年 3 月 24 日，http://www.stats.gov.cn/tjfx/ztfx/sywcj/t20110324_402713791.htm.

体制和社会结构层面，则明显看到，传统中国社会的宗法制组织结构，以家族为单位，不以个人为单位[1]，几千年来，只有封建的朝廷，没有人民的国家；国家成为君主一人之天下，人民没有主权，不能参与国家政权。在人们的观念中，国家即等于朝廷，爱国就等于忠君，这样的国家实质上不是真正意义上的国家，只有国之名，未成国之形，“不过有朝廷耳”。因而，传统中国人国家思想缺位，“有族民资格而无市民资格”、“有村落思想而无国家思想”。立身社会全面转型的近代中国，在救亡图存的时代主题下，在技术变革和制度变革的社会实践基础上，梁启超1902年在《新民说》中强调:：“一国者，团体之最大圈，而竞争之最高潮也。……国也者，私爱之本位，而博爱之极点，不及焉者野蛮也。过焉者亦野蛮也。”[2]

然而，相比于“家国”体制的传统中国共同体的虚假性，半殖民地半封建社会的近现代中国有过之而无不及。毛泽东指出：“帝国主义列强侵入中国的目的，绝不是要把封建的中国变成资本主义的中国。帝国主义列强的目的和这相反，它们是要把中国变成它们的半殖民地和殖民地。”[3] 由于帝国主义和封建主义的双重压迫，中国的广大人民，尤其是农民，没有人身自由，没有经济政治文化权利。半殖民地半封建社会的近代中国，对于广大人民群众来说，只是一个“虚幻的共同体”。正如马克思恩格斯所言：“在过去的种种冒充的共同体中，……个人自由只是对那些在统治阶级范围内发展的个人来说是存在的，他们之所以有个人自由，只是因为他们是这一阶级的个人。从前各个人联合而成的虚假的共同体，总是相对于各个人而独立的，因此对于被统治的阶级来说，它不仅是完全虚幻的共同体，而且是新的桎梏。在真正的共同体的条件下，各个人在自己的联合中并通过这种联合获得自己的自由。”[4]

作为对这种非人生活的反抗和个人自由权利的争取，半殖民地半封建社会的中国必须采取民族革命这一整体革命的形式。在《再论问题与主义》一文中，李大钊对迫在眉睫的近现代中国紧张的民族矛盾和阶级斗争等政治社会问题这样明确表达了中国化的马克思主义观点：“在没有组织没有生机的社会，一切机能，都已闭止，任你有什么工具，都没有你使用他作工的机会。这个时候，恐怕必须有一个根本解决，才有把一个一个的具体问题都解决了的希望。”因而，在半殖

[1] 马克思恩格斯指出：“各个人的出发点总是他们自己，不过当然是处于既有的历史条件和关系范围之内的自己，而不是玄想家们所理解的‘纯粹的’个人。”（《马克思恩格斯选集》第1卷，人民出版社，1995年，第119页）

[2] 《梁启超全集》第二册，北京出版社，1999年，第664页。

[3] 《毛泽东选集》第二卷，人民出版社，1991年，第628页。

[4] 《马克思恩格斯选集》第1卷，人民出版社，1995年，第119页。

民地半封建社会的近现代中国，时代的中心任务既不是经济问题的解决，也不是法律问题的解决，而是摆脱帝国主义和封建主义双重政治压制的政治问题的解决。虽然“依马克思的唯物史观，社会上法律、政治、伦理等精神的构造，都是表面的构造。他的下面，有经济的构造作他们一切的基础。经济组织一有变动，他们都跟着变动。换一句话说，就是经济问题的解决，是根本解决。经济问题一旦解决，什么政治问题、法律问题、家族制度问题、女子解放问题、工人解放问题，都可以解决。可是专取这唯物史观（又称历史的唯物主义）的第一说，只信这经济的变动是必然的，是不能免的，而于他的第二说，就是阶级竞争说，若不注意，丝毫不去用这个学理作工具，为工人联合的实际行动，那经济的革命，恐怕永远不能实现，就能实现，也不知迟了多少时期”[1]。也就是说，在半殖民地半封建社会的近现代中国，推翻帝国主义、封建主义、官僚资本主义的统治、剥削和压迫，建立独立的民主共和国，实现民族的独立是第一位的，是最根本的。

因此，无论是在土地革命时期，还是在抗日战争时期和解放战争时期，党的纲领、报告、政策都始终一以贯之“民族独立”这一核心价值理念。党的“六大”的“十大纲领”第一条即“推翻帝国主义的统治”，第三条即“统一中国，承认民族自觉权”。[2] 1930 年 8 月 14 日的《中国共产党对目前时局宣言》称：“建立全中国工农兵代表会议——苏维埃政府，……建立绝对自由独立的民族共和国。”[3] 1945 年 4 月 24 日在《论联合政府》的报告中，毛泽东开宗明义提出：“领导解放后的全国人民，将中国建设成一个独立、自由、民主、统一和富强的新国家。”[4] 1945 年 8 月 25 日的《中共中央对目前时局宣言》宣告：“全民族面前的重大任务是：巩固国内团结，保证国内和平，实现民主，改善民生，以便在和平民主团结的基础上，实现全国的统一，建设独立自由与富强的新中国。”[5] 1949 年 6 月 15 日在新政治协商会议筹备会议上的讲话中，毛泽东强调：“中国必须独立，中国必须解放，中国的事情必须由中国人民自己作主张，自己来处理，不容许帝国主义国家再有一丝一毫的干涉。”[6]

围绕民族革命这一历史重任和民族独立这一社会价值观核心，以毛泽东为代表的中国共产党人以实事求是的实践论为方法论基础，“从哲学、伦理学入手”，

---

[1] 《李大钊全集》第三卷，人民出版社，2006 年，第 6 ~ 7 页。
[2] 《中共中央文件选集》第四册，中共中央党校出版社，1989 年，第 300 页。
[3] 《中共中央文件选集》第六册，中共中央党校出版社，1989 年，第 260 页。
[4] 《毛泽东选集》第三卷，人民出版社，1991 年，第 1030 页。
[5] 《中共中央文件选集》第十五册，中共中央党校出版社，1991 年，第 247 页。
[6] 《毛泽东选集》第四卷，人民出版社，1991 年，第 1465 页。

着力培养人们实事求是的实践论意识，在价值观宣传和教育上突出以争取民族独立为指针、以革命的爱国主义和集体主义为主要内容的政治价值观，从而“改造哲学，改造伦理学，根本上变换全国之思想”❶。在中国共产党扩大的六届六中全会上，毛泽东说：“国际主义者的共产党员，是否可以同时又是一个爱国主义者呢？我们认为不但是可以的，而且是应该的。……我们是国际主义者，我们又是爱国主义者。我们的口号是为保卫祖国反对侵略者而战。对于我们，失败主义是罪恶，争取抗日胜利是责无旁贷的。因为只有为着保卫祖国而战才能打败侵略者，使民族得到解放。只有民族得到解放，才有使无产阶级和劳动人民得到解放的可能。”❷ 在《反对自由主义》一文中，毛泽东指出：“一个共产党员，应该是襟怀坦白，忠实，积极，以革命利益为第一生命，以个人利益服从革命利益；无论何时何地，坚持正确的原则，同一切不正确的思想和行为作不疲倦的斗争，用以巩固党的集体生活，巩固党和群众的联系，关心党和群众比关心个人为重，关心他人比关心自己为重。这样才算得一个共产党员。”❸

（三）人民解放

“关心党和群众比关心个人为重，关心他人比关心自己为重”，这既是马克思主义集体主义价值观的表现，也是马克思主义关于把人从一切“非人”的或“异化”的境遇中“解放”出来的价值承诺的兑现。在《〈黑格尔法哲学批判〉导言》中，马克思说：“对宗教的批判最后归结为人是人的最高本质这样一个学说，从而也归结为这样的绝对命令：必须推翻那些使人成为被侮辱、被奴役、被遗弃和被蔑视的东西的一切关系。”❹ 可见，推翻使人“被侮辱、被奴役、被遗弃和被蔑视”的“一切关系”，是马克思主义关于人类解放和人的自由全面发展这一价值理想的价值承诺，亦即马克思主义全部学说的根本出发点。这也就是说，近现代中国旨在实现民族独立的民族革命，其出发点和落脚点在于通过促进民主革命的完成和“人民民主专政”的实现而达到人民的解放。

在延安文艺座谈会上的讲话中，毛泽东指出：“我们是马克思主义者，马克思主义叫我们看问题不要从抽象的定义出发，而要从客观存在的事实出发，从分析这些事实中找出方针、政策和办法来”；基于半殖民地半封建社会的民族革命和民主革命事实，“我们的问题的中心”基本上是“一个为群众的问题和一个如

---

❶ 《毛泽东早期文稿》，湖南出版社，1990 年，第 86 页。
❷ 《毛泽东选集》第二卷，人民出版社，1991 年，第 520 ~ 521 页。
❸ 《毛泽东选集》第二卷，人民出版社，1991 年，第 361 页。
❹ 《马克思恩格斯选集》第 1 卷，人民出版社，1995 年，第 9 ~ 10 页。

何为群众的问题”。[1]

在这里，毛泽东不仅指明了中国革命问题的中心和目的，而且明确回答了共产党人的价值立场这一价值观的根本问题。众所周知，价值观的根本问题是什么？就是“为什么人”的问题，即站在谁的立场、为谁说话、以谁为价值的终极目的的问题。它是贯穿于价值观其他问题和价值活动始终的根本问题，是一切价值观首先遇到并必须回答的问题。“这个根本问题不解决，其他许多问题也就不易解决”[2]，即便是提出了某种解决的方案，也是抽象的，或者空洞的。以马克思主义为指导的共产党人与其他政党的一个根本区别，就是从不讳言、从不隐瞒自己的价值立场、价值意图和价值观点。如上所引，明确宣称中国共产党人的问题中心和根本目的就是“为群众”和“如何为群众”的问题。在党的“七大”报告中，毛泽东更指出：“我们共产党人区别于其他任何政党的又一个显著的标志，就是和最广大的人民群众取得最密切的联系。全心全意地为人民服务，一刻也不脱离群众；一切从人民的利益出发，而不是从个人或小集团的利益出发；向人民负责和向党的领导机关负责的一致性；这些就是我们的出发点”；“共产党人的一切言论行动，必须以合乎最广大人民群众的最大利益，为最广大人民群众所拥护为最高标准。”[3] 与之相反，无论是在贵族统治时期还是在资产阶级统治时期，统治阶级都把自己的特殊利益说成是普遍利益，都为自己编造出这一阶级的价值观幻想，并赋予这一价值观幻想以抽象的普遍性的形式，因而在阶级社会中，“占统治地位的将是越来越抽象的思想，即越来越具有普遍性形式的思想。因为每一个企图取代旧统治阶级的新阶级，为了达到自己的目的不得不把自己的利益说成是社会全体成员的共同利益，就是说，这在观念上的表达就是：赋予自己的思想以普遍性的形式，把它们描绘成唯一合乎理性的、有普遍意义的思想”[4]。

以马克思主义为指导的中国共产党人科学地肯定最广大人民群众在社会历史发展中的主体作用，科学地肯定社会革命、建设和发展的资源掌握在最广大人民群众的手中，公开承认“群众是真正的英雄，而我们自己则往往是幼稚可笑的”，公开承认“人民，只有人民，才是创造世界历史的动力”，公开宣称“我们不能爱敌人，不能爱社会的丑恶现象，我们的目的是消灭这些东西”，从不虚假地称许代表社会全体成员的利益，而是明确站在“最广大的人民，占全人口百分之九十以上的人民”的立场，强调做“中国人民的最忠实的代言人”，强调

---

[1] 《毛泽东选集》第三卷，人民出版社，1991 年，第 853 页。

[2] 《毛泽东选集》第三卷，人民出版社，1991 年，第 858 页。

[3] 《毛泽东选集》第三卷，人民出版社，1991 年，第 1094 ~ 1095、1096 页。

[4] 《马克思恩格斯选集》第 1 卷，人民出版社，1995 年，第 100 页。

“为个人的和狭隘集团的动机是不好的，有为大众的动机但无被大众欢迎、对大众有益的效果，也是不好的”，❶ 强调反对教条主义、经验主义、命令主义、尾巴主义、宗派主义和官僚主义。如此种种价值观念，特别值得我们今天代表最广大人民群众掌握大量的经济政治文化资源、却面临“四大考验”和“四大危险”的马克思主义学习型政党建设的总结和深思。

应该说，正是基于此，全国政协机关党组书记、副秘书长孙怀山在阐述“直面‘四个考验’防范‘四个危险”时，即从延安时期毛泽东与黄炎培那段著名的“历史周期率”的对话❷开始。在这段著名的对话中，黄炎培深刻地揭示了“其亡也忽焉”的主体内在根源——“精神懈怠”引发价值观的异变，毛泽东掷地有声地给出了中国共产党人战胜因“高高在上的权威”和“灯红酒绿的生活”而不可避免地带来的“精神懈怠”引发价值观异变的危险的答案——民主。

“民主”是什么？马克思主义认为，民主是具体的，而不是抽象的，简而言之，即人民主权，人民当家做主。马克思指出：“人民主权不是凭借君王产生的，君王倒是凭借人民主权产生的”；“国家是抽象的东西。只有人民才是具体的东西”；“在民主制中，国家制度本身只表现为一种规定，即人民的自我规定”；“在民主制中，不是人为法律而存在，而是法律为人而存在”。也就是说，“国家制度在这里毕竟只是人民的一个定在环节，政治制度本身并不构成国家”。❸

因此，毛泽东在党的“七大”《论联合政府》的报告中反复强调，“没有人民的自由，就没有真正民选的国民大会，就没有真正民选的政府。……人民的言论、出版、集会、结社、思想、信仰和身体这几项自由，是最重要的自由”；“没有几万万人民的个性的解放和个性的发展，一句话，没有一个由共产党领导的新式的资产阶级性质的民主革命，要想在殖民地半殖民地半封建的废墟上建立

❶ 《毛泽东选集》第三卷，人民出版社，1991 年，第 790、1031、871、855、1087、868 页。

❷ 1945 年 7 月，黄炎培等 5 名国民参议员应邀访问延安。访问结束临行前，毛泽东问黄炎培有何感想。黄炎培说：“我生六十余年，耳闻的不说，所亲眼见到的，真所谓‘其兴也浡焉，其亡也忽焉’。一人，一家，一团体，一地方，乃至一国，不少单位都没有能跳出这周期率的支配力。大凡初时聚精会神，没有一事不用心，没有一人不卖力，也许那时艰难困苦，只有从万死中觅取一生。既而环境渐渐好转了，精神也就渐渐放下了。有的因为历时长久，自然地惰性发作，由少数演为多数，到风气养成，虽有大力，无法扭转，并且无法补救。也有因为区域一步步扩大了，它的扩大，有的出于自然发展，有的为功业欲所驱使，强于发展，到干部人才渐见竭蹶，艰于应付的时候，环境倒越加复杂起来了，控制力不免趋于薄弱了。一部历史，‘政怠宦成’的也有，‘人亡政息’的也有，‘求荣取辱’的也有，总之没有能跳出这周期率。中共诸君从过去到现在，我略略的了解的了，就是希望找出一条新路跳出这条周期率的支配。”毛泽东听完后，肃然回答道：“任之先生，我们已经找到了新路，我们能跳出这周期率。这条新路，就是民主。只有让人民起来监督政府，政府才不敢松懈。只有人人起来负责，才不会人亡政息。”（引自孙怀山：《直面“四个考验”防范“四个危险”》，《人民政协报》，2011 年 8 月 3 日。）

❸ 《马克思恩格斯全集》第 3 卷，人民出版社，2002 年，第 37 ~ 40 页。

起社会主义来，那只是完全的空想”。[1]

当然，新民主主义革命时期中国人民的解放主要是政治上的解放，即摆脱帝国主义和封建主义的双重政治压制，使帝国主义列强掠夺去的国家主权以及被封建专制统治者剥削的人民的政治权力和政治关系归还给人民自己。毛泽东指出，在封建社会的中国，男子“普遍要受三种有系统的权力的支配”，即政权、族权和神权；女子除了受这三种权力的支配，还受夫权的支配，“这四种权力——政权、族权、神权、夫权，代表了全部封建宗法的思想和制度，是束缚中国人民特别是农民的四条极大的绳索”。[2] 而在帝国主义和封建主义统治的半殖民地半封建社会的中国，广大人民群众则在以上条条绳索的基础上，又被加上了帝国主义经济政治文化侵略、剥削、压迫的绳索。近现代中国人民的解放，首先就是从这条条绳索中解放出来，摆脱被加在身上的种种身份制度的限度，成为民族国家整体中享有民主权力的平等的一员。

三、以“建设”为主题的“生产力”核心价值观

政治解放只是把人的政治世界和人的政治关系还给了人自己，只是“非神圣形象异化”中人的解放的第一步。马克思指出：“只有当现实的个人把抽象的公民复归于自身，并且作为个人，在自己的经验生活、自己的个体劳动、自己的个体关系中间，成为类存在物的时候，只有当人认识到自身‘固有的力量’是社会力量，并把这种力量组织起来因而不再把社会力量以政治力量的形式同自身分离的时候，只有到了那个时候，人类解放才能完成。”[3] 可见，政治解放之后走向人类解放的下一个必要环节就是经济的解放。在社会核心价值观层面，亦即发展为以“建设”为主题、以马克思主义唯物史观的生产力模式为理论指南的“生产力”核心价值观，也就是通过发展社会生产力，实现国家的富强民主文明和人民的共同富裕，从而构筑起人民主权和当家做主的“物”的基础。

（一）鼓实劲、说实话、干实事、求实效

如前所述，实事求是本身就是实践论和价值观的统一，是科学性和价值性的统一。离开科学性，实事求是就会失去其客观基础；离开价值性，实事求是就会失去其群众基础，二者都必然导致错误和失败。

---

[1] 《毛泽东选集》第三卷，人民出版社，1991 年，第 1070、1060 页。

[2] 《毛泽东选集》第一卷，人民出版社，1991 年，第 31 页。

[3] 《马克思恩格斯全集》第 3 卷，人民出版社，2002 年，第 189 页。

对比“实践是检验真理的唯一标准”[1] 和“三个有利于”标准——“是否有利于发展社会主义社会的生产力，是否有利于增强社会主义国家的综合国力，是否有利于提高人民的生活水平”[2]，亦不难看出，在“实践是检验真理的唯一标准”和“三个有利于”标准之间，实践标准解决的只是认识的真理性问题，而没有解决实践本身的合理性问题；内含实践标准又明确实践立场的“三个有利于”标准，则从世界观、价值观和思想方法的高度全面解决了作为实践前提的认识真理性问题和实践本身的合理性问题。总览“三个有利于”标准，不难发现，不仅明确了要不要坚持“社会主义道路”的问题，更明确了如何正确坚持“社会主义道路”的问题。邓小平坚定而彻底地指出：“世界观的重要表现是为谁服务”[3]；“社会主义基本制度确立以后，还要从根本上改变束缚生产力发展的经济体制，建立起充满生机和活力的社会主义经济体制，促进生产力的发展，……不坚持社会主义，不改革开放，不发展经济，不改善人民生活，只能是死路一条”。[4]

“不改善人民生活，只能是死路一条”。由此可见，旨在实现人类解放的马克思主义实践观是基于群众立场和群众史观的实践观，马克思主义强调的实践是基于群众立场和群众史观的实践；离开群众立场和群众史观来谈实践，或者是空洞的抽象的实践，或者是无原则无立场的实践，都是背离马克思主义的实践。

正因为如此，在时代的中心任务由“立国”到“强国”转变的社会主义建设历史新阶段，邓小平反复强调：“不讲多劳多得，不重视物质利益，对少数分子可以，对广大群众不行，一段时间可以，长期不行。革命精神是非常宝贵的，没有革命精神就没有革命行动。但是，革命是在物质利益的基础上产生的，如果只讲牺牲精神，不讲物质利益，那就是唯心论。”[5] 进而，从社会主义建设和群众生活的“物质利益基础”出发，邓小平将马克思恩格斯创立的辩证唯物主义、历史唯物主义思想路线和毛泽东用中国语言概括的“实事求是”进一步发展为

---

[1] 1978 年 5 月 10 日，中央党校内部刊物《理论动态》发表了经胡耀邦审阅定稿的《实践是检验真理的唯一标准》一文。5 月 11 日，该文以特约评论员名义在《光明日报》发表。当天新华社转发。5 月 12 日，《人民日报》和《解放军报》同时转载，全国绝大多数省、自治区、直辖市的报纸也陆续转载，由此展开了全国范围轰轰烈烈地“真理标准”大讨论。这场大讨论，冲破了“两个凡是”的严重束缚，推动了全国性的马克思主义思想解放运动。1978 年 12 月 13 日，邓小平在《解放思想，实事求是，团结一致向前看》的讲话中高度评价了真理标准问题讨论深远的时代意义和历史意义。

[2] 《邓小平文选》第三卷，人民出版社，1993 年，第 372 页。

[3] 《邓小平文选》第二卷，人民出版社，1994 年，第 92 页。

[4] 《邓小平文选》第三卷，人民出版社，1993 年，第 370 页。

[5] 《邓小平文选》第二卷，人民出版社，1994 年，第 146 页。

“实事求是，一切从实际出发，理论联系实际，坚持实践是检验真理的标准”[1]。值得注意的是，“实事求是，一切从实际出发，理论联系实际，坚持实践是检验真理的标准”这四个方面，在整体上，是一个相互联系、相互作用的有机体；在内在关系上，实事求是是核心，其他三个方面都是实事求是的补充和说明。具体而言，“一切从实际出发”是“实事求是”的前提，“理论联系实际”是“实事求是”的途径，“坚持实践是检验真理的标准”是“实事求是”的评价方式。

用邓小平风格的典型话语来表述，“一切从实际出发”，即一切从人民群众的现实需求和利益出发，“鼓实劲，不鼓虚劲”。1978 年 3 月 18 日，邓小平在全国科学大会开幕式上的讲话中指出：“路线是非基本澄清了，规划制定了，措施提出来了，群众已经发动起来了。现在，摆在我们各级党组织面前的事情，就是要鼓实劲，要切实解决问题，要踏踏实实地工作。一句话，就是要落在实处。”[2] 1979 年 10 月 4 日在中共省、市、自治区委员会第一书记座谈会上的讲话中，邓小平更详细地指出：“我赞成劲可鼓不可泄。但是要强调一点，我们需要的是鼓实劲，不是鼓虚劲。就是说，我们的工作要扎实，效果要实实在在。所谓鼓实劲，不鼓虚劲，拿科学的语言来说，就是按客观规律办事。”显而易见，按客观规律办事，鼓实劲而不鼓虚劲，就是要求提出的问题是真问题，而不是假问题，是人民真正关心、真正需要解决的问题；解决问题的政策、措施、方案是看得见、摸得着、行之有效的途径和方式，而不是空泛无效、华而不实的空洞许诺或政治高调。因此，真正鼓干劲，鼓实劲，不鼓虚劲，就是要“解放思想，实事求是地解决问题”。[3]

实事求是地解决问题，在途径上，要求“理论联系实际”，“说实话、干实事”，做到“说”和“做”的统一。针对“一些同志天天讲毛泽东思想，却往往忘记、抛弃甚至反对毛泽东同志的实事求是、一切从实际出发、理论与实践相结合的这样一个马克思主义的根本观点，根本方法”的历史现实，邓小平多次指出，“我们开会，作报告，作决议，以及做任何工作，都为的是解决问题。我们说的做的究竟能不能解决问题，问题解决得是不是正确，关键在于我们是否能够理论联系实际，是否善于总结经验，针对客观现实，采取实事求是的态度，一切从实际出发，我们只有这样做了，才有可能正确地或比较正确地解决问题，而这样地解决问题，究竟是否正确或者完全正确，还需要今后的实践来检验。如果我们不这样做，那我们就一定什么问题也不可能解决，或者不可能正确地解决。……马列主

---

[1] 《邓小平文选》第二卷，人民出版社，1994 年，第 278 页。
[2] 《邓小平文选》第二卷，人民出版社，1994 年，第 99 ~ 100 页。
[3] 《邓小平文选》第二卷，人民出版社，1994 年，第 196、197 页。

义、毛泽东思想的基本原则，我们任何时候都不能违背，这是毫无疑义的。但是，一定要和实际相结合，要分析研究实际情况，解决实际问题”。[1] 分析研究实际情况、解决实际问题，毋庸置疑，唯有“说真话，反对说假话，不务虚名，多做实事”[2]。在“邓小平南方谈话”中，邓小平严正指出：“现在有一个问题，就是形式主义多。电视一打开，尽是会议。会议多，文章太长，讲话也太长，而且内容重复，新的语言并不很多。重复的话要讲，但要精简。形式主义也是官僚主义。要腾出时间来多办实事，多做少说。”[3]

与“实事求是”的前提和途径相对应，作为“实事求是”的评价方式，“坚持实践是检验真理的标准”，显然不只是着眼于方针政策的真理性问题，更重在突出方针政策的合理性问题，亦即强调“求实效”，强调“要管用”。早在20世纪60年代初，邓小平就引用四川话“黄猫、黑猫，只要捉住老鼠就是好猫”[4]对实效性标准做了生动的说明。30年后的“邓小平南方谈话”中，邓小平再次指出：“毛主席不开长会，文章短而精，讲话也很精炼。周总理四届人大的报告，毛主席指定我负责起草，要求不得超过五千字，我完成了任务。五千字，不是也很管用吗?”因此他强调：“学马列要精，要管用。”[5] 一言以括之，“要以社会效益为一切活动的唯一准则”[6]；“要真正干出几个实绩，来取信于民”[7]；“追求表面文章，不讲实际效果、实际效率、实际速度、实际质量、实际成本的形式主义必须制止。说空话、说大话、说假话的恶习必须杜绝”。[8]

“鼓实劲、说实话、办实事、求实效”的价值原则和价值方法，落实到中国特色社会主义的民族国家和人民主体两个层面，集中体现为建设富强、民主、文明的社会主义现代化国家，实现全体人民的共同富裕。

（二）富强、民主、文明

秉持“实事求是，一切从实际出发，理论联系实际，坚持实践是检验真理的标准”的思想路线，以邓小平为代表的第二代中国共产党人充分总结中外社会主义实践的经验与教训，突破以往对马克思主义和科学社会主义的教条化理解，鼓

---

[1] 《邓小平文选》第二卷，人民出版社，1994年，第113~114页。
[2] 《邓小平文选》第三卷，人民出版社，1993年，第146页。
[3] 《邓小平文选》第三卷，人民出版社，1993年，第381~382页。
[4] 《邓小平文选》第一卷，人民出版社，1994年，第323页。
[5] 《邓小平文选》第三卷，人民出版社，1993年，第382页。
[6] 《邓小平文选》第三卷，人民出版社，1993年，第145页。
[7] 《邓小平文选》第三卷，人民出版社，1993年，第298页。
[8] 《邓小平文选》第二卷，人民出版社，1994年，第99~100页。

实劲、说实话、干实事、求实效，重新提出并在真理与价值的统一中科学地回答了“什么是社会主义，怎样建设社会主义”这一重大的基础性理论问题，使社会主义的实践回归到马克思主义的科学社会主义的本意。

马克思主义的科学社会主义之所以科学，是因为它从自然历史过程出发，把自己的价值理想建立在现实的历史基础之上，而不是把价值要素从自身中排除出去。众所周知，马克思的一生始终充满着对人类深沉而执着的爱和对人类解放的彻底地价值追求。中学时代，马克思就把自己的幸福和千百万人的幸福联系在一起。他说：“在选择职业时，我们应该遵循的主要指针是人类的幸福和我们自身的完美。……人只有为同时代人的完美、为他们的幸福而工作，自己才能达到完美。”❶ 正是始终站在无产阶级和最广大人民群众的立场，马克思一生既致力于实现社会主义理论的科学化，又孜孜以求人的自由全面发展这一价值理想的现实化。在马克思恩格斯对未来社会价值理想的唯物史观阐释中，人的自由全面发展的价值追求不仅仅是基于对资本主义社会异化现实进行彻底批判而提出的一种价值理想，而且是基于历史本身的发展规律而得出的未来社会核心价值理念的科学结论，对这种核心价值理念的永恒追求始终包含在社会主义理论的科学化过程之中。在《德意志意识形态》中，马克思恩格斯指出：“共产主义对我们来说不是应当确立的状况，不是现实应当与之相适应的理想。我们所称为共产主义的是那种消灭现存状况的现实的运动。这个运动的条件是由现有的前提产生的。”❷ 在1886年1月27日回复爱·皮斯有关为费边社准备出版的小册子《什么是社会主义?》写600字的提要的请求中，恩格斯强调：“我们对未来非资本主义社会区别于现代社会的特征的看法，是从历史事实和发展过程中得出的确切结论；不结合这些事实和过程去加以阐明，就没有任何理论价值和实际价值。”❸ 在1890年8月21日致奥·伯尼克的信中，恩格斯再次指出：“所谓‘社会主义社会’不是一种一成不变的东西，而应当和任何其他社会制度一样，把它看成是经常变化和改革的社会。”❹

回到科学社会主义的基本立场，针对“共产主义主要是精神方面的”、“宁要贫困的社会主义和共产主义，不要富裕的资本主义”等将社会主义“左”倾政治化、意识形态化的荒谬理论和错误论调，邓小平旗帜鲜明地指出：“要搞‘穷社会主义’、‘穷共产主义’，胡说共产主义主要是精神方面的，简直是荒谬

❶《马克思恩格斯全集》第1卷，人民出版社，1995年，第459页。
❷《马克思恩格斯选集》第1卷，人民出版社，1995年，第87页。
❸《马克思恩格斯选集》第4卷，人民出版社，1995年，第676页。
❹《马克思恩格斯选集》第4卷，人民出版社，1995年，第693页。

至极!”[1] “不要光喊社会主义的空洞口号，社会主义不能建立在贫困的基础上。”[2] “社会主义要消灭贫穷。贫穷不是社会主义，更不是共产主义。”[3] “从一九五八年到一九七八年这二十年的经验告诉我们：贫穷不是社会主义，社会主义要消灭贫穷。不发展生产力，不提高人民的生活水平，不能说是符合社会主义要求的。”[4]

“提高人民的生活水平”，既包括提高人民生活的“量”，也包括提高人民生活的“质”。从国家的层面来说，既包括满足人民群众日益增长的物质生活的需要，也包括满足人民群众日益增长的精神文化生活的需要；既包括保障最广大人民群众的经济权利，也包括保障最广大人民群众的政治、文化权利。因此，党的“十三大”在第一次以党的全国代表大会这一权威形式正式提出社会主义初级阶段的国情定位并做出科学阐释的基础上，从经济、政治、文化三个方面明确了国家层面建设中国特色社会主义的基本价值目标，即“我国建设成为富强、民主、文明的社会主义现代化国家”。

作为中国特色社会主义的经济核心价值观，“富强”即民富国强。只有实现民富国强，才能提高人民的物质生活水平，增强国家的综合国力，解决前进中的物质困难和问题，为实现社会主义的现代化奠定坚实的物质基础，才能体现出社会主义的优越性。马克思恩格斯指出，消灭资本主义的“异化”，实现人类的解放，必须“以生产力的巨大增长和高度发展为前提”，“如果没有这种发展，那就只会有贫穷、极端贫困的普遍化；而在极端贫困的情况下，必须重新开始争取必需品的斗争，全部陈腐污浊的东西又要死灰复燃”[5]；在“问题的本质”上，“把批判的和革命的社会主义同其先驱者区别开来的东西，正是这个唯物主义基础”[6]。坚持马克思主义的立场、观点和方法，总结“文化大革命”的经验教训，邓小平指出，最根本的一条，“就是要弄清什么叫社会主义和共产主义，怎样搞社会主义”；“第一条就是要坚持社会主义，而坚持社会主义，首先要摆脱贫穷落后的状态”[7]。斯大林亦曾提出，社会主义建设的任务“不是要巩固和保存已经被消灭了存在前提的贫穷现象和穷人，而是要消灭贫穷现象并把穷人提高到过富裕生活的水平。如果以为社会主义能够在贫困的基础上，在缩减个人需要和把

[1] 《邓小平文选》第三卷，人民出版社，1993 年，第 10 页。
[2] 《邓小平文选》第三卷，人民出版社，1993 年，第 213 页。
[3] 《邓小平文选》第三卷，人民出版社，1993 年，第 63 ~ 64 页。
[4] 《邓小平文选》第三卷，人民出版社，1993 年，第 116 页。
[5] 《马克思恩格斯选集》第 1 卷，人民出版社，1995 年，第 86 页。
[6] 《马克思恩格斯文集》第 10 卷，人民出版社，2009 年，第 439 页。
[7] 《邓小平文选》第三卷，人民出版社，1993 年，第 223 ~ 224 页。

人们的生活水平降低到穷人生活水平的基础上建成，那就愚蠢了。……谁需要这种所谓的社会主义呢？这并不是什么社会主义，而是对社会主义的讽刺。……社会主义，马克思主义的社会主义，不是要缩减个人需要，而是要竭力扩大和发展个人需要，不是要限制或拒绝满足这些需要，而是要全面地充分地满足有高度文明的劳动人民的一切需要”[1]。

与民富国强的经济核心价值观相对应，中国特色社会主义政治核心价值观的“民主”指的是实质民主，而不是形式民主，即人民主权，人民当家做主。在纪念中共十一届三中全会召开二十周年大会上的讲话中，江泽民指出：“我们的社会主义民主，是全国各族人民享有的最广大的民主，它的本质就是人民当家做主。”[2] 用马克思的话说：“普遍的选举权不是为了每三年或六年决定一次由统治阶级中什么人在议会里当人民的假代表，而是为了服务于组织在公社里的人民。”[3] 由此可见，作为区别于资本主义形式民主的实质民主，社会主义民主就是把最广大人民群众作为主体力量真正纳入社会主义的政治生活，打破资本主义社会那种资产阶级政治权力对于社会的垄断，防止政治权力对于私人生活的不适当干预，并且使公民及时了解政府动态，参与公共事务，保障政府行为符合最广大人民群众的根本利益，从而及时避免和纠正政府失灵或失范，维护社会秩序和满足公共需求，实现“社会满意”。在这里，“旧政权的纯属压迫性质的机关予以铲除，而旧政权的合理职能则从僭越和凌驾于社会之上的当局那里夺取过来，归还给社会的负责的勤务员”[4]。正因为如此，江泽民1997年在全国组织工作会议上的讲话中明确：“政治问题，从根本上说，就是对人民群众的态度问题和同人民群众的关系问题。”[5] 党的“十七大”报告强调：“人民民主是社会主义的生命。”[6]

“社会主义的优越性不仅表现在经济政治方面，表现在能够创造高度的物质文明上，而且表现在思想文化方面，表现在能够创造出高度的精神文明上。贫穷不是社会主义；精神生活空虚，社会风气败坏，也不是社会主义。”[7] 早在新民主主义革命时期，毛泽东就提出：“我们不但要把一个政治上受压迫、经济上受剥削的中国，变为一个政治上自由和经济上繁荣的中国，而且要把一个被旧文化

[1] 《斯大林选集》（下卷），人民出版社，1979年，第338～339页。

[2] 《江泽民文选》第二卷，人民出版社，2006年，第257页。

[3] 《马克思恩格斯选集》第3卷，人民出版社，1995年，第57页。

[4] 《马克思恩格斯选集》第3卷，人民出版社，1995年，第57页。

[5] 《十五大以来重要文献选编》（上），人民出版社，2000年，第154页。

[6] 《十七大以来重要文献选编》（上），中央文献出版社，2009年，第22页。

[7] 《毛泽东邓小平江泽民论世界观、人生观、价值观》，人民出版社，1997年，第500页。

统治因而愚昧落后的中国，变为一个被新文化统治因而文明先进的中国。”❶ 显而易见，“文明”是中国特色社会主义在文化层面的核心价值观，是当代中国核心价值观整体中的重要维度。如果把旨在实现社会主义“文明先进”的精神文明建设仅仅看作是达到社会生产和社会秩序等精神以外的目标的手段，那就从根本上贬低了精神文明的价值，歪曲了精神文明的实质。为此，江泽民一再强调：“物质贫乏不是社会主义，精神空虚也不是社会主义。社会主义不仅要使人民物质生活丰富，而且要使人民精神生活充实。……要在全党全社会大力提倡高尚的社会主义思想道德和发扬中华民族的优良传统，以艰苦奋斗、勤俭朴素为荣，以铺张浪费、奢侈挥霍为耻。对于共产党员和各级干部来说，这也是对政治立场、政治观点、政治鉴别力的一种考验。”❷

（三）共同富裕

国家层面的富强、民主、文明的中国特色社会主义核心价值观，落实到人民主体层面，就其深层基础来说，即实现全体人民的共同富裕。只有实现了全体人民的共同富裕，才能既保障全体人民在经济上的平等权益，又保证最广大人民群众、尤其是基层群众平等的政治、文化、社会权益，促进全体社会成员的自由全面发展，并反过来推进富强、民主、文明的社会主义现代化国家的实现。在谈到英国资产阶级在印度推行的现代工业文明的生产方式时，马克思特别指出，人类社会的解放程度和发展程度“不仅仅决定于生产力的发展，而且还决定于生产力是否归人民所有”❸。在1988年5月25日会见捷克斯洛伐克共产党中央总书记雅克什的谈话中，邓小平着重强调：“坚持社会主义的发展方向，就要肯定社会主义的根本任务是发展生产力，逐步摆脱贫穷，使国家富强起来，使人民生活得到改善。没有贫穷的社会主义。社会主义的特点不是穷，而是富，但这种富是人民共同富裕。”❹

社会主义的富是“人民共同富裕”，第一，是由社会主义的内在本质决定的。纵观人类社会发展史，特定社会共同体的富裕有两种：一种是建立在生产资料私有制基础上的少数人的富裕，多数人的贫穷，社会两极分化。譬如传统中国，在公元元年到1820年是当时世界经济最强大的国家，1820年中国的GDP占世界总量将近33%，然而广大平民和劳动人民却生活在贫穷困苦之中。一种是

---

❶ 《毛泽东选集》第二卷，人民出版社，1991年，第663页。
❷ 《江泽民文选》第一卷，人民出版社，2006年，第621页。
❸ 《马克思恩格斯选集》第1卷，人民出版社，1995年，第771页。
❹ 《邓小平文选》第三卷，人民出版社，1993年，第264~265页。

建立在生产资料公有制基础上的、消除贫穷和两极分化的全体人民的共同富裕。在论及资本的趋势及其矛盾的发展时，马克思指出，当“生产力的增长再也不能被占有他人的剩余劳动所束缚了，工人群众自己应当占有自己的剩余劳动”的时候，“生产将以所有的人富裕为目的”❶。在描述未来社会的特征时，恩格斯说：“通过社会生产，不仅可能保证一切社会成员有富足的和一天比一天充裕的物质生活，而且还可能保证他们的体力和智力获得充分的自由的发展和运用。”❷ 马克思恩格斯所说的“所有的人富裕”、“一切社会成员有富足”的生活，毫无疑问，意指共同体全体社会成员的共同富裕。因此，无论是谈到社会主义建设的目的、社会主义的原则，还是论及社会主义的优越性和社会主义的本质，邓小平使用的关键词总是“共同富裕”。他说：“社会主义的目的就是要全国人民共同富裕，不是两极分化。如果我们的政策导致两极分化，我们就失败了；如果产生了什么新的资产阶级，那我们就真是走了邪路了。”❸ “社会主义财富属于人民，社会主义的致富是全民共同致富。社会主义原则，第一是发展生产，第二是共同致富。我们允许一部人先好起来，一部分地区先好起来，目的是更快地实现共同富裕。正因为如此，所以我们的政策是不使社会导致两极分化，就是说，不会导致富的越富，贫的越贫。坦率地说，我们不会容许产生新的资产阶级。”❹ “共同致富，我们从改革一开始就讲，将来总有一天要成为中心课题。社会主义不是少数人富起来、大多数人穷，不是那个样子。社会主义最大的优越性就是共同富裕，这是体现社会主义本质的一个东西。如果搞两极分化，情况就不同了，民族矛盾、区域间矛盾、阶级矛盾都会发展，相应地中国和地方的矛盾也会发展，就可能出乱子。”❺ “社会主义的本质，是解放生产力，发展生产力，消灭剥削，消除两极分化，最终达到共同富裕。”❻ 深思邓小平总结、提炼的社会主义本质论，不难看出，“解放生产力，发展生产力”只是社会主义建设发展的起点和动力，“消灭剥削，消除两极分化”则是社会主义建设发展必须解决的基本社会问题，“达到共同富裕”才是直接体现社会主义本质属性的根本。

第二，“共同富裕”不仅包括人民物质生活方面的共同富有，而且包括人民政治生活、精神文化生活以及良好生存空间的共同富有。这一点，是由社会主义社会的物质文明、政治文明、精神文明、生态文明等的全面发展所决定的，也是

---

❶ 《马克思恩格斯全集》第 31 卷，人民出版社，1998 年，第 104 页。

❷ 《马克思恩格斯选集》第 3 卷，人民出版社，1995 年，第 757 页。

❸ 《邓小平文选》第三卷，人民出版社，1993 年，第 110 ~ 111 页。

❹ 《邓小平文选》第三卷，人民出版社，1991 年，第 172 页。

❺ 《邓小平文选》第三卷，人民出版社，1993 年，第 364 页。

❻ 《邓小平文选》第三卷，人民出版社，1993 年，第 373 页。

由全体社会成员的体力和智力的充分自由发展所决定的。不难理解，没有政治、文化、社会等平等权益的相应支持和保障，经济上的共同富裕是不可想象的。因而，作为社会主义本质内涵的“共同富裕”，必然包含政治、文化、社会权益的共同富有。只有物质生活的富裕而没有政治生活、精神文化生活以及良好生存空间的富裕，绝不是现代文明条件下的富裕，更不是优越于资本主义生存方式的社会主义生存方式的共同富裕。用斯大林的话说，社会主义“只有在社会全体成员都过着富裕而有文化的生活的基础上，才能获得胜利”❶。当然，比较而言，在“共同富裕”整体构成的内在结构中，即在物质生活的共同富裕与政治生活、精神文化生活以及良好生存空间的共同富裕之间，前者是更为根本、更具决定性意义的。众所周知，无论是卡尔·马克思的社会阶级理论，还是马克斯·韦伯的社会阶层理论，其划分的标准都离不开经济权益的拥有量。

第三，“共同富裕”是与“两极分化”根本对立的，是对“两极分化”的消除。意大利经济学家、社会学家维尔弗雷多·帕累托1897年在对英国、意大利等资本主义国家的调查取样中发现一种稳定的财富收益模式，即20%的人口占有整个社会80%的财富，反过来，其余80%的人口仅享有整个社会20%的财富，这就是有名的帕累托法则、80/20定律，这也是典型的两极分化。作为对“从资本主义生产方式产生的资本主义占有方式”的否定，在“协作和对土地及靠劳动本身生产的生产资料的共同占有的基础上”重新建立的“社会所有制”和“个人所有制”❷，应该而且必须超越资本主义的两极分化。邓小平指出：“社会主义与资本主义不同的特点就是共同富裕，不搞两极分化”❸；“如果导致两极分化，改革就算失败了”❹。正是在这一意义上，他强调：“我们实行改革开放，这是怎样搞社会主义的问题。作为制度来说，没有社会主义这个前提，改革开放就会走向资本主义，比如说两极分化。中国有十一亿人口，如果十分之一富裕，就是一亿多人富裕，相应地有九亿多人摆脱不了贫困，就不能不革命啊！九亿多人就要革命。所以，中国只能搞社会主义，不能搞两极分化。现在有些地区，允许早一点、快一点发展起来，但是到一定程度，国内也好，地区也好，集体也好，就要调节分配。”❺ 可见，在邓小平看来，如果中国社会出现两极分化，不仅意味着中国社会矛盾的激化，而且意味着中国社会性质的资本主义异变；只有坚持共同富裕这一价值原则，才能坚持社会主义，防止矛盾的激化。

---

❶ 《斯大林选集》（下卷），人民出版社，1979年，第375～376页。

❷ 《马克思恩格斯全集》第44卷，人民出版社，2001年，第874页。

❸ 《邓小平文选》第三卷，人民出版社，1993年，第123页。

❹ 《邓小平文选》第三卷，人民出版社，1993年，第139页。

❺ 《邓小平年谱：1975—1997》（下），中央文献出版社，2004年，第1317页。

第四，“共同富裕”不是每一个人的平均富裕，也不是全体人民的“平均数”的富裕。在1986年3月28日会见新西兰总理朗伊的谈话中，总结新中国成立三十七年来社会主义建设正反两方面的经验和教训，邓小平指出：“我们坚持走社会主义道路，根本目标是实现共同富裕，然而平均发展是不可能的。过去搞平均主义，吃‘大锅饭’，实际上是共同落后，共同贫穷，我们就是吃了这个亏。”[1] 但同样值得注意的是，简单量化得出的全体人民“平均数”的富裕也不是“共同富裕”。众所周知，计量平均数，就必定有人在平均线以上，有人在平均线以下。平均数的“削峰填谷”，往往让人忽视了那部分“被平均”了的基层群众，甚至可能是构成社会发展主体的最广大人民群众。任何人都不难算出，一个亿万富豪可以“平均”掉多少基层群众。这就告诉我们，平均数并不代表大多数，我们必须清醒地认识到，既要提高“平均数”，更要关注“大多数”，尤其是要把握“大多数”这个重点。只有这样，才能确保社会主义的发展成果惠及最广大人民群众，实现发展成果的全民共享。

第五，实现“共同富裕”，是中国人民的共同愿景，是中国共产党的不懈追求，是中国共产党宗旨性质的根本体现。1953年12月16日通过的《中国共产党中央委员会关于发展农业生产合作社的决议》即要求：“为着进一步地提高农业生产力，党在农村工作的最根本的任务，就是……使农民能够逐步完全摆脱贫困的状况而取得共同富裕和普遍繁荣的生活。”[2] 改革开放初期，邓小平指出：“在改革中，我们要始终坚持两条根本原则，一是以社会主义公有制经济为主体，一是共同富裕。……鼓励一部分地区、一部分人先富起来，也正是为了带动越来越多的人富裕起来，达到共同富裕的目的”[3] 他强调：“中国情况是非常特殊的，即使百分之五十一的人先富裕起来了，还有百分之四十九，也就是六亿多人仍处于贫困之中，也不会有稳定。中国搞资本主义行不通，只有搞社会主义，实现共同富裕，社会才能稳定，才能发展。社会主义的一个含义就是共同富裕。”[4] 1992年12月18日，邓小平阅读了《中国将成为最大的经济国》和《马克思主义新挑战更加令人生畏》两文后更提出了明确时间表：“中国发展到一定的程度后，一定要考虑分配问题。也就是说，要考虑落后地区和发达地区的差距问题。不同地区总会有一定的差距。这种差距太小不行，太大也不行。如果仅仅是少数人富有，那就会落到资本主义去了。要研究提出分配这个问题和它的意义。到本世纪末就应该考虑这个问题了。我们的政策应该是既不能鼓励懒汉，又不能造成

---

[1] 《邓小平文选》第三卷，人民出版社，1993年，第155页。

[2] 《建国以来重要文献选编》第四册，中央文献出版社，1993年，第661~662页。

[3] 《邓小平文选》第三卷，人民出版社，1993年，第142页。

[4] 《邓小平年谱：1975—1997》（下），中央文献出版社，2004年，第1312页。

打‘内仗’。”[1] 对比邓小平提出的时间，又已经过去了十年，而且当前的中国已经成为世界第二大经济体，人均 GDP 突破 4000 美元，毋庸置疑，采取有力措施推进共同富裕已经尤为紧迫。用邓小平的话说：“一个公有制占主体，一个共同富裕，这是我们所必须坚持的社会主义的根本原则。我们就是要坚决执行和实现这些社会主义的原则。从长远来说，最终是过渡到共产主义。现在有人担心中国会不会变成资本主义。这个担心不能说没有一点道理。我们不能拿空话而是要拿事实来解除他们的这个忧虑，并且回答那些希望我们变成资本主义的人。”[2]

第六，实现“共同富裕”既是社会主义和谐社会建设的目标和维度，也是实现社会和谐的基础和前提。改革开放 30 多年造就了一大批富人，但应看到，不少群众仍处于温饱或贫困状态。如果贫富悬殊越拉越大，显然社会就难有和谐。按照国际公认的标准，基尼系数的合理范围应控制在 0.3～0.4，超过 0.4，社会利益矛盾会明显增多。目前欧美与日本的基尼系数普遍控制在 0.24～0.36，而据专家研究，2010 年中国实际基尼系数已超过 0.5。人力资源和社会保障部劳动工资研究所副所长杨黎明 2011 年 12 月 1 日在第四届中国劳动论坛上介绍说，2010 年，我国行业收入差距比为 4.2∶1，世界上多数国家约为 1.5～2 倍，我国 20 世纪 80 年代基本保持在 1.6～1.8 倍的水平；企业间工资差距高达 10 倍；城乡收入差距比为 3.23∶1，世界上多数国家在 1.6 以下，我国 1990 年为 2.2∶1；地区收入差距比为 2.38∶1，我国 1990 年为 1.84∶1；企业高管薪酬与普通职工收入差距高达 18 倍多。[3] 直面当代中国发展的现实，党的十六届六中全会通过的《中共中央关于构建社会主义和谐社会若干重大问题的决定》要求：“加强制度建设，保障社会公平正义”，“着力提高低收入者收入水平，逐步扩大中等收入者比重，有效调节过高收入，坚决取缔非法收入，促进共同富裕”。

从上述意义来看，共同富裕不仅是以“建设”为主题的“生产力”核心价值观的重要维度，而且是中国特色社会主义“生产力”核心价值观整体的核心。

四、以“发展”为主题的“以人民为本”核心价值观

在唯物史观及其相应的核心价值体系内在结构中，无论是以“革命”为主题的“阶级斗争”核心价值观，还是以“建设”为主题的“生产力”核心价值观，都本之于人民的生存与发展，其出发点和落脚点都旨在促进每个人自由全面

---

[1] 《邓小平年谱：1975—1997》（下），中央文献出版社，2004 年，第 1356～1357 页。

[2] 《邓小平文选》第三卷，人民出版社，1993 年，第 111 页。

[3] 《行业收入差距达 4.2∶1》，《人民日报》，2011 年 12 月 2 日。

发展的实现。1894 年 1 月 9 日，在回复朱·卡内帕请求其为同年“3 月起在日内瓦出版的周刊《新纪元》找一段题词，用简短的字句来表达未来的社会主义纪元的基本思想，以别于但丁曾说的‘一些人统治，另一些人受苦难’的旧纪元”时，恩格斯说，“要用几句话来概括未来新时代的精神，而又不堕入空想社会主义或者不流于空泛辞藻，几乎是不可能的”，除了《共产党宣言》中“代替那存在着阶级和阶级对立的资产阶级旧社会的，将是这样一个联合体，在那里，每个人的自由发展是一切人的自由发展的条件”这句话之外，“我再也找不出合适的了”。[1] 这也就告诉我们，在构建社会主义和谐社会，实现中华民族伟大复兴的历史进程中，伴随中国特色社会主义的纵深发展及其阶段性主题的深化，社会核心价值观必然进入“以人民为本”这一唯物史观核心价值体系的深层内核，彰显民生为本、公平正义、社会和谐的基本价值观，推进社会的持续健康发展和全体人民的共同富裕，提升国民的幸福指数。

（一）民生为本

民生，简言之，也就是人民的生活和生计，亦即吃喝住穿等。《左传·宣公十二年》云：“民生在勤，勤则不匮。”孙中山说：“民生就是人民的生活——社会的生存、国民的生计、群众的生命。”[2] 马克思恩格斯指出：“一切人类生存的第一个前提，也就是一切历史的第一个前提，这个前提是：人们为了能够‘创造历史’，必须能够生活。但是为了生活，首先就需要吃喝住穿以及其他一些东西。”[3]

党的“十七大”报告在阐述“深入贯彻落实科学发展观”时指出，“要坚持把改善人民生活作为正确处理改革发展稳定关系的结合点”，在阐述“加快推进以改善民生为重点的社会建设”时指明，“着力保障和改善民生，……使全体人民学有所教、劳有所得、病有所医、老有所养、住有所居”。[4] 由此可见，科学发展观核心的“以人为本”，就其本质内容而言，亦即“民生为本”，也就是以人民的生活和生计为本。

作为当代中国“以人为本”发展理念的直接表达，民生为本价值观首先是马克思主义群众史观的具体体现，是马克思主义立场、观点和方法的必然要求。马克思主义主张，人类历史的发展规律是，“人们首先必须吃、喝、住、穿，然

---

[1] 《马克思恩格斯选集》第 4 卷，人民出版社，1995 年，第 730 ~ 731 页。
[2] 《孙中山全集》第九卷，中华书局，1986 年，第 355 页。
[3] 《马克思恩格斯选集》第 1 卷，人民出版社，1995 年，第 78 ~ 79 页。
[4] 《十七大以来重要文献选编》（上），中央文献出版社，2009 年，第 14、29 页。

后才能从事政治、科学、艺术、宗教等等”[1]；自然、社会、历史都不是与人相分离的抽象物，都不是人之外的某个东西，它本身就是人及人的活动，现实的人是历史的出发点和落脚点；离开人和人的活动，社会生活、历史发展、社会历史范围内的一切，都无从谈起。值得注意的是，马克思主义所突出的人，不是某一个人，也不是某一部分人，而是每一个人，即最广大人民群众。这就是说，离开了人民群众创造历史的群众史观，就背离了马克思主义的基本立场，进而背离马克思主义，走向非马克思主义、假马克思主义或者反马克思主义。列宁指出：“马克思主义和其他一切社会主义理论的不同之处在于，它出色地把以下两方面结合起来：既以完全科学的冷静态度去分析客观形势和演进的客观进程，又非常坚决地承认群众（当然，还有善于摸索到并建立起同某些阶级的联系的个人、团体、组织、政党）的革命毅力、革命创造性、革命首创精神的意义。”[2]

更确切地说，非常坚决地承认人民群众的主体地位、主体作用和主体价值，不仅仅是马克思主义超越各种名号的社会主义理论之处，更是马克思主义超越自由派资产阶级理论家之处。细心的读者会发现，在资产阶级启蒙思想家、尤其是自由主义者那里，是从否定的、抽象的方面来界定“人民群众”的。理论的表层，自由主义的所有民主论证在逻辑基点上都主张“人民”和“群众”的重要性。但因为他们对“人民群众”的解析总是基于一种虚构的同质性，即抽象的人性论，因而在其深层，“人民”只不过是盲目的、自发的力量，“群众”常常是愚昧、盲从、非理性、无组织等的同义语。在实质性的历史观和政治观含义上，他们的群众理论，几乎都是以否定的消极的语言来描写“人民”和“群众”的。直到今天的新自由主义，仍然是这样的立场和观点。这一点，可以从《乌合之众：大众心理研究》、《群众与权力》、《大众的反叛》、《群氓的时代》等著作中看得非常明白。于是，因为他们认为人民群众缺乏理性，不能正确行使权力，因而尽管理论上承认人人天生具有平等的权力，但实践层面，当涉及“人民的主权”时，结果是，“人民”必须通过契约把权力让渡给社会的精英阶层，由他们行使统治权，人民只能服从而不能反对他们的统治。用卢梭的话说，也就是“主权者”成了“服从者”。因而，在他们那里，“人民群众”实际上却被置于一个虚幻的位置。对于诸如此类的群众理论，马克思恩格斯通过对埃德加尔所谓“批判的批判”的剖析旗帜鲜明地指出：“批判的批判什么都没有创造，工人才创造一切，甚至就以他们的精神创造来说，也会使得整个批判感到羞愧。英国和法国

[1] 《马克思恩格斯选集》第3卷，人民出版社，1995年，第776页。

[2] 《列宁选集》第1卷，人民出版社，1995年，第747页。

的工人很好地证明了这一点。工人甚至创造了人，批判家却永远是不通人性的人。”[1] 这也就告诉我们，如果不使马克思主义流于形式或口号，如果彻底地贯彻和落实马克思主义的群众史观，就必须体现和践行“民生为本”这一马克思主义的基本价值观。

其次，当代中国共产党人的民生为本价值观，是中国传统民生思想及孙中山民生主义的继承和发展，但又区别于孙中山“民生史观”的价值观意涵。2006年4月21日，胡锦涛在美国耶鲁大学的演讲中指出，现时代中国强调的以人为本，既有着中华文明的深厚根基，又体现了时代发展的进步精神。先秦时期，中国人就提出天地之间，莫贵于人，强调要利民、裕民、养民、惠民。管子曰：“凡治国之道，必先富民。”（《管子·治国》）荀子说：“王者富民，霸者富士，仅存之国富大夫，亡国富筐箧，实府库。”（《荀子·王制》）富民，也就是制民恒产，裕民、养民、惠民。孟子指出：“明君制民之产，必使仰足以事父母，俯足以畜妻子；乐岁终身饱，凶年免于死亡。”（《孟子·梁惠王上》）到了近代，孙中山不仅明确提出“民生主义”，而且作为其三民主义价值观的出发点和落脚点。他说：“求幸免于欧、美贫者愈贫、富者愈富的恶例，非讲民生主义不可。”[2]“我们国民党所提倡的民生主义，不但是最高的理想，并且是社会的原动力，是一切历史活动的重心。民生主义能够实行，社会问题才可以解决；社会问题能够解决，人类才可以享很大的幸福。”而且，在他看来，“共产主义是民生的理想，民生主义是共产的实行；所以两种主义没有什么分别，要分别的还是在方法”。[3]

共产主义、社会主义与民生问题密不可分，共产主义、社会主义在价值观层面必须体现和践行民生为本，但民生主义在历史观层面，与共产主义、社会主义还是不可相提并论的。1924年8月3日，孙中山在关于“民生主义”的第一讲中指出，民生主义与社会主义在社会进步的重心问题、动因问题上存在明显界限，是深刻的。但他以美国“一位马克思的信徒威廉氏”的“马克思以物质为历史的重心是不对的，社会问题才是历史的重心，而社会问题中又以生存问题为重心，那才是合理”[4] 为理论依据，而忽视了社会历史发展的物质生产基础及其客观规律，误读了马克思的阶级斗争学说及其社会主义思想，陷入了一种表面上客观科学，实质上却不确切的“民生史观”，这是值得我们注意和避免的。

再次，民生为本价值观的核心在于凸显人民的经济、政治、文化、社会生活

---

[1] 《马克思恩格斯全集》第2卷，人民出版社，1957年，第22页。
[2] 《孙中山全集》第五卷，中华书局，1985年，第479页。
[3] 《孙中山全集》第九卷，中华书局，1986年，第381页。
[4] 《孙中山全集》第九卷，中华书局，1986年，第365页。

的整体质量，亦即国民的幸福感和幸福指数。也就是在美国耶鲁大学的演讲中，胡锦涛说："今天，我们坚持以人为本，就是要坚持发展为了人民、发展依靠人民，发展成果由人民共享，关注人的价值、权益和自由，关注人的生活质量、发展潜能和幸福指数。"❶ 2008 年 9 月 19 日，在全党深入学习实践科学发展观活动动员大会暨省部级主要领导干部专题研讨班上的讲话中谈到"科学发展观核心是以人为本"时，胡锦涛又说："我们要着力把最广大人民的根本利益作为贯彻落实科学发展观的根本出发点和落脚点，……努力兴办人民群众希望办的实事好事，使贯彻落实科学发展观的过程成为不断为民造福的过程，成为不断提高人民生活质量和水平的过程，成为不断保障人民经济、政治、文化、社会权益的过程，让发展成果惠及广大人民群众。"❷

提高人民的生活质量和幸福指数，作为前提和内容，恰如温家宝 2010 年 2 月 12 日在春节团拜会上的讲话中和 2010 年 3 月 5 日在十一届人大三次会议上反复指出的，必须让人民生活得"更有尊严"，也就是不仅让人民在物质层面学有所教、劳有所得、病有所医、老有所养、住有所居等，而且在精神层面可以有序参与政府重大决策、可以对政府和官员提出批评和建议、可以充分行使自己的"选举权"而不是"被代表"等。从一定意义上说，"尊严"本身就是人民的生活质量和幸福指数的一个重要内容。一个没有"尊严"的被奴役、被主宰的人生是谈不上真正的人的生活质量和幸福指数的。而从社会整体来看，众所周知，幸福的人数再多也抵消不了不幸福的人数，甚至反过来，很小比例的不幸福人群会在很大程度上消减总体的社会幸福。因此，我们在看到全国人大财经委员会"中国民生指数"课题组 2010 年的"七成多百姓觉得幸福和有尊严"的调查数据的同时，还应当看到，当前我国发展中的不平衡、不协调、不持续问题严重影响着人民群众的生活质量和幸福感。近些年来，人民的幸福指数并没有随着物质生活的改善而得到质的提升，不少人甚至感觉活得没有尊严、"很卑微"。2010 年，人民论坛问卷调查中心联合人民网、新浪网、人民论坛网，对社会关心的弱势心态问题调查后发现，45.1% 的受访党政干部、57.8% 的受访公司白领和 55.4% 的受访知识分子认为自己是"弱势群体"。2012 年 4 月发布的《全球幸福指数报告》显示，在调查的全球 156 个国家和地区中，我国内地人民的幸福指数排在第 112 位。这种普遍的弱势心态从一个侧面表明，当前我国落实和践履"民生为本"价值观、"提高人民的生活质量和幸福指数"的紧迫性、严峻性和艰巨性。它不仅要求我们贯彻和落实科学发展观，加快推进民生建设，切实解决好人

❶ 《十六大以来重要文献选编》（下），中央文献出版社，2008 年，第 429 页。

❷ 《十七大以来重要文献选编》（上），中央文献出版社，2009 年，第 576 页。

民群众普遍关心的住房、教育、医疗、就业、分配等民生问题，而且要求以社会主义核心价值体系为导向和内容的政治、文化建设，在注重整个社会的价值追求、精神力量和文明程度的提升的同时，要关注每一个人的尊严、荣誉及其幸福感的满足。

（二）公平正义

马克思指出："在资本主义制度内部，一切提高社会劳动生产力的方法都是靠牺牲工人个人来实现的；一切发展生产的手段都转变为统治和剥削生产者的手段，都使工人畸形发展，成为局部的人，把工人贬低为机器的附属品，使工人受劳动的折磨，从而使劳动失去内容，并且随着科学作为独立的力量被并入劳动过程而使劳动过程的智力与工人相异化；这些手段使工人的劳动条件变得恶劣，使工人在劳动过程中屈服于最卑鄙的可恶的专制，把工人的生活时间转化为劳动时间，并且把工人的妻子儿女都抛到资本的札格纳特车轮下。……由此可见，不管工人的报酬高低如何，工人的状况必然随着资本的积累而恶化。最后，使相对过剩人口或产业后备军同积累的规模和能力始终保持平衡的规律把工人钉在资本上，比赫斐斯塔司的楔子把普罗米修斯钉在岩石上钉得还要牢。这一规律制约着同资本积累相适应的贫困积累。因此，在一极是财富的积累，同时在另一极，即把自己的产品作为资本来生产的阶级方面，是贫困、劳动折磨、受奴役、无知、粗野和道德堕落的积累。"❶ 不难看出，虽然马克思在这里没有使用"公平正义"的词句或字眼，但他对资本主义制度的批判及其必然为社会主义制度所取代的历史趋向的科学分析，不仅是基于生产力的发展要求，也是基于人类公平正义的发展要求。

"正义是社会制度的首要价值，……某些法律和制度，不管它们如何有效率和有条理，只要它们不正义，就必须加以改造或废除。"❷ 显而易见，制造一极是财富的积累、一极是贫困的积累的资本主义制度，必须加以改造和废除，必然为一种新的社会制度——社会主义制度所取代。与资本主义制度的不公正相反，公平正义是社会主义的题中应有之义，是社会主义的内在价值属性。邓小平指出："我们为社会主义奋斗，不但是因为社会主义有条件比资本主义更快地发展生产力，而且因为只有社会主义才能消除资本主义和其他剥削制度所必然产生的种种贪婪、腐败和不公正现象。"❸ 回顾社会主义思想史，可以清楚地看到，"社

---

❶ 《马克思恩格斯全集》第44卷，人民出版社，2001年，第743～744页。

❷ ［美］罗尔斯：《正义论》，何怀宏等译，中国社会科学出版社，2003年，第3页。

❸ 《邓小平文选》第三卷，人民出版社，1993年，第143页。

会主义”这一概念从一开始就是作为对资本主义的不公正的“反动”而提出来的。正是由于资本主义的不公正，激发了人们对公平正义的未来社会——社会主义、共产主义的向往，使社会主义成为劳动人民推翻资本主义的强大精神动力。正因为如此，党的十六届六中全会指出，公平正义是社会和谐的基本条件，是社会主义和谐社会的基本特征。党的“十七大”重申：“实现公平正义是中国共产党人的一贯主张，是发展中国特色社会主义的重大任务。”[1]

值得注意的是，作为社会主义和谐社会的基本特征和中国共产党人的价值主张的“公平正义”，既不是抽象的形式的公平正义，也不是以人的不平等为前提的古代的公平正义，而是基于人的平等地位和平等权利的现代的实质的公平正义。亚里士多德说：“有些人天生即是自由的，有些人天生就是奴隶，对于后者来说，被奴役不仅有益而且是公正。”[2] 显而易见，亚里士多德的公正观不仅以不平等为前提，而且不平等是公正的基本内容。在亚里士多德那里，不平等就是公正。为此，恩格斯指出：“一切人，作为人来说，都有某些共同点，在这些共同点所及的范围内，他们是平等的，这样的观念自然是非常古老的。但是现代的平等要求与此完全不同；这种平等要求更应当是从人的这种共同性中，从人就他们是人而言的这种平等中引申出这样的要求：一切人，或至少是一个国家的一切公民，或一个社会的一切成员，都应当有平等的政治地位和社会地位”，亦即“从这种相对平等的原始观念中得出国家和社会中的平等权利的结论”。[3]

一个国家或一个社会中的平等权利，具体而言，包括政治权利、经济权利、文化权利、社会权利四个方面。与种种权利相联系，公平正义的基本问题不是人的行为问题，而是社会结构和社会制度关于权利和义务关系的“分派”问题。罗尔斯反复指出：“正义的主要问题是社会的基本结构，或更准确地说，是社会主要制度分配基本权利和义务，决定由社会合作产生的利益之划分的方式”；“这些原则要在这些制度中掌握权利和义务的分派，决定社会生活中利益和负担的恰当分配。适用于制度的原则决不能和用于个人及其特殊环境中的行动的原则混淆起来。这两种原则适用于不同的主题。”[4]

可见，公平正义的实质在于，通过调节社会的主要制度安排，尽量排除社会历史和自然方面的偶然因素对于人们生活前景的影响，亦即排除政治制度、经济社会制度对人们生活前景的影响，排除出生伊始所具有的不同社会地位和自然禀赋对人们生活前景的影响。因此，罗尔斯总是基于“最少受惠者的最大利益”

---

[1] 《十七大以来重要文献选编》（上），中央文献出版社，2009 年，第 13 页。

[2] 《亚里士多德全集》第九卷，中国人民大学出版社，1994 年，第 12 页。

[3] 《马克思恩格斯选集》第 3 卷，人民出版社，1995 年，第 444 页。

[4] ［美］罗尔斯：《正义论》，何怀宏等译，中国社会科学出版社，2003 年，第 7、54 页。

来考量社会主要制度的正义或不正义，从而保证一个社会的所有成员都切实享有一切平等的权益。综观罗尔斯关于“正义论”的三个核心命题[1]，无论是在正义的两个原则中，还是在正义的两个优先性规则及一般的正义观中，罗尔斯始终强调“适合于最少受惠者的最大利益”、“必须可以为那些拥有较少自由的公民所接受”、“必须扩展那些机会较少者的机会”、“有利于最不利者”。抛开对罗尔斯“正义论”的简单定性，论其实质，在一定程度上，“作为公平的正义”表达的正是马克思所主张的处于被剥削、被压迫地位的无产阶级的平等权利。

正是从公平正义的社会制度指向出发，《中共中央关于构建社会主义和谐社会若干重大问题的决定》特别强调加强制度建设，完善民主权利保障制度、完善法律制度、完善司法体制机制、完善公共财政制度、完善收入分配制度、完善社会保障制度，保障社会公平正义，保障人民在政治、经济、文化、社会等方面的权利和利益。

（三）社会和谐

作为物质间共生交融、协调有序关系的表征，“和谐”是人类梦寐以求的理想和追求。《礼记·中庸》曰：“中也者，天下之大本也；和也者，天下之达道也。致中和，天地位焉，万物育焉。”毕达哥拉斯说：“美德乃是一种和谐。”[2]毕达哥拉斯学派名言：什么是最美的——和谐。

然而，和谐作为一种价值追求和理想状态，既不是神灵赐予的，也不是心灵自生的，而是在一定的社会关系中形成并由一定的社会关系所决定的。马克思指出：“所谓从社会的角度来考察，只不过是把那些恰恰表示着社会关系……的区

---

[1] 在关于制度的两个正义原则的最后陈述中，罗尔斯这样总结：“第一个原则：每个人对与所有人所拥有的最广泛平等的基本自由体系相容的类似自由体系都应有一种平等的权利。第二个原则：社会和经济的不平等应这样安排，使它们：①在与正义的储存原则一致的情况下，适合于最少受惠者的最大利益；②依系于在机会公平平等的条件下职务和地位向所有人开放。”与正义的两个原则相对应，罗尔斯认为，“正义优先性”同样有两个基本规则：“第一个优先规则（自由的优先性）：两个正义原则应以词典式次序排列，因此，自由只能为了自由的缘故而被限制。这有两种情况：①一种不够广泛的自由必须加强由所有人分享的完整的自由体系；②一种不够平等的自由必须可以为那些拥有较少自由的公民所接受。第二个优先规则（正义对效率和福利的优先）：第二个正义原则以一种词典式次序优先效率原则和最大限度利益总额的原则；公平的机会优先于差别原则。这有两种情况：①一种机会的不平等必须扩展那些机会较少者的机会；②一种过高的储存率必须最终减轻承受这一重负的人们的负担。”罗尔斯还指出，正义的两个原则和正义优先性规则都基于“一般的正义观”：“所有的社会基本善——自由和机会、收入和财富及自尊的基础——都应被平等地分配，除非对一些或所有社会基本善的一种不平等分配有利于最不利者”（［美］罗尔斯：《正义论》，何怀宏等译，中国社会科学出版社，2003 年，第 302 ~ 303 页）。

[2] 北京大学哲学系外国哲学史教研室编译：《古希腊罗马哲学》，生活·读书·新知三联书店，1957 年，第 36 页。

别忽略掉。社会不是由个人构成，而是表示这些个人彼此发生的那些联系和关系的总和。”这些关系有经济关系、政治关系、思想关系、血缘关系、伦理关系等，其中各个要素按特定的方式组合起来，形成一种特定的社会结构和社会秩序。“有人这样说：从社会的角度来看，并不存在奴隶和公民；两者都是人。其实正相反，在社会之外他们才是人。成为奴隶或成为公民，这是社会的规定，是人和人或A和B的关系。A作为人并不是奴隶。他在社会里并通过社会才成为奴隶。”❶ 因此，要准确把握人的本质，当且仅当深入到社会关系之中，通过对社会关系和社会结构的分析，才能获得科学的结论。马克思说：“人的本质不是单个人所固有的抽象物，在其现实性上，它是一切社会关系的总和。”❷ 同样，要真正实现“和谐”的梦想，也当且仅当深入到社会关系之中，通过社会关系和社会结构的建构，才能有效地实现。正如恩格斯在评析把抽象的“理性和正义”当作现实的“裁判者”的空想社会主义时所指出的：“为了使社会主义变为科学，就必须首先把它置于现实的基础之上。”❸

也正因为如此，古今中外有价值的“和谐”探求无不着眼于社会关系的和谐建构。先秦时期，孔子提出“均无贫，和无寡，安无倾”（《论语·季氏》）；墨子要求“兼相爱、交相利”（《墨子·兼爱中》），“饥者得食，寒者得衣，乱者得治”（《墨子·尚贤下》）；老子主张“甘其食，美其服，安其居，乐其俗”（《道德经·第八十章》）；孟子提倡“老吾老，以及人之老；幼吾幼，以及人之幼”（《孟子·梁惠王上》）。诸如此类，无不是理想社会关系建构的基本原则。因此，《礼记·礼运》篇这样描绘：“大道之行也，天下为公。选贤与能，讲信修睦，故人不独亲其亲，不独子其子，使老有所终，壮有所用，幼有所长，矜寡孤独废疾者，皆有所养。男有分，女有归。是故，谋闭不兴，盗窃乱贼而不作，故外户而不闭，是谓大同。”两千多年中，“天下为公”的大同理想及其所蕴含的“公有”、“公平”思想不断成为历朝历代先贤寻求解决社会问题的基本主张。进入近代，“三千年未有之大变局”更推动“大同”理想走进洪秀全、康有为、孙中山等先进人物的救国理念中。洪秀全提出要建立“务使天下共享”，“有田同耕，有饭同食，有衣同穿，有钱同使，无处不均匀，无人不饱暖”的社会；康有为直书20多万字的《大同书》，提出要建立一个“无邦国，无帝王，人人相亲，人人平等，天下为公”的理想社会；孙中山明确提出以“平均地权、节制资本”的具体措施来实现其“天下为公”的社会目标。

---

❶ 《马克思恩格斯全集》第30卷，人民出版社，1995年，第221~222页。

❷ 《马克思恩格斯选集》第1卷，人民出版社，1995年，第60页。

❸ 《马克思恩格斯选集》第3卷，人民出版社，1995年，第358页。

而在社会主义思想史上，1803 年，法国空想社会主义者傅立叶发表了《全世界和谐》一文，指出现存的“文明制度”不仅是一种不合理的、不公正的制度，而且还是一种过渡性的制度，必将为未来的理想社会——“和谐制度”所代替。1824 年，英国空想社会主义者欧文在美国印第安纳州开始了他持续 4 年的“新和谐公社”（也称“新和谐村）的共产主义新村计划，力图把愚昧而自私的社会制度改变为一种开朗的社会制度，从而消除引起个人之间一切纷争的原因。1842 年，德国空想共产主义者魏特林在《和谐与自由的保证》一书中提出了他的空想共产主义计划，认为理想的社会是“和谐与自由”的社会，并指出新社会的“和谐”不是某个人、某些人、某部分人的和谐，而是“全体和谐”。可见，尽管它还只是“一种粗糙的、尚欠修琢的、纯粹出于本能的共产主义”[1]，但却是德国工人的“史无前例的光辉灿烂的处女作”[2]。

在《共产党宣言》中，马克思恩格斯通过对“批判的空想的社会主义和共产主义”的评析，既肯定了这些社会主义和共产主义“关于未来社会的积极的主张”——消灭城乡对立，消灭雇佣劳动，把国家变成纯粹的生产管理机构等，也明确提出了“社会和谐”[3] 的理念。这一理念，从马克思主义思想发展史的角度来说，是马克思 1844 年有关“共产主义”思想的发展和升华。在《1844 年经济学哲学手稿》中，马克思提出，共产主义是“通过人并且为了人而对人的本质的真正占有；因此，它是人向自身、向社会的即合乎人性的人的复归，这种复归是完全的，自觉的和在以往发展的全部财富的范围内生成的。这种共产主义，作为完成了的自然主义 = 人道主义，而作为完成了的人道主义 = 自然主义，它是人和自然界之间、人和人之间的矛盾的真正解决，是存在和本质、对象化和自我确证、自由和必然、个体和类之间的斗争的真正解决。”[4] “人和自然界之间、人和人之间的矛盾的真正解决”，毋庸置疑，就是人与自然之间、人与人之间的“和谐”。

而在人类的生产生活中，比较而言，人和自然的关系是一种前提性关系，人和人之间的关系才是一种决定性关系。因此，一方面，“我们不要过分陶醉于我们人类对自然界的胜利。对于每一次这样的胜利，自然界都对我们进行报复。每一次胜利，起初确实取得了我们预期的结果，但是往后和再往后却发生完全不同的、出乎意料的影响，常常把最初的结果又消除了”。[5] 另一方面，人们都是在

---

[1] 《马克思恩格斯选集》第 1 卷，人民出版社，1995 年，第 257 页。
[2] 《马克思恩格斯全集》第 3 卷，人民出版社，2002 年，第 390 页。
[3] 《马克思恩格斯选集》第 1 卷，人民出版社，1995 年，第 304 页。
[4] 《马克思恩格斯全集》第 3 卷，人民出版社，2002 年，第 297 页。
[5] 《马克思恩格斯选集》第 3 卷，人民出版社，1995 年，第 383 页。

一定的社会关系中开始生产和生活的。“人们在生产中不仅仅影响自然界，而且也互相影响。他们只有以一定的方式共同活动和互相交换其活动，才能进行生产。为了进行生产，人们相互之间便发生一定的联系和关系；只有在这些社会联系和社会关系的范围内，才会有他们对自然界的影响，才会有生产。”❶ 这就是说，相比于人与自然的和谐，以人和人的关系为内容的“社会和谐”才是最重要、最根本、最关键的和谐。因此，《中共中央关于构建社会主义和谐社会若干重大问题的决定》指出：“社会和谐是中国特色社会主义的本质属性”，是“我们党不懈奋斗的目标”。在中共十六届六中全会第二次全体会议上的讲话中，胡锦涛重申：“社会和谐是科学社会主义的应有之义。”❷

❶ 《马克思恩格斯选集》第1卷，人民出版社，1995年，第344页。

❷ 《十六大以来重要文献选编》（下），中央文献出版社，2008年，第674页。

第三章　社会主义核心价值体系：当代中国价值观建设的实践总结与理论抽象

马克思恩格斯指出："一切划时代的体系的真正的内容都是由于产生这些体系的那个时期的需要而形成起来的。所有这些体系都是以本国过去的整个发展为基础的。"❶ 作为中国共产党人对社会主义制度在价值层面的本质规定性的新认识，作为当代中国价值观建设的实践总结和理论抽象，立于当代中国时空场域的社会主义核心价值体系，既是集新中国成立以来，特别是改革开放以来社会主义价值理念之大成，也是汲取人类思想精华、总结新中国成立以来正反两方面的经验和教训、适应时代发展要求的价值自觉和价值创造。2008年4月9日，中共中央宣传部部长刘云山在建设社会主义核心价值体系研讨会上的讲话中指出："社会主义核心价值体系，是我们党汲取人类思想精华、适应时代发展要求创造性提出的，体现了马克思主义价值观与中国传统价值观的有机统一，具有鲜明的科学性、民族性、时代性、开放性。"它"以科学世界观和方法论为指导，坚持马克思主义的基本原则，反映马克思主义中国化的最新成果，内在地蕴涵着以人为本、科学发展的要求，包含着和谐的精神、和谐的理念"；它"源于中华民族的优秀传统文化，积淀着中华民族最深层的精神追求和行为准则，符合民族心理、反映民族特性"；它"植根于当代中国特色社会主义的伟大实践，体现时代潮流、富有时代气息，反映着人类发展进步的要求"；它"具有与时俱进的品格和开放包容的气度，充分吸收世界各国优秀思想文化成果，充满改革创新精神，随着实践发展而不断丰富和完善"。❷

一、马克思主义价值理论中国化成果的体系化

当代中国社会主义核心价值体系，就其性质而言，毋庸置疑，不是"资本主

❶ 《马克思恩格斯全集》第3卷，人民出版社，1960年，第544页。

❷ 刘云山：《深入推进社会主义核心价值体系建设巩固全党全国人民团结奋斗的共同思想基础》，《党建》，2008年第5期。

义”的核心价值体系，不是“封建主义”的核心价值体系，而是“社会主义”的核心价值体系。因此，当代中国的核心价值体系，首先是科学社会主义的核心价值体系——以马克思主义价值理论为指导的，是马克思主义价值理论关于价值主体、价值评价、价值构念、价值战略等的中国化成果的体系。离开科学社会主义的价值诉求，离开现实社会主义的历史经验，离开马克思主义价值理论的中国化，仅仅以自己有限的认识和实践、甚至是一时的感想和愿望为根据来讨论和研究当代中国的核心价值体系，必然既脱离社会主义的“应然”，也脱离社会主义的“实然”，进而在逻辑上和实践上脱离科学的根据，走向远离社会主义本质的枝节的言说。

（一）人民群众价值主体观

价值理论的首要问题是价值主体问题。价值主体的核心问题是站在“谁”的立场、为了“谁”的问题。离开了价值主体，模糊了为了“谁”，价值言说就变成了抽象的空洞的说教。毫无疑问，站在资产阶级的立场、为了资产阶级与站在无产阶级的立场、为了无产阶级，对价值的看法、态度和结论是很不相同的；站在少数“有钱阶级”“有闲阶级”的立场、为了少数“有钱阶级”“有闲阶级”与站在最广大人民群众的立场、为了最广大人民群众，对价值的看法、态度和结论也是很不相同的。正因为如此，在《反对党八股》中，毛泽东转引季米特洛夫在共产国际第七次大会报告中的话说：“我们每一个人，都应当切实领会下面这条起码的规则，把他当作定律，……当你写东西或讲话的时候，……要想到你究竟为什么人写东西，向什么人讲话。”❶《在延安文艺座谈会上的讲话》中，毛泽东重申：“为什么人的问题，是一个根本的问题，原则的问题。”❷

科学把握站在“谁”的立场、为了“谁”这一价值主体的核心问题，首先必须明白价值是由谁创造的，亦即价值创造的主体。从公平正义的角度来说，只有价值创造的主体，才有享有价值的权利，才是价值享有的主体。从价值创造主体与价值享有主体的内在关系来说，只有价值创造主体同时也是价值享有主体，才合理地解答了价值主体的内在统一性和整体性问题。反之，如果价值创造主体与价值享有主体相分离，不仅背离了社会的公平正义，走向了特权和异化，而且使价值主体的内在统一性陷入二元对立的悖论之中。可见，从学理的角度来说，确认了价值创造的主体，也就确定了价值享有的主体。

价值是由“谁”创造的呢？马克思恩格斯指出：“历史的活动和思想就是

❶ 《毛泽东选集》第三卷，人民出版社，1991年，第843页。

❷ 《毛泽东选集》第三卷，人民出版社，1991年，第857页。

‘群众’的思想和活动”，决定历史发展的是“行动着的群众”。[1] 也就是说，历史本身什么事情也没有做，它不过是人民群众思想和活动的产物，是追求着自己目的的人民群众的活动而已。谈到资产阶级的特点时，恩格斯指出：“在十七世纪的英国和十八世纪的法国，甚至是资产阶级的最光辉灿烂的成就都不是它自己争得的，而是平民大众，即工人和农民为它争得的。”[2] 针对唯物史观理解的简单化、机械化倾向，恩格斯强调：“历史是这样创造的：最终的结果总是从许多单个的意志的相互冲突中产生出来的，而其中每一个意志，又是由于许多特殊的生活条件，才成为它所成为的那样。这样就有无数互相交错的力量，有无数个力的平行四边形，由此就产生出一个合力，即历史结果。”[3] 因此，“如果要去探究那些隐藏在——自觉或不自觉地，而且往往是不自觉地——历史人物的动机背后并且构成历史的真正的最后动力的动力，那么问题涉及的，与其说是个别人物、即使是非常杰出的人物的动机，不如说是使广大群众、使整个的民族，并且在每一个民族中间又使整个阶级行动起来的动机；而且也不是短暂的爆发和转瞬即逝的火光，而是持久的、引起重大历史变迁的行动”[4]。显然，在人类社会的历史发展中，人民群众，只有人民群众才是历史活动的主体，才是社会物质财富和精神财富创造的主体，才是价值创造的主体。

“没有无义务的权利，也没有无权利的义务。”[5] 因而，马克思主义强调，人民群众，只有人民群众才是价值享有的主体。在《共产党宣言》中，马克思恩格斯告诉我们：“代替那存在着阶级和阶级对立的资产阶级旧社会的，将是这样一个联合体，在那里，每个人的自由发展是一切人的自由发展的条件。”[6] 显而易见，“每个人”不是某一个人，也不是某一部分人，而是最广大人民群众。

正是因为从人民群众的价值创造出发，马克思主义价值理论突破了种种主观主义、直觉主义价值理论的神秘化、经院化倾向，超越了诸如先验主义、经验主义、心灵主义和语言分析路向等抽象的玄谈的价值理论，科学揭示了价值的发生、价值的本质等价值理论的基本问题。

坚持马克思主义的人民群众价值主体观，始终站在最广大人民群众的立场，始终代表最广大人民群众的根本利益，始终为最广大人民群众谋利益，以毛泽东为代表的中国共产党人坚决反对官僚主义、命令主义等脱离群众、与群众相对立

---

[1] 《马克思恩格斯文集》第1卷，人民出版社，2009年，第286、287页。
[2] 《马克思恩格斯全集》第18卷，人民出版社，1964年，第325页。
[3] 《马克思恩格斯选集》第4卷，人民出版社，1995年，第697页。
[4] 《马克思恩格斯选集》第4卷，人民出版社，1995年，第249页。
[5] 《马克思恩格斯选集》第2卷，人民出版社，1995年，第610页。
[6] 《马克思恩格斯选集》第1卷，人民出版社，1995年，第294页。

的“主义”。1934 年 1 月 27 日在《关心群众生活，注意工作方法》的讲话中，毛泽东指出：“如果仅仅提出任务而不注意实行时候的工作方法，不反对官僚主义的工作方法而采取实际的具体的工作方法，不抛弃命令主义的工作方法而采取耐心说服的工作方法，那末，什么任务也是不能实现的。”❶ 1938 年 10 月 14 日在党的六届六中全会所作的政治报告中，毛泽东再次指出：“共产党员在政府工作中，应该是十分廉洁、不用私人、多做工作、少取报酬的模范。共产党员在民众运动中，应该是民众的朋友，而不是民众的上司，是诲人不倦的教师，而不是官僚主义的政客。共产党员无论何时何地都不应以个人利益放在第一位，而应以个人利益服从于民族的和人民群众的利益。”“自私自利，消极怠工，贪污腐化，风头主义等等，是最可鄙的”❷。1941 年 11 月 6 日在《陕甘宁边区参议会的演说》中，毛泽东又一次强调：“共产党员决不可自以为是，盛气凌人，以为自己是什么都好，别人是什么都不好；决不可以把自己关在小房子里，自吹自擂，称王称霸。……共产党是为民族、为人民谋利益的政党，它本身决无私利可图。它应该接受人民的监督，而决不应该违背人民的意旨。它的党员应该站在民众之中，而决不应该站在民众之上。”❸

进入 21 世纪新阶段，直面全面建设小康社会、逐步实现人民共同富裕、构建社会主义和谐社会过程中出现的种种现象和问题，中国共产党人反复强调，始终坚持人民的利益高于一切；党除了最广大人民的利益，没有自己特殊的利益；党的一切工作，必须以最广大人民的根本利益为最高标准。在庆祝中国共产党成立八十周年大会上的讲话中，江泽民指出：“全心全意为人民服务，立党为公，执政为民，是我们党同一切剥削阶级政党的根本区别。任何时候我们都必须坚持尊重社会发展规律与尊重人民历史主体地位的一致性，坚持为崇高理想奋斗与为最广大人民谋利益的一致性，坚持完成党的各项工作与实现人民利益的一致性。”“所有党员干部必须真正代表人民掌好权、用好权，而绝不允许以权谋私，绝不允许形成既得利益集团。”❶ 在庆祝中国共产党成立九十周年大会上讲话中，胡锦涛不仅明确指出：“来自人民、植根人民、服务人民，是我们党永远立于不败之地的根本。以人为本、执政为民是我们党的性质和全心全意为人民服务根本宗旨的集中体现，是指引、评价、检验我们党一切执政活动的最高标准。全党同志必须牢记，密切联系群众是我们党的最大政治优势，脱离群众是我们党执政后的最大危险。我们必须始终把人民利益放在第一位，把实现好、维护好、发展好最

---

❶ 《毛泽东选集》第一卷，人民出版社，1991 年，第 140 页。

❷ 《毛泽东选集》第二卷，人民出版社，1991 年，第 522 页。

❸ 《毛泽东选集》第三卷，人民出版社，1991 年，第 809 页。

❶ 《江泽民文选》第三卷，人民出版社，2006 年，第 279、280 页。

广大人民根本利益作为一切工作的出发点和落脚点，做到权为民所用、情为民所系、利为民所谋"，"每一个共产党员都要把人民放在心中最高位置，尊重人民主体地位，尊重人民首创精神，拜人民为师"，"坚持问政于民、问需于民、问计于民，真诚倾听群众呼声，真实反映群众愿望，真情关心群众疾苦"，而且在70分钟1.4万余字的讲话中，"人民"一词用了136次，平均每30秒、104个字就出现一次"人民"。

（二）"三个有利于"价值评价观

只有人民群众是价值创造的主体，是价值享有的主体，自然而然，也只有人民群众才是价值评价的主体。用邓小平1990年3月3日在同中央几位负责同志谈到"国际形势和经济问题"时的话说："究竟每年增长速度要达到多少？我们现在的算法准不准确，可不可靠？……这个要老老实实地计算，要最终体现在人民的生活水平上。生活水平究竟怎么样，人民对这个问题感觉敏锐得很。我们上面怎么算账也算不过他们，他们那里的账最真实。"[1] 正因为如此，在建党90周年大会上的讲话中，胡锦涛指出："以人为本、执政为民，是指引、评价、检验我们党一切执政活动的最高标准。"

值得注意的是，"以人为本、执政为民"是"指引、评价、检验我们党一切执政活动的最高标准"，而不是"唯一标准"。众所周知，人民群众的生活水平，不是抽象的，而是具体的，是基于一定的物质基础和一定的时空场域的。离开了作为物质基础的生产力水平和作为时空保障的综合国力，人民群众的生活水平就成了一句空话。这一方面，从生产力落后、备受列强欺凌压榨的近代中国人民的生活状况看得非常明白。在近代中国人那里，无论是生活的质，还是生活的量，都是很低的。

坚持马克思主义价值理论的立场、观点和方法，邓小平不仅高度强调科学的价值评价标准的重要性，注重价值评价标准的激励、规范和导向作用，不断探索和发展价值评价标准理论，推进价值评价标准从被误解、被讹传的1962年的"猫论"到1992年的"三个有利于"标准的完善化和科学化，而且在突出"时刻关注最广大人民的利益和愿望，把'人民拥护不拥护'、'人民赞成不赞成'、'人民高兴不高兴'、'人民答应不答应'作为制定各项方针政策的出发点和归宿"[2] 的同时，始终注重生产力标准和综合国力标准。

"猫论"源于四川农村的一句俗语："黄猫、黑猫，只要捉住老鼠的就是好

---

[1] 《邓小平文选》第三卷，人民出版社，1993年，第354～355页。

[2] 《十四大以来重要文献选编》（上），人民出版社，1996年，第450～451页。

猫”，它反映了农村小生产者对待事物所采取的实用主义价值取向。在革命战争年代，刘伯承用来形象地说明战略战术应该从实际出发，反对军事教条主义。邓小平1962年7月连续两次用来形象地说明社会主义农业生产关系的具体形式问题，反对单一化。第一次是7月2日，作为总书记的邓小平在中共中央书记处讨论如何恢复和发展农业生产的讲话中说，不管黄猫黑猫，哪一种方法有利于恢复生产，就用哪一种方法。我赞成认真研究一下包产到户。群众要求，总有道理。第二次是7月7日，邓小平在接见出席中国共产主义青年团三届七中全会全体同志的讲话中说：“生产关系究竟以什么形式为最好，恐怕要采取这样一种态度，就是哪种形式在哪个地方能够比较容易比较快地恢复和发展农业生产，就采取哪种形式；群众愿意采取哪种形式，就应该采取哪种形式，不合法的使它合法起来。……刘伯承同志经常讲一句四川话：‘黄猫、黑猫，只要捉住老鼠的就是好猫。’这是说的打仗。……现在要恢复农业生产，也要看情况，就是在生产关系上不能完全采取一种固定不变的形式，看用哪种形式能够调动群众的积极性就采用哪种形式。”[1] 不难看出，在这里，邓小平使用“猫论”这一形象生动的俗语，强调的不是实用主义的价值取向，相反，突出的正是生产力标准——“有利于恢复生产”、“比较容易比较快地恢复和发展农业生产”和人民生活标准——“群众要求”“群众愿意”。

然而，历史却不仅没有让人们注意到邓小平讲话的实质，反而让人们忽略了邓小平在这一段话中明确指出的“这些都是初步意见，还没有作最后决定，以后可能不算数”[2] 的提示。自然，也就更难让人们注意到邓小平提出“三个有利于”标准的讲话中前一节的表态：“一开始就自以为是，认为百分之百正确，没那么回事，我就从来没有那么认为。”[3] 于是，当人们混淆“猫论”这一俗语和邓小平对这一俗语的使用后，也就不知不觉地使“猫论”经由邓小平的使用而虚化为一种具有理论价值和普遍指导意义的东西，甚至把“猫论”作为邓小平理论来加以援引发挥。显然，这不仅不是对待邓小平理论的科学态度，而且是断章取义，使“猫论”被误解、被讹传。对于此，在改革开放初期，尤其是开展“实践是检验真理的唯一标准”大讨论的特定时刻，当薄一波问及对“白猫黑猫”这个说法的看法时，邓小平给出了一个意味深长、耐人寻味的回答：“第一，我现在不收回；第二，我是针对当时的情况说的。”[4] 不难发现，邓小平明确反对对“猫论”的神化和曲解，正如他强调只有完整地准确地理解毛泽东思

---

[1] 《邓小平文选》第一卷，人民出版社，1994年，第323页。

[2] 《邓小平文选》第一卷，人民出版社，1994年，第323页。

[3] 《邓小平文选》第三卷，人民出版社，1993年，第372页。

[4] 周锟、李胜：《小平同志敬老崇文二三事》，《人民日报》，2010年5月26日。

想“才不至于割裂、歪曲毛泽东思想，损害毛泽东思想”一样。

也正因为如此，《邓小平生平全纪录》一书在叙及“猫论”时指出，实事求是，从实际出发，具体问题具体分析，是“猫论”唯一的内在含义，同时也是我们应用“猫论”的正确尺度。别有用心者将“猫论”歪曲为实用主义的选择标准，实质是企图利用“猫论”迷惑群众，改变改革开放的政治方向，使资本主义道路合理化。许多好心的同志片面地夸大“猫论”的用途，或者把“猫论”当成一种哲学观点，用来阐释邓小平思想理论发展的基础，或者把“猫论”当作具有普遍意义的方法论原则，曲解为选择和评价的唯一标准，这些误解已在一定程度上混淆了人们的思想，造成了理论上的混乱，并且给我们的实际工作带来了消极影响，必须予以勘正和澄清。该“纪录”特别提醒读者，应用“猫论”必须小心谨慎，把握住准确的尺度，尤其要注意防止实用主义的倾向，严格掌握“猫论”的应用范围。❶

考察《邓小平文选》等文献，尤其是十一届三中全会以来党和国家的重要文献，除了上述两次阐述生产力标准和人民生活标准引用过“猫论”外，一般皆直接使用“生产力是否发展”、“是否有助于人民的富裕幸福”、“是否有助于国家的兴旺发达”等表述。在1978年9月16日听取中共吉林省委常委汇报工作时的谈话中，邓小平指出：“按照历史唯物主义的观点来讲，正确的政治领导的成果，归根结底要表现在社会生产力的发展上，人民物质文化生活的改善上。”❷同年12月13日，在中共中央工作会议闭幕会上的讲话——实际上成为十一届三中全会主题报告的《解放思想，实事求是，团结一致向前看》中，邓小平指出：“为人民造福，为发展生产力、为社会主义事业作出积极贡献，这就是主要的政治标准。”❸ 在这里，邓小平已经初步表达出了后来的“三个有利于”标准。

此后，邓小平反复重申生产力标准、人民生活标准和综合国力标准。在1980年5月5日会见几内亚总统杜尔的谈话中，邓小平说：“社会主义经济政策对不对，归根到底要看生产力是否发展，人民收入是否增加。这是压倒一切的标准。空讲社会主义不行，人民不相信。”❹ 在1983年1月12日同国家有关部门负责同志的谈话中，邓小平说：“各项工作都要有助于建设有中国特色的社会主义，都要以是否有助于人民的富裕幸福，是否有助于国家的兴旺发达，作为衡量做得对或不对的标准。”❺

---

❶ 苏台仁：《邓小平生平全纪录》（下），中央文献出版社，2009年，第618～621页。

❷ 《邓小平文选》第二卷，人民出版社，1994年，第128页。

❸ 《邓小平文选》第二卷，人民出版社，1994年，第151页。

❹ 《邓小平文选》第二卷，人民出版社，1994年，第314页。

❺ 《邓小平文选》第三卷，人民出版社，1993年，第23页。

1992 年，面对改革开放中出现的把生产力标准简单化、庸俗化的倾向，以及因苏联东欧剧变等国际国内因素带来的“认为和平演变的主要危险来自经济领域”、凡事先争论姓“社”还是姓“资”的左倾倾向，邓小平运用马克思主义的历史唯物主义立场、观点和方法深刻地指出：“判断的标准，应该主要看是否有利于发展社会主义社会的生产力，是否有利于增强社会主义国家的综合国力，是否有利于提高人民的生活水平。”❶ 值得注意的是，第一，邓小平在这里明确回答了姓“社”姓“资”的争论问题，即关键不是“问不问”姓“社”姓“资”的问题，而是怎样“问”姓“社”姓“资”的问题。第二，“三个有利于”标准把唯物史观的基本原理与国际国内的具体形势结合起来，把社会发展的根本动力同社会主义制度和人民的生活水平统一起来，明晰、具体、确定，不仅消除了实践标准和生产力标准在现实生活中的模糊性和歧义性，而且科学地回答了实践的合理性问题。第三，“三个有利于”标准是一个有机的整体，不可分割；在其内部关系上，三者之间是一个层层递进的关系，不可颠倒。生产力标准是就其归根结底的意义上说的，是基础，必须也必然体现在国家和人民两个层面，即社会主义国家的综合国力和人民的生活水平上，而且最终落脚于人民群众物质生活和精神生活的质与量的提高这一终极目的。亦即是说，人民生活水平的提高是“三个有利于”标准中的终极标准和最高标准。

（三）先进文化价值构念观

作为文化的核心和灵魂，就其建构效果而言，有什么样的价值观，就会有什么样的文化；没有一以贯之的价值观，一种文化就立不起来，更强不起来。党的十七届六中全会指出：“社会主义核心价值体系是兴国之魂，是社会主义先进文化的精髓，决定着中国特色社会主义发展方向。”而就其生成过程而言，则是有什么样的文化，才会有什么样的价值观。用法国哲学家、行动的人道主义者阿尔贝特·施韦泽论述“文化和世界观”的话说：“无世界观（这里的“世界观”应该是“价值观”的意思。——引者注）的世界观在所有方面都是最没有价值的世界观，它不仅是精神生活的毁灭，而且也是整个社会生活的毁灭。……我们时代的重建必须以世界观的重建开始。这种看起来遥远和抽象的东西是如此地紧迫，几乎没有别的东西可与它相比。如果我们重新安居于文化世界观的纯正思想大厦之中，并且从中共同接受一种生活和行动的理念的话；那么，一种具有宏伟定向理念的社会将重新形成，并且会把这种理念付诸现实。从新的理念中我们必

---

❶ 《邓小平文选》第三卷，人民出版社，1993 年，第 372 页。

然会创造新的历史。”[1] 也就是说，价值观不是自生自长的，而是在一定的文化中孕育而成。价值观的性质决定于作为其背景和场域的文化的性质，建设先进的价值观必须基于先进文化的价值构念。恩格斯指出：“文化上的每一个进步，都是迈向自由的一步。”[2]

何谓先进文化？在庆祝中国共产党成立七十周年大会上的讲话中，江泽民提出：“抵制一切落后的腐朽的思想文化影响，不断创造出先进的健康的社会主义崭新文化。”[3] 在庆祝中国共产党成立八十周年大会上的讲话中阐述“我们党要始终代表先进文化的前进方向”时更明确指出：“社会主义文化在我国已经居于主导地位。但是，由于历史和现实的原因，社会上还存在一些带有迷信、愚昧、颓废、庸俗等色彩的落后文化，甚至还存在一些腐蚀人们精神世界、危害社会主义事业的腐朽文化。”[4] 这就是说，在一般意义上，先进文化是相对于落后文化、腐朽文化而言的，是一个历史的范畴。与“带有迷信、愚昧、颓废、庸俗等色彩的落后文化”和“腐蚀人们精神世界、危害社会主义事业的腐朽文化”相反，先进文化是合乎人类社会的文化发展方向、反映文化进步的时代潮流、体现先进文化生产力的发展要求、满足人民群众精神文化需求的文化。[5] 值得注意的是，先进文化与时间先后有一定的联系，但并不构成正相关关系，不能将“先后”这一时间范畴作为区分文化先进与否的根据，不能笼统地将过去等同于落后，将将来等同于先进。

“合乎人类社会的文化发展方向、反映文化进步的时代潮流、体现先进文化生产力的发展要求、满足人民群众精神文化需求”的先进文化，具体到当代中国，从时空维度来说，就是“面向现代化、面向世界、面向未来”的文化；论其性质和内涵，则是“民族的科学的大众的社会主义文化”。正因为如此，在庆祝中国共产党成立八十周年大会上的讲话中，江泽民指出：“在当代中国，发展先进文化，就是发展有中国特色社会主义的文化”，亦即“发展面向现代化、面向世界、面向未来的，民族的科学的大众的社会主义文化”，“建设社会主义精

---

[1] ［法］阿尔贝特·施韦泽：《文化哲学》，陈泽环译，上海人民出版社，2008 年，第 86～87 页。

[2] 《马克思恩格斯选集》第 3 卷，人民出版社，1995 年，第 456 页。

[3] 《江泽民文选》第一卷，人民出版社，2006 年，第 158～159 页。

[4] 《江泽民文选》第三卷，人民出版社，2006 年，第 278 页。

[5] 党的十六届四中全会在阐述“不断提高建设社会主义先进文化的能力”时指出：要牢牢把握先进文化的前进方向，坚持为人民服务、为社会主义服务的方向，贴近实际、贴近生活、贴近群众，创新内容、创新形式、创新手段；要善于把人民群众的实践经验升华为理论，善于用理论创新的成果指导路线方针政策的制定，通过理论创新推动制度创新、科技创新、文化创新以及其他各方面的创新；要坚持把文化发展的着力点放在满足人民群众精神文化需求和促进人的全面发展上，深化文化体制改革，解放和发展文化生产力（《十六大以来重要文献选编》（中），中央文献出版社，2006 年，第 283～284 页）。

神文明”。[1] 在这一表述的基础上，党的“十六大”进一步明确凝练为：“在当代中国，发展先进文化，就是发展面向现代化、面向世界、面向未来的，民族的科学的大众的社会主义文化，以不断丰富人们的精神世界，增强人们的精神力量。”[2]

在马克思主义中国化的过程中，“面向现代化、面向世界、面向未来”的系统表达最初出现于邓小平1983年10月1日为景山学校的题词中，原文为“教育要面向现代化、面向世界、面向未来”，因而在一个相当长的时期内，只是作为教育的方针加以宣传贯彻。实际上，从形式和内容的相互关系来分析，教育至少包括教育形式和教育内容两个方面。也就是说，“教育要面向现代化、面向世界、面向未来”，既需要教育方法、教育手段等教育形式“面向现代化、面向世界、面向未来”，更需要作为教育内容的“文化”“面向现代化、面向世界、面向未来”。正如我国高等教育学科创始人潘懋元教授1996年在《改进高校德育工作的两个问题——〈社会主义市场经济与高等学校德育建设〉序》中指出的：当前学校德育工作之所以难于解决，“首先是认识上的困惑，其次是有效的方法不多或虽有而得不到推广应用”。其中认识上的困惑，最深层次的是，“在市场经济体制下对什么是正确的道德观的认识问题”，正是这一根本的困惑导致“在实际上而不是在文字上难以确立高等学校的德育目标”，进而“在德育实践上不能理直气壮地解释或解决实际问题”。于是，“某些方法的采用，虽然见效于一时，但不能在学生思想深处扎根，在市场经济负面的冲击下便显得苍白无力”。[3] 因此，在庆祝中国共产党成立七十周年大会上的讲话中阐述“中国特色社会主义文化”时，江泽民指出，“只有深深植根于中国大地和依靠人民的力量，面向现代化、面向世界、面向未来，才能创造出无愧于伟大时代的社会主义文化”[4]，亦即将“面向现代化、面向世界、面向未来”明确为中国特色社会主义文化的基本特征。值得注意的是，这里的“面向现代化”，面向的是中国特色社会主义的现代化，而不是以资产阶级文化为主要内容的西方模式的现代化；“面向世界”，即面向世界的先进文化成果，而不是西方文化；“面向未来”，即面向人类文化的发展规律、发展趋势和发展前景，而不是“新瓶装旧酒”，重复变异的落后文化和腐朽文化。一言以蔽之，“面向现代化、面向世界、面向未来”意在彰显生成中国特色社会主义核心价值观念的先进文化的现代性、开放性和开拓性。

---

[1] 《江泽民文选》第三卷，人民出版社，2006年，第276页。

[2] 《江泽民文选》第三卷，人民出版社，2006年，第559页。

[3] 潘懋元：《改进高校德育工作的两个问题——〈社会主义市场经济与高等学校德育建设〉序》，《高等教育研究》，1996年第2期。

[4] 《江泽民文选》第一卷，人民出版社，2006年，第160页。

“民族的科学的大众的文化”，是毛泽东1940年在《新民主主义论》中阐述的文化观，是毛泽东对近代中国思想文化领域“古今中西”之争的历史总结和科学解答，也是毛泽东对中国新民主主义文化基本性质的科学定位。近代中国的中心问题是“中国向何处去”，表现在思想文化领域，也就是“古今中西”之争，即如何向西方学习，并且对中国传统文化进行反省，从而寻求救国救民的真理。针对“全盘西化论”、“中国文化本位论”、“中体西用论”等形而上学的文化观，毛泽东以历史唯物主义为方法论基础，运用马克思主义文化理论科学地指出，中华民族的新文化，是“民族的科学的大众的文化”。其中，“民族的”意指在“大量吸收外国的进步文化，作为自己文化食粮的原料”时，要“和民族的特点相结合”，要立足于民族形式和民族特性来批判吸收外来文化，反对“全盘西化”。美国文化人类学家本尼迪克特指出：“一种文化就如一个人，是一种或多或少一贯的思想和行动的模式。各种文化都形成了各自的特征性目的，它们并不必然为其他类型的社会所共有。各个民族的人民都遵照这些文化目的，一步步强化自己的经验，并根据这些文化内驱力的紧迫程度，各种异质的行为也相应地愈来愈取得了融贯统一的形态。”❶“科学的”意指“实事求是”，客观地面对历史，“给历史一定的科学的地位，尊重历史的辩证法的发展”。在清理古代文化的发展过程中，“将古代封建统治阶级的一切腐朽的东西和古代优秀的人民文化”区别开来，既“反对一切封建思想和迷信思想”，又“吸收其民主性的精华”。“大众的”，在毛泽东看来，有三个层面的内涵，目的上，“为全民族中百分之九十以上的工农劳苦民众服务，并逐渐成为他们的文化”；途径上，“要把教育革命干部的知识和教育革命大众的知识在程度上互相区别又互相联结起来，把提高和普及互相区别又互相联结起来”；方式上，“文字必须在一定条件下加以改革，言语必须接近民众”。❷不难看出，“民族的科学的大众的文化”内在地包含了“为人民服务、为社会主义服务”的文化发展方向和“百花齐放、百家争鸣”的文化发展方针。因此，党的“十五大”继承、发展毛泽东的文化观，在“面向现代化、面向世界、面向未来”的时空维度基础上，明确“民族的科学的大众的社会主义文化”为中国特色社会主义文化的基本内涵，并赋予“民族的科学的大众的”以新的时代内涵，使之具有鲜明的时代特色。

由此可见，建设中国特色社会主义核心价值体系，当且仅当基于“发展面向现代化、面向世界、面向未来的，民族的科学的大众的社会主义文化”这一具体的先进文化构念。

---

❶ ［美］鲁思·本尼迪克特：《文化模式》，张燕、傅铿译，浙江人民出版社，1987年，第45页。

❷ 《毛泽东选集》第二卷，人民出版社，1991年，第706～709页。

（四）科学发展价值战略观

马克思主义认为，作为与人的生命意识、生存状态和生活目标等紧密联系的有关价值问题的总体看法和根本观点，无论是个体层面的价值观，还是群体层面的价值观，都不是先验的、既定的，而是在文化发展和建设过程中不断升华提炼而成的，是一种不断生成的具有范导和形塑功能的文化观念。基于此，中国共产党人要求，在“大力发展先进文化，支持健康有益文化，努力改造落后文化，坚决抵制腐朽文化”[1] 的中国特色社会主义文化建设过程中，解放思想，转变观念，深化对社会主义先进文化发展方向、发展动力、发展思路、发展格局、发展目的的认识，牢固树立“新的文化发展观”，亦即“从计划经济体制下形成的传统文化发展观中解放出来，树立与社会主义市场经济体制相适应的新的文化发展观”[2]。落实到社会主义先进文化精髓的社会主义核心价值体系，也就是始终坚持“科学发展”这一价值战略观，创新方式方法，健全制度保障，把社会主义核心价值体系融入国民教育、精神文明建设和党的建设全过程，贯穿改革开放和社会主义现代化建设各领域，体现到精神文化产品创作生产传播各方面，从而全面、持续、有效地提升最广大人民群众的国民信仰，增进全体社会成员的国家认同和社会共识，增强中华民族的凝聚力和创造力，为中国特色社会主义现代化建设提供有力的思想保证、精神动力和智力支持。

回顾一百七十余年的中国现代化进程，作为一种后发外生型的现代化，大致经历了从畏惧现代化到追寻现代化，继而又脱离现代化、误解现代化、拒斥现代化的曲折历程，最终才走上探索现代化的中国特色社会主义道路。正是对中国现代化建设正反两方面的历史经验、尤其是改革开放以来中国特色社会主义现代化建设成功经验的科学总结，中国共产党人立于时代前沿，从指导思想层面明确提出了“以人为本、全面协调可持续发展”这一具有世界观和方法论意义的科学发展观。胡锦涛指出，科学发展观是“从新世纪新阶段我国发展全局出发提出的重大战略思想”，“总结了二十多年来我国改革开放和现代化建设的成功经验，揭示了经济社会发展的客观规律，反映了我们党对发展问题的新认识”。“要抓住发展机遇、破解发展难题，把全面建设小康社会和社会主义现代化事业推向前进，关键是要坚持以科学发展观统领经济社会发展全局”，进一步“转变发展观念，创新发

---

[1] 《十六大以来重要文献选编》（上），中央文献出版社，2005 年，第 29 页。

[2] 李长春：《全面落实科学发展观，深入推进文化体制改革》，见《十六大以来重要文献选编》（下），中央文献出版社，2008 年，第 378 ~ 379 页；李长春：《在文化体制改革试点工作会议上的讲话》，见《十六大以来重要文献选编》（上），中央文献出版社，2005 年，第 342 页。

展模式、提高发展质量”，切实“把科学发展观贯穿于发展的整个过程和各个方面”，“把经济社会发展转入以人为本、全面协调可持续发展的轨道”。[1]

“把经济社会发展转入以人为本、全面协调可持续发展的轨道”，也就是实现社会发展由物的发展向人的发展的转向，实现人的发展由物质生活的满足向精神生活的提升，亦即实现“人的价值”。党的十七届六中全会在阐述“深化文化体制改革，推动社会主义文化大发展大繁荣”时强调：“以科学发展为主题，以建设社会主义核心价值体系为根本任务，以满足人民精神文化需求为出发点和落脚点”。

从时间和形式上说，建设社会主义核心价值体系，是中国共产党人继科学发展观后的又一重大战略性决策。在目前的实际工作中，正因为部分人员和部分部门囿于这一形式层面的肤浅认识，往往把建设社会主义核心价值体系与实践科学发展观当作不同部门、不同范畴的事情，即把建设社会主义核心价值体系当作思想文化建设部门的事情，而把贯彻落实科学发展观当作经济管理部门的事情。实质上，从内容来看，社会主义核心价值体系与科学发展观是有机联系、内在统一的，社会主义核心价值体系是科学发展观“以人为本”价值论的具体表达，贯彻落实科学发展观是建设社会主义核心价值体系的现实途径。众所周知，社会主义核心价值体系建设，绝不仅仅是一个观念体系的建设问题，而是与每一个现实的个人的生命意识、生存状态和生活目标密切相关的，是社会整体的经济、政治、文化、社会、生态等多种因素综合作用的结果，是包括以马克思主义为指导的中国共产党人、以中国共产党领导的服务型政府组织和服务于中国特色社会主义建设的 NGO（非政府组织）为基本构成的法人和自然人在内的最广大人民群众的共同责任和使命。

可见，坚持科学发展价值战略观，建设社会主义核心价值体系，首先，坚持以最广大人民群众中每一个现实的个人为出发点和落脚点，亦即以每一个现实的个人的生存状况和生活目标为出发点和落脚点。马克思恩格斯指出：“我们开始要谈的前提不是任意提出的，不是教条，而是一些只有在想象中才能撇开的现实前提。这是一些现实的个人，是他们的活动和他们的物质生活条件，包括他们已有的和由他们自己的活动创造出来的物质生活条件。”[2] 显而易见，马克思主义反对从抽象的人出发，反对从主观的臆想的前提出发，而主张从肉体与精神统一的现实的个人的“生活条件”出发。从这一意义上说，作为一种关系范畴的“价值”，是一定的对象对于人的生活的意义，对于人的生存和发展的意义，是

[1] 《十六大以来重要文献选编》（中），中央文献出版社，2006 年，第 61 ~ 62、1090 ~ 1091 页。

[2] 《马克思恩格斯选集》第 1 卷，人民出版社，1995 年，第 66 ~ 67 页。

一种客观的意义，而不是对于带有模糊性和主观性的“人的需要”的意义。换言之，将“价值”定义为特定属性的客体对于主体需要的意义，就难免走向把各种社会问题归结为或主要归结为“人的需要”问题，进而归结为以“需要”为表现形式的人们的思想观念问题，从而导致价值主观主义。改革开放前在党内存在的严重的“左”倾思想，只讲思想教育，忽视生活条件，似乎只要人们确立了共产主义思想，中国社会就能进入共产主义，正是这一逻辑的典型表现。总结中国现代化建设正反两方面经验的“以人为本”的科学发展观，作为社会主义核心价值体系建设的重大战略思想，其突出特点在于，从最广大人民群众中每一个现实的个人的生活条件出发，并以每一个现实的个人生活状况的改善和提升为落脚点，而不是如改革开放前曾经出现的，形式上肯定人民群众的历史作用和历史地位，实质上否定构成人民群众的具体个人的平等权利，使人民群众成为一种空洞的形式，甚至成为当权者随意利用的最好的借口。

其次，坚持科学发展价值战略观，建设社会主义核心价值体系，以社会制度体系的合理设计和安排为基本保障。恩格斯指出：“在社会发展某个很早的阶段，产生了这样一种需要：把每天重复着的产品生产、分配和交换用一个共同规则约束起来，借以使个人服从生产和交换的共同条件。这个规则首先表现为习惯，不久便成了法律。”❶ 可见，从根本的意义上说，道德规范、法律规定以及由此形成的社会制度，都是一种公开的规范体系，一种调整人们之间利益格局、配置人们权利与义务的价值规范体系。其中，价值体系是制度体系的“魂”，不同的价值体系构成不同制度体系的内在精神和品格，使不同的制度体系呈现出不同的特征和气质；制度体系是价值体系的“体”，任何制度体系都是围绕一定价值理想、价值目标、价值规范的制度安排，都承载着一定的价值理想、价值目标和价值规范。因而，尽管从归根结底的意义上说，人们自觉或不自觉地，总是“从他们进行生产和交换的经济关系中，获得自己的伦理观念”❷ 和价值观念，但在实际的日常生活中，人们恰恰总是首先从他们生活其中的经济制度、政治制度、文化制度等社会制度体系所提供的价值体系中获得自己具体的价值观念。对于现实生活中的人们来说，社会制度体系所显明的价值理想、价值目标和价值规范，是他们价值观生成、变化、发展的直接来源。从这一意义上说，建设社会主义核心价值体系的过程，也就是社会制度体系设计安排的合理化过程，离开了社会制度体系设计安排的合理性，也就弱化甚至消解了社会主义核心价值体系建设的实效性。

---

❶ 《马克思恩格斯选集》第3卷，人民出版社，1995年，第211页。

❷ 《马克思恩格斯选集》第3卷，人民出版社，1995年，第434页。

再次，坚持科学发展价值战略观，建设社会主义核心价值体系，也就是坚持价值导向、价值规范和价值运动的统一。毫无疑问，社会主义核心价值体系，作为社会主义核心价值规范的集合体，具有鲜明的价值导向；作为马克思主义历史观与价值观的统一体，以合乎社会历史发展规律为基本依据，以人民群众的根本利益为主要尺度，以人的自由全面发展为最高理想。因而，对于社会主义核心价值体系，必须从动态的角度来把握，必须基于其中各个构成因子的相互作用及其辩证运动过程，而不能简单地、抽象地理解为实存核心价值规范的静态的体系。在对施蒂纳从寻找抽象的"本质"出发探讨共产主义的批评中，马克思强调："共产主义是用实际手段来追求实际目的的最实际的运动。"[1] 在这里，马克思不仅明确用"运动"否定那种对共产主义的先验的本质规定，而且明确指出共产主义运动的内容是"用实际手段来追求实际目的"。这就告诉我们，不但要从"价值运动"的高度来理解和把握社会主义核心价值体系，而且要用贴近大众、贴近实际、贴近生活的大众化的方式来建设社会主义核心价值体系。改革开放前的实践证明，社会主义核心价值体系建设必须具有一定的前瞻性和超越性，但也不是越理想越先进越好。过度的"先进"必然脱离实际脱离群众，倡导一些人民群众或者说大多数群众难以做到的东西，最终必然沦为大话、空话甚至假话。

二、中国传统价值观的现代转化与承继

中国特色社会主义核心价值体系，作为马克思主义价值理论与中国实践、中国历史、中国文化相结合的产物，必然与中国传统价值观有着内在的联系。众所周知，传统是一种流动的存在，是基于群体的生存状态而形成的代代相传的生活方式，是已经积淀在人们的行为模式、思想方法、情感态度中的活的现实存在。因而，抛弃了中国传统价值观的精神内核，也就是失去了中国特色社会主义核心价值体系的民族特色，背离了中国特色社会主义核心价值体系的本真意蕴。当然，这种联系不是传统的简单重复与再现，而是传统的现代转化与承继。1940年1月9日在陕甘宁边区文化协会第一次代表大会上的讲演中，毛泽东明确强调："我们必须尊重自己的历史，决不能割断历史。但是这种尊重，是给历史以一定的科学的地位，是尊重历史的辩证法的发展，而不是颂古非今，不是赞扬任何封建毒素。"[2] 正是在转化和承继的意义上，胡锦涛2006年4月21日在美国耶鲁大学的演讲中指出："中华文明是世界古代文明中始终没有中断、连续五千多

---

[1] 《马克思恩格斯全集》第3卷，人民出版社，1960年，第236页。

[2] 《毛泽东选集》第二卷，人民出版社，1991年，第708页。

年发展至今的文明。中华民族在漫长历史发展中形成的独具特色的文化传统，深深影响了古代中国，也深深影响着当代中国。现时代中国强调的以人为本、与时俱进、社会和谐、和平发展，既有着中华文明的深厚根基，又体现了时代发展的进步精神。"[1] 党的十七届六中全会进一步从先进文化建设角度指出："中国共产党从成立之日起，就既是中华优秀传统文化的忠实传承者和弘扬者，又是中国先进文化的积极倡导者和发展者。"这里所说的"中华文明的深厚根基"、"中华优秀传统文化"，核心就是作为中国优秀传统文化灵魂的中国优秀传统价值观。

（一）和为贵

近现代西方文化用以反对中世纪"神本主义"的"人本主义"，实质上是在古代本体论的逻辑前提下，站在抽象的人的立场，以"抽象的人的理性"来理解世界、认识世界、诠释世界、控制世界，亦即以"抽象的人的理性"为本。与西方文化理解人的方式不同，中国传统文化是在人与世界的关系中来思考人的价值。《周易·系辞下》曰："有天道焉，有人道焉，有地道焉。兼三才而两之，故六。六者非它也，三才之道也。""立天之道曰阴与阳，立地之道曰柔与刚，立人之道曰仁与义。兼三才而两之，故《易》六画而成卦。"《春秋繁露·立元神》云："天地人，万物之本也，天生之，地养之，人成之，……三者相为手足，合以成体，不可一无也。"民众耳熟能详的国学启蒙读物《三字经》简言："三才者，天地人。"显而易见，中国传统文化所讲的"人"，与近现代西方文化所讲的"人"是不一样的。中国传统文化所说的"人"是处于天、地、人统一关系中的"人"，是自然规律和社会规律统一体中的"人"。在中国传统文化中，人不是超然地站在世界之外的，而是生于世界之中、长于世界之中的。人是世界的人，世界是人的世界。从这一意义上说，中国传统文化的核心思维方式不是本体论，也不是认识论，而是价值论。

中国传统文化正是从天、地、人的价值统一关系中来理解人与世界、认识人与世界、诠释人与世界、追求人和世界的共存共生。因而，中国传统价值观主张"和为贵"（《论语·学而》）。"贵"，不言而喻，不是事实判断，而是价值判断。"和为贵"，就是认为"和"是最珍贵的价值，亦即最高的价值理想和价值目标。

当然，中国传统价值观的"和"是基于中国传统世界观的"和"。也就是说，在中国传统文化中，"和"不仅具有价值观意义，亦具有世界观和方法论意义。就其世界观层面而言，"和为贵"思想源自于人与世界的客观存在状态。众

---

[1] 《十六大以来重要文献选编》（下），中央文献出版社，2008 年，第 428 页。

所周知，无论是人，还是人之外的世界以及人与世界的关系，都不是孤立的、单一的，都是多样性的统一。没有无限的多样性，绝不可能形成丰富多彩的现实世界；没有具体的统一性，也绝不可能形成协调有序的现实世界。而在中国传统文化中，这种多样性的动态的统一，就是“和”。西周末年思想家史伯说：“以他平他谓之和，……和五味以调口，刚四支以卫体，正七体以役心，平八索以成人，建九纪以立纯德，合十数以训百体。”基于“以他平他”的动态世界观思考，史伯认为：“和实生物，同则不继”，反对“去和而取同”。他指出，以他平他，“故能丰长而物归之；若以同裨同，尽乃弃矣”（《国语·郑语》）。因而在方法论层面，中国传统思维方式突出强调以“天人合一”为内容、以“通变”为形式的辩证智慧。

贯通《易经》开创的以“天人合一”为内容、以“通变”为形式的辩证智慧，孔子认为人的道德是天赋予的。《论语·述而》有言：“天生德于予。”

于是，在文化核心的价值观“主体位格”——即人格层面，孔子以“和”与“同”作为判断君子与小人的价值评价标准。他说：“君子和而不同，小人同而不和”（《论语·子路》）。在孔子看来，君子与小人之“分殊”正如“和与同”之“分殊”，君子用自己正确的意见来纠正别人的错误，使一切都做到恰到好处；小人却只是盲从附和，却不肯表示自己的不同意见。

这样，孔子将道德实践与政治实践统一起来，将君子人格具体化为政治理念，提出了“和无寡”（《论语·季氏》）的政治主张。从深层来说，这里的“和”，不只是指和平、和睦、和气、和顺，更重要的是要求“去同取和”，做到和合、和谐。从这一意义上说，对于和谐社会、和谐政治的建设而言，不同的意见甚至是反对意见才是真正的良药，才是最大的贡献，而那些空洞无物的唯唯诺诺，恰恰是我们应该警惕的。《史记·商君列传》说：“千人之诺诺，不如一士之谔谔。”毛泽东1954年9月14日在中央人民政府委员会临时会议通过中华人民共和国宪法草案后的讲话中更明确指出：“要说一句话都不错，没有那回事。……一个人总是会有许多缺点的。如果觉得自己一点缺点也没有，‘老虎屁股摸不得’，那就不好了。……我们是靠老实吃饭，不靠摆架子吃饭。……如果共产党的领袖人物就说不得，各民主党派、人民团体的领导人物就说不得，那就不好了。……我们要实事求是。我们对一切事情要加以分析：好，就肯定；不好，就批评。”[1]

不难看出，道德—人格—政治一以贯之的中国传统“和为贵”价值观至少凸显了两个层面的基本内涵，即天人和谐、人际和谐。《周易·文言》云：“夫

---

[1] 《毛泽东文集》第六卷，人民出版社，1999年，第346～347页。

大人者，与天地合其德，与日月合其明，与四时合其序，与鬼神合其吉凶。"《周易·系辞上》曰："与天地相似，故不违。知周乎万物而道济天下，故不过。旁行而不流，乐天知命，故不忧。安土敦乎仁，故能爱。范围天地之化而不过，曲成万物而不遗。"也就是说，只有参与天地之中，认识自然规律和社会规律，并与自然规律和社会规律相互适应、相互协调的人，才是既有君子之德又有君子之行的人，即知行合一的人。而且，也只有既具君子之德又践君子之行的人，才能周知万物的情态，匡济天下而又坚持原则，乐天知命而又张扬德行，规导天地而无过失，成全万物而无遗漏，做到"先天而天弗违，后天而天奉时"。

正是在这一意义上，赵馥洁教授提出，中国传统哲学价值论是"以人为本位，以道德为主导，以功利和权力为两翼，以'自然无为'为补充，以群己和谐、天人和谐为真善美统一的理想境界的价值观念体系"。这一价值观念体系正是我们今天构建社会主义和谐社会的核心价值观念体系。这一价值观念体系"把肯定人的价值作为其全部理论的基础，全部理论都是为确立人在宇宙间的崇高价值地位而展开的"，在其中，"道德价值处于比其他价值更高的层次，并指导和制约着对其他价值的选择。道德渗透和贯穿于经济、政治、文化、科学、艺术以及社会风俗等各个价值领域之中，发挥着主导性的作用"。同时，在强调道德价值为主导的前提下，注重物质利益价值和政治权力价值的重要地位；在尊重人的社会能动作用的前提下，"强调顺应自然，不任意妄为，不过多干预，以缓冲由于过分推崇人的能动性而形成的人与自然之间的冲突，防止人力对自然环境的破坏"，最终"通过上述各价值要素在自己应处的价值层次上发挥作用，以及各价值要素间的相互制约，相互影响，从而实现个人和社会之间、人和自然之间的高度和谐，达到理想的价值境界"，即"真善美统一的境界"。[1]

（二）民惟邦本

道德与政治是两个从属于不同领域、具有相对独立性却又相互联系的范畴。就其区别而言，道德植根于社会领域，核心问题是作为个体存在的个人利益与作为群体和类存在的共同利益的关系问题；政治从属于国家领域，核心问题是国家政权问题。众所周知，社会是国家的载体，但社会不能等同于国家。社会是随着人类的产生而产生的，是以共同的生活和生产为基础的人们相互交往相互合作的联合体。马克思指出："人在积极实现自己本质的过程中创造、生产人的社会联系、社会本质，而社会本质不是一种同单个人相对立的抽象的一般的力量，而是

[1] 赵馥洁：《中国传统哲学价值论》，人民出版社，2009 年，第 9 ~ 10 页。

每一个单个人的本质，是他自己的活动，他自己的生活，他自己的享受，他自己的财富。”[1]“社会本身，即处于社会关系中的人本身。”[2] 与社会不同，恩格斯指出，国家是“社会在一定发展阶段上的产物”，是“从社会中产生但又自居于社会之上并且日益同社会相异化的力量”[3]。英裔美籍著名思想家托马斯·潘恩在广为流传的小册子《常识》中亦曾开宗明义指出：“好些人一开始就把社会和政府混为一谈，仿佛这两个概念彼此没有什么大的区别，或甚至于就没有区别，但实际上这二者不但不是一回事，甚至连起源都是不同的。”[4] 可见，从社会与国家、道德与政治的发生论来看，人首先是“社会的动物”，然后才是“政治的动物”，亦即首先是道德的存在，然后才是政治的存在。另一方面，国家产生以后，个人、社会、国家是紧密相连的，个人既是社会的成员，也是国家的成员。相应地，作为调节个人利益与共同利益的道德，不仅包括个人利益与社会共同利益的关系，而且包括个人利益与国家共同利益的关系，甚至在一定程度上，社会共同利益与国家共同利益是共通的。也就是说，在国家共同体中，道德不仅不能不与政治发生密切的联系，而且作为上层建筑的两个部分在功能上是相互作用、相互影响的。譬如，一般的个人道德问题不一定成为政治问题，一定群体的道德问题却极易成为政治问题；普通个人的道德行为不一定带有政治性，政府官员的道德行为却必然带有政治性。

正因为强调道德与政治的共同性，张扬道德的政治化和政治的道德化，将道德规范上升为政治原则，一方面，中国古代思想家、政治家们在认识能力的局限下未能对国家的起源与本质作出正确的解释，未能正确区分国家与社会的界限，混淆了政治与道德的关系；另一方面，又在“和为贵”的和合世界观、价值观指引下，深刻地指明了国家的权力基础——“民惟邦本，本固邦宁”（《尚书·夏书·五子之歌》），即只有百姓才是立国的根本，百姓稳固了，国家才会安宁，并由此形成了较为明确的政治道德——即关于政治理想、政治活动、政治秩序的价值观念、行为规范和从政者的道德品质等。孔子提出：“为政以德，譬如北辰，居其所而众星拱之”，“道之以政，齐之以刑，民免而无耻；道之以德，齐之以礼，有耻且格”（《论语·为政》）。

值得注意的是，在夏商周思想的基础上，诸子百家时期，政治家、思想家们即明确提出了“以民为本”和“以人为本”。在与齐景公论及“谋得事成之术”时，晏婴指出：“义，谋之法也；民，事之本也”，“谋度于义者必得，事因于民

---

[1] 马克思：《1844 年经济学哲学手稿》，人民出版社，2006 年，第 170 ~ 171 页。

[2] 《马克思恩格斯全集》第 31 卷，人民出版社，1998 年，第 108 页。

[3] 《马克思恩格斯选集》第 4 卷，人民出版社，1995 年，第 170 页。

[4] ［美］托马斯·潘恩：《常识》，何实译，华夏出版社，2003 年，第 2 页。

者必成”，“夫逃义而谋，虽成不安；傲民举事，虽成不荣。”（《晏子春秋·内篇问上》）在回答叔向所谓“世乱不遵道，上辟不用义，正行则民遗，曲行则道废”的二难选择时，晏婴直陈“持民”、“遵道”、“正行”的一致性：“卑而不失尊，曲而不失正者，以民为本也。苟持民矣，安有遗道；苟遗民矣，安有正行焉？”（《晏子春秋·内篇问下》）也就是在同一时期，道家学者庚桑楚提出：“所谓天下者，谓其有万物也。所谓邦国者，谓其有人众也。夫国以人为本，人安则国安。”（《亢仓子·君道》）被称为“春秋第一相”的管仲提出：“所谓霸王之所始也，以人为本。本理而国固，本乱而国危。”（《管子·霸言》）透过“人”与“国”的对举，究其实质，不言而喻，这里的“以人为本”，就是与“以君为本”、“以官为本”相对而言的“以民为本”。在古代中国“家国”社会中，“人”的内涵没有今天所说的个体、个人的意思，而是与“民”一样，处于君民关系之中，相对“君”、“官”而言的处于社会底层的黎民百姓、平民。他们与“君”、“官”的关系是“心”与“体”的关系。《礼记·缁衣》曰：“民以君为心，君以民为体。……君以民存，亦以民亡。”

尔后，经孟子、汉唐等思想家的阐扬，到明末清初，启蒙思想家黄宗羲突出强调人民作为主人和主权者的地位，以“公天下”取代“家天下”，提出了当权者应以天下为己任的积极主张。具体而言，君民关系上，黄宗羲提出：“天下为主，君为客”（《明夷待访录·原君》）；“天下之治乱，不在一姓之兴亡，而在万民之忧乐”（《明夷待访录·原臣》）。易言之，君主的一切行为，不应以一己之利害为转移，而应以天下是否受其利、释其害为旨归。执政理念上，出而为仕是“为天下，非为君也；为万民，非为一姓也”（《明夷待访录·原臣》）。也就是说，人民才是政治的实体，政治的一切设施都是为了人民。如果没有人民，君臣的名分就失去了根据。因而，臣子的所作所为，“以天下万民起见”（《明夷待访录·原臣》）。君不爱民不成其为君，臣不亲民不成其为臣。立法指向上，立天下之法，不立一家一姓之法。黄宗羲提出，有法与无法的区别在于法是天下之法还是一家之法。三代以前的君主不把天下当作自己的私产，不谋私利，法虽简疏，而乱不作。三代以后，君主以天下为私，为保护自己的私利和地位立法，法“无一毫为天下之心”，纯属“一家之法而非天下之法也”，结果“法愈密而天下之乱即生于法之中”（《明夷待访录·原法》）。议事原则上，不以天子之是非为是非，要“公其是非于学校”。他说，古代设立学校并不是单纯为了“养士”，而是凡遇国家大事，均由学校裁决。“天子之所是未必是，天子之所非未必非，天子亦遂不敢自是，而公其是非于学校”（《明夷待访录·学校》）。

综观由“民惟邦本”发展而成的中国传统“以民为本”政治价值观，不仅明确指出了人民与国家和谐统一关系中“民”的地位和作用，从“民”的角度显明了中华民族的传统价值观，而且体现了科学发展观“以人为本”的提出方式。作为中国特色社会主义价值观核心的“以人为本”，从普遍影响的产生过程来说，源自于领导层首先对自己提出的要求。因此对领导者来说，“以人为本”也就是“以民为本”，在“官”与“民”的关系中，必须把“民”放在首位。当然，“以人为本”中“人”的含义的外延比传统政治价值观中“民”的含义的外延要广泛得多，而且更为关键的是，“人”和“民”在各自政治价值观中的实质是完全不同的。在当代中国共产党人的“以人为本”中，“人”具有目的意义；在传统政治价值观中，“民”仅具有手段意义。2007 年 12 月 17 日在新进中央委员会的委员、候补委员学习贯彻党的“十七大”精神研讨班上的讲话中，胡锦涛说：“我们提出以人为本的根本含义，就是坚持全心全意为人民服务，立党为公、执政为民，始终把最广大人民的根本利益作为党和国家工作的根本出发点和落脚点，坚持尊重社会发展规律与尊重人民历史主体地位的一致性，坚持为崇高理想奋斗与为最广大人民谋利益的一致性，坚持完成党的各项工作与实现人民利益的一致性，坚持发展为了人民、发展依靠人民、发展成果由人民共享。以人为本，体现了马克思主义历史唯物论的基本原理，体现了我们党全心全意为人民服务的根本宗旨和我们推动经济社会发展的根本目的。”[1]

（三）“治”国“平”天下

从“民惟邦本，本固邦宁”出发，以政治道德为基本内容的中国传统政治价值观特别强调“德惟善政，政在养民”，“好生之德，洽于民心”（《尚书·虞书·大禹谟》），深度凸显“同民心而出治道”（《礼记·乐记》）的社会发展内在主体性理路。

基于由内而外的社会发展理路，在道德政治化和政治道德化的双向衔接中，政治与伦理实现了和谐互动的政治—伦理循环，具体而言，即天下—国—家的自上而下政治道德结构与家—国—天下的自下而上道德政治结构的同构。《礼记·大学》曰：“欲明明德于天下者，先治其国。欲治其国者，先齐其家。欲齐其家者，先修其身。欲修其身者，先正其心。……心正而后身修，身修而后家齐，家齐而后国治，国治而后天下平。”孟子云：“人有恒言，皆曰‘天下国家’。天下之本在国，国之本在家，家之本在身。”（《孟子·离娄上》）墨子亦言：“治天下之国若治一家。”（《墨子·尚同》）这就告诉我们，如何才能保证“国”之“根本”的“民”的地位和价值，一以贯之“和为贵”的和合世界观、价值观，真

[1] 《十七大以来重要文献选编》（上），中央文献出版社，2009 年，第 107 页。

正做到“以民为本”呢？显而易见，就是在制度保障层面实现“治国”、“平天下”。

值得注意的是，这里的“治”、“平”，不是“支配”，也不只是“治理”、“平定”，而是“善治”，即政治修明、社会安定。《汉书·王嘉传》：“孝宣皇帝赏罚信明，施与有节，记人之功，忽于小过，以致治平。”由此可知，在中国传统政治价值观看来，无论是“国”还是“天下”，都必须处于“善治”的状态，只有这样，才能最大化人民的利益，确保政治的合法性。

如果不是拘泥于“国”与“天下”的历史内涵和词句本身，而是着眼于“治国”、“平天下”的核心理念，我们就会发现，在同构的天下—国—家自上而下政治道德结构与家—国—天下自下而上道德政治结构中，中国传统政治价值观不仅发展出了一套早熟的“一以贯之”的“大我”结构，而且这一从“天下”看“天下”的“大我”结构，正是化解当今全球化危机的一把钥匙。

首先，中国传统政治价值观的“大我”结构表达了明确的社会关系思维和共同体思想。作为社会的人，不是单个的人，而是社会关系中的人，是一定的社会关系形成的共同体中的人。因而，与人相关的所有事情都必须在社会关系中被描述、衡量和判断，如果不在社会关系中而仅仅根据独立的实体去表述，所谓“什么是什么”都只不过是无稽之谈。马克思恩格斯指出：“只有在共同体中，个人才能获得全面发展其才能的手段，也就是说，只有在共同体中才可能有个人自由。”❶ 从这一意义上说，中国传统政治价值观的“大我”结构对于反思以“小我”结构为内容的西方政治价值观，具有特别重要的时代价值和现实意义。当前西方主导的建立于《威斯特伐利亚条约》精神上的政治价值观，作为一种“全球化”的政治理论，其立足点是从“小我”的民族/国家来看“大我”的世界，核心是一种“小我”的内政理论，所谓“理性的”国际关系只不过是国家之间利益的讨价还价和权力之间的暂时平衡。用中国社会科学院研究员赵汀阳的话说，当前的国际组织“最多只是民族/国家体系中的服务性和辅助性组织，从本质上说它从属并且受制于民族/国家体系”；理论上，国际组织“只不过在帮助各个民族/国家争取各自的国家利益，而在实践上则只不过是服务于大国自我推广的野心，而绝不表达世界普遍的和共同的利益以及世界普遍理念”。❷ 可见，这种偏执于人为制造“趋同”的全球化格局，最终的结果，不是“全球化”，而是“全球分化”。众所周知，世界的和平与繁荣并不取决世界各国是不是变得更像某一大国，而在于它们能否沿着符合本国国情的道路走得更远。在这一方面，

❶ 《马克思恩格斯选集》第1卷，人民出版社，1995年，第119页。

❷ 赵汀阳：《天下体系：世界制度哲学导论》，江苏教育出版社，2005年，第137页。

中国传统政治价值观说得非常明白："以身观身，以家观家，以乡观乡，以国观国，以天下观天下。"（《道德经·第五十四章》）也就是说，全球化的问题必须在全球化的语境中用全球化的标准来分析、探讨和解决，而不能代之以某国语境或某国标准。任何一个国家，无论实力多么强大，都不能侵犯别国主权，这是地球村最基本的行为准则。

其次，中国传统政治价值观的"大我"结构突出亚结构的层级性和相应层级的内在和谐性。齐家—治国—平天下，显然，在天下—国—家的政治道德结构和家—国—天下的道德政治结构中，不仅每一层级的关系是明确的，而且每一层级的内在关系都要求是"善治的"、"和谐的"。因此，在中华民族五千多年的文明发展史中，不仅形成了"以爱国主义为核心的团结统一、爱好和平、勤劳勇敢、自强不息的伟大民族精神"[1]，建构了中华民族共有的精神家园，而且在明末清初启蒙思想家顾炎武那里从"亡国"与"亡天下"的角度明确分划了"国"与"天下"的边界。他说："有亡国，有亡天下。亡国与亡天下奚辨？曰易姓改号，谓之亡国。仁义充塞，而至于率兽食人，人将相食，谓之亡天下。……是故知保天下，然后知保其国。保国者，其君其臣，肉食者谋之。保天下者，匹夫之贱与有责焉耳矣。"（《日知录·正始》）在这里，顾炎武不仅超越了西方政治价值观从民族/国家看世界的"小我"结构，明确提出从"保天下"的高度来"保其国"，而且将政治的合法性还原于日常生活，定义为百姓日常生活的和谐。这样，也就克服了基督教对待基督徒和异教徒的双重原则。也就是说，"在天下一家的理想影响下，在中国的意识里不存在'异端意识'，于是，中国所设定的与'他者'（the others）的关系在本质上不是敌对关系，其他民族或宗教共同体都不是需要征服的对象。……天下公有而为一家的意识还抑制了天下/帝国作为军事化帝国的发展趋势。"[2] 易言之，基于中国传统政治价值观"大我"结构的全球化，将是相互尊重、包容合作的全球化，而不是千方百计地去寻找"假想敌"，更不是"塑造"世界的冲动。

再次，中国传统政治价值观的内在和谐是家—国—天下"一以贯之"的。从当前以美国为代表的西方国家的民主政治实践来看，至少在"国"与"世界"这两个层级上，"民主"不是"一以贯之"的，而是双重的。同样是"民主"，但他们不是在国内民主和全球民主中贯彻相同的政治规则，而是玩着不同的政治游戏。从理论的完备性角度来说，这是致命的；从实践的全球和谐关系建构来说，是无解的。与西方政治实践所表明的价值观不同，中国传统政治价值观"关

---

[1] 《江泽民文选》第三卷，人民出版社，2006 年，第 559 页。

[2] 赵汀阳：《天下体系：世界制度哲学导论》，江苏教育出版社，2005 年，第 77 页。

心于整个下界整个人类之大群全体，而不为一部一族所私有”，“他们常有一个‘天下观念’超乎国家观念之上。他们常愿超越国家的疆界，来行道于天下，来求天下太平”❶。《尚书·虞书·尧典》曰：“克明俊德，以亲九族。九族既睦，平章百姓。百姓昭明，协和万邦。”《尚书·周书·周官》云：“庶政惟和，万国咸宁。……明王立政，不惟其官，惟其人。”《吕氏春秋·仲夏纪》言：“天下太平，万物安宁。”正是基于中国传统政治价值观“一以贯之”的内在和谐，英国著名历史学家阿诺尔德·汤因比1973年与日本宗教和文化界著名人士、社会活动家池田大作谈及人类社会和当代世界问题时指出：“就中国人来说，几千年来，比世界任何民族都成功地把几亿民众，从政治文化上团结起来。他们显示出这种在政治、文化上统一的本领，具有无与伦比的成功经验。这样的统一正是今天世界的绝对要求。”❷ 放眼当今世界，这也正是今天的中国共产党人所极力主张、宣扬和践行的。国家层面，党的“十六大”把“社会更加和谐”作为党的一个重要奋斗目标，党的十六届四中全会提出“构建社会主义和谐社会”，党的十六届六中全会专门研究“构建社会主义和谐社会的若干重大问题”。全球层面，国家主席胡锦涛2005年4月22日在亚非峰会上提出：“倡导开放包容精神，尊重文明、宗教、价值观的多样性，尊重各国选择社会制度和发展模式的自主权，推动不同文明友好相处、平等对话、发展繁荣，共同构建一个和谐世界”；9月15日在联合国成立六十周年首脑会议上进一步提出：“存在差异，各种文明才能相互借鉴、共同提高；强求一律，只会导致人类文明失去动力、僵化衰落。……我们应该尊重各国自主选择社会制度和发展道路的权利，相互借鉴而不是刻意排斥，取长补短而不是定于一尊，……应该以平等开放的精神，维护文明的多样性，促进国际关系民主化，协力构建各种文明兼容并蓄的和谐世界。”毋庸置疑，当代中国对内“构建和谐社会”、对外“共建和谐世界”的“双和模式”，正是对“治”国“平”天下这一传统政治价值观的现代转化与弘扬。

三、西方资本主义价值观的批判与超越

近现代中国是在西方资本主义列强的倒逼下进入世界体系的，是一种以西方资本主义为参照的现代化。从这一意义上说，中国特色社会主义核心价值体系的形成过程，也就是对西方资本主义价值观的批判与超越过程。自19世纪中叶至

---

❶ 钱穆：《中国文化史导论》，商务印书馆，1996年，第47～48页。

❷ [英] 汤因比、[日] 池田大作：《展望21世纪：汤因比与池田大作对话录》，荀春生等译，国际文化出版公司，1997年，第283～284页。

20世纪末的近160年，“西方化”与“中国化”问题一直是贯穿于中国现代化进程之中的深层次问题。19世纪60年代的“洋务运动”，译成英语就是“西方化”（westernization）运动。1898年，张之洞试图以“中学为体，西学为用”调和当时的“西方化”和“中国化”之争。五四运动以后，围绕“东西方文化”问题，中国知识分子提出了“全盘西化论”、“充分西化论”、“中国本位论”、“中国国情论”、“中体西用论”、“中西互补论”等种种“西方化”、“中国化”理论。20世纪80年代，更直接以“美国化”和“中国化”为主题兴起了新中国成立后的“西方化”和“中国化”论争。正是在古今中西的百年之争和全球化的世界历史背景下，我们深刻地认识到，当代中国社会主义核心价值体系，既不能是中国传统价值观的翻版，也不能是西方资本主义价值观的移植，而是必须深深根植于中国实践、中国历史和中国文化之中，同时又批判地借鉴世界文明成果。

（一）个人主义

作为独立的自然个体的个人，是自有人类以来就天然存在的，但作为价值观的个人主义，则是中世纪后期商品经济快速发展后，才伴随资产阶级的产生而在文艺复兴和宗教改革中第一次得以充分发展的。马克思指出，在自然形成的部落共同体，即基于血缘纽带的原始共同体或者说天然共同体中，“共同体是实体，而个人则只不过是实体的偶然因素，或者是实体的纯粹自然形成的组成部分”[1]。也就是说，在原始的天然共同体中，个体只具有自然属性的独立性，而没有社会属性的独立性，没有个体意识或自我意识，个体之间处于一种无差别的原始同一状态，“不知‘我的’和‘你的’这种字眼，因为人们可以说，属于这个人的一切，同样也属于另一个人”[2]。随着私有财产的出现，才逐渐出现了个人意识和个人观念。但在以“人的依赖关系”为基础的前资本主义社会中，个人意识和个人观念只是占主导地位的虚幻整体主义的从属观念，甚至被定义为一种具有否定意义的观念。到了中世纪后期，伴随商业活动的世俗化和资本主义化，在文艺复兴和宗教改革中，资产阶级个人主义开始以人本主义的形式表现出来，并在17、18世纪逐步得到充分阐述。不难看出，作为一种价值观理论，个人主义经历了从对“神的权威”到对“人的权威”的逐级解放过程。因此，马克思指出：“权威原理出现在11世纪，个人主义原理出现在18世纪。”[3]

进入17、18世纪，随着资本主义生产方式的进一步确立和资产阶级启蒙运

---

[1] 《马克思恩格斯全集》第30卷，人民出版社，1995年，第468页。

[2] ［法］拉法格：《财产及其起源》，王子野译，生活·读书·新知三联书店，1978年，第48~49页。

[3] 《马克思恩格斯选集》第1卷，人民出版社，1995年，第146页。

动的兴起，个人主义逐步形成为比较完整的思想体系。代表性的学者有：英国哲学家托马斯·霍布斯、约翰·洛克，大卫·休谟，英国古典经济学家亚当·斯密，法国思想家孟德斯鸠等。霍布斯从人性自私的假设出发，提出激进的个人主义哲学。洛克从自然法学派的天赋人权论和社会契约论出发，提出个人政治平等理论，将个人权益问题提到政治权利的高度，论述了个人的自由、平等、权利及其价值，批判了霍布斯论证的“人对人像狼一样”的状态和“一切人反对一切人的战争”的极端思想。休谟基于“利己心才是正义法则的真正根源”，提出了个人主义的“人性论”。亚当·斯密基于对个人意志自然调和的强烈信仰，提出了个人自由竞争的经济道德理论。孟德斯鸠提出“三权分立”说，论述了个人主义与资本主义法律制度的关系。尽管这些理论之间有分歧，有差异，甚至在一定程度上相对立，但都反对权力本位的等级特权、人身束缚等封建专制制度，对于促进资本主义的个性解放和自由竞争方面具有积极的推动作用，因而逐渐成为资本主义发展的价值基础和价值取向，并在美国第一次以正面的意义被使用❶，成为“美国文化的核心”。美国国家人文科学奖章获得者、当代宗教社会学家罗伯特·N. 贝拉指出，个人主义是“美国文化特质中带根本性的东西。我们尊崇个人尊严，确切地说，我们信奉个人的神圣不可侵犯性。任何可能破坏我们自己思考、自己判断、自己决策并按自己认定的方式生活的东西，不仅在道德上是错误的，而且是亵渎神明的。我们最远大、最崇高的理想——不仅对于我们自己，而且对于我们所关心的人，对于我们的社会和全世界——与我们的个人主义息息相关”。❷

总结“个人主义”的历史发展和学界共识，在学术领域具有权威地位的《简明不列颠百科全书》这样定义：“个人主义（individualism）是一种政治和社会哲学，高度重视个人自由，广泛强调自我支配、自我控制、不受外来约束的个人或自我。……作为一种哲学，个人主义包含一种价值体系，一种人性理念，一种对于某些政治、经济、社会和宗教行为的总的态度、倾向和信念。个人主义的价值体系可以表述为以下三种主张：一切价值均以人为中心，即一切价值都是由人体验的（但不一定是由人创造的）；个人本身就是目的，具有最高价值，社会

---

❶ “个人主义”这个词在19世纪的法国产生时，更多地是作为贬义词出现的，即启蒙运动的思想反动。个人主义作为资本主义的价值观，“主要是在美国的社会实践中获得积极含义的”。在早期移民和美国新大陆的结合中，两种“个人主义传统——新英格兰个人主义和边疆个人主义——汇合成一股强大的潮流，成为一个鲜明的美国特色和民族理想”（钱满素：《爱默生和中国：对个人主义的反思》，生活·读书·新知三联书店，1996年，第201~202页）。

❷ ［美］罗伯特·N. 贝拉等：《心灵的习性：美国人生活中的个人主义和公共责任》，翟宏彪等译，生活·读书·新知三联书店，1991年，第214页。

只是达到个人目的的手段；一切个人在某种意义上说道义上是平等的。”[1]

强调个人的目的性价值，是个人主义对个人作为人、作为主体的尊重。正如康德金规则所言：“你的行动，要把你自己人身中的人性和其他人身中的人性，在任何时候都同样看作是目的，永远不能只看作是手段。”[2] 但是这种尊重，必须是对每一个个人的目的性价值的尊重，而不只是对某一个人、某一些人的目的性价值的尊重。也就是说，推己及人，我们是目的，他人也是目的；我们不是他人用来实现其目的的手段，他人也不是我们用来实现自我目的的手段。从这一意义上，真正的、彻底的个人主义必然导向真正的、彻底的集体主义。

然而在现实生活中，无论是逻辑的个人主义，还是审美的个人主义和道德的个人主义，都不知不觉地表现为与他人利益相冲突的个人中心主义。康德指出：“逻辑的个人主义认为，自己的判断同时由他人的知性来检验是不必要的，仿佛这判断完全不需要这样的试金石”；“审美的个人主义是这样一种人，对他来说他自己的鉴赏力就已经足够了，而不顾人家可能觉得他的诗、画、音乐等等很糟糕，加以指责甚至嘲笑”；“道德的个人主义是这样的人，他把一切目的都局限于自身，他只看见对他有利的东西的用处，……只把意志的最高确定性基础放在有利的东西和使自己内心幸福的东西之中，而不是置于义务观念之中”。[3] 也就是说，在现实生活中，包括宣称自由、平等的美国，个人主义实际上表现为个人中心主义，更确切地说是强势个人的个人中心主义或者说官僚个人中心主义。罗伯特·N. 贝拉等在《心灵的习性：美国人生活中的个人主义和公共责任》一书中指出：“无论是作为个人还是作为社会，我们所具有的某些最深刻的问题，也是同我们的个人主义密不可分的”；“我们面临着一种深刻的困境。现代个人主义似乎正在产生一种无论个人或社会都无法维持下去的生活方式”；“在官僚个人主义中，个人主义的种种混乱和矛盾得到了令人触目惊心的暴露，因为作出个人决策的自由，是以把大部分公共决策权拱手让给官僚经理和专家为代价的。官僚个人主义架空了现代开明个人主义的第一要义——被统治者的同意，从而暴露出个人主义具有摧毁自身生存条件的倾向”。[4]

从价值发生论的角度来考察，现实中的官僚个人主义价值观源于对价值的个人主体性及其主体尺度的夸大，即认为“价值尺度仅能存在于个人头脑中，除了

---

[1] 《简明不列颠百科全书》第 3 卷，中国大百科全书出版社，1985 年，第 406 页。

[2] ［德］康德：《道德形而上学原理》，苗力田译，上海人民出版社，2007 年，第 48 页。

[3] ［德］康德：《实用人类学》，邓晓芒译，上海人民出版社，2007 年，第 5 ~ 7 页。

[4] ［美］罗伯特·N. 贝拉等：《心灵的习性：美国人生活中的个人主义和公共责任》，翟宏彪等译，生活·读书·新知三联书店，1991 年，第 214、217、227 页。

种种局部的价值尺度，没有任何别的东西存在”[1]。这样一种价值观，作为某一个人的个体价值观，是可以包容的；作为资产阶级及其意识形态为自己辩护的价值观，是可以理解的；但如果将其泛化为一种普遍性、主导性的社会价值观，则是严重违背社会客观事实和客观规律的，是必然要摧毁自身的。马克思指出：“社会不是由个人构成的，而是表示这些个人彼此发生的那些联系和关系的总和。”[2]《简明不列颠百科全书》在“个人主义”词条中特别指出：“在19世纪后期和20世纪初期，随着大规模社会组织的兴起，个人主义思想的影响有所减弱”，并“产生了各种提倡按照与个人主义截然相反的原则组织社会的理论”[3]。

与资产阶级个人主义的主观主义价值观不同，马克思主义认为，不是抽象的、孤立的个人决定利益的追求及其相应的价值观本质，而是一定社会关系规定着人们对一定利益的追求及其相应的价值观本质。改革开放以来，伴随着对马克思主义认识的深入和社会主义市场经济的完善，在深化马克思主义中国化、时代化、大众化的过程中，坚持社会主义核心价值体系先进性与广泛性相统一的原则，我们的社会主义集体主义借鉴吸收真正的、彻底的个人主义对个人价值的尊重的思想，并努力抑制现实中伪个人主义带来的负面影响，逐步克服了曾经以“人民”、“社会”、“集体”的名义压制个人正当权益的错误。用马克思的话说，我们的社会主义核心价值体系并不否认“各个人的出发点总是他们自己，不过当然是处于既有的历史条件和关系范围之内的自己，而不是玄想家们所理解的‘纯粹的’个人”[4]。

（二）自由主义

作为一种资产阶级的政治价值观，自由主义形成于17世纪的英国，经由18世纪的法国大革命而得以广泛传播。马克思恩格斯指出：“在法国革命时期使他（指基佐。——引者注）心惊胆战的自由思想不是从别的国家而正是从英国输入法国的。洛克是这种自由思想之父，而在舍夫茨别利和博林布罗克那里这种自由思想已经具有一种巧妙的形式，这种形式后来在法国得到辉煌的发展。”[5] 英国著名政治思想史家、20世纪复兴古典自由主义价值的重要思想家以赛亚·伯林亦指出：“欧洲自由主义外表是一个单一和谐的运动，历三个世纪而不变，建立

---

[1] ［英］哈耶克：《通往奴役之路》，王明毅等译，中国社会科学出版社，1997年，第62页。
[2] 《马克思恩格斯全集》第30卷，人民出版社，1995年，第221页。
[3] 《简明不列颠百科全书》第3卷，中国大百科全书出版社，1985年，第407页。
[4] 《马克思恩格斯选集》第1卷，人民出版社，1995年，第119页。
[5] 《马克思恩格斯全集》第10卷，人民出版社，1998年，第263页。

在由洛克、格劳修斯或斯宾诺莎所建立的相对简单的知识基础之上，它可以一直追溯到伊拉斯谟与蒙田、意大利文艺复兴、塞涅卡与古希腊人那里。”[1]

在《政府论》，尤其是其下篇中，洛克运用自然法和契约论，把自古希腊以来实际存在的“零星的古典自由主义原则”整合到一起，“构成古典自由主义、并作为一种可信的、被公认的哲学体系”[2]。美国威斯康星—密尔沃基大学教授罗兰·斯特龙伯格在《西方现代思想史》一书中甚至指出：“洛克的《政府论》与光荣革命相重合，似乎是为光荣革命代言，但它很快就成为一部政治学经典之作，其名声经久不衰。一个多世纪之后，美国的詹姆斯·麦迪逊和托马斯·杰斐逊甚至理所当然地认为洛克已经对政府问题作了最终的、或许是惟一正确的结论。”[3]

值得注意的是，洛克的“自然法”是一种在“完备无缺的自由状态”中起着支配作用的、以“理性”为内容的自然法。洛克指出，人类原来自然地处在“一种完备无缺的自由状态，他们在自然法的范围内，按照他们认为合适的办法，决定他们的行动和处理他们的财产和人身，而毋需得到任何人的许可或听命于任何人的意志”。但这种自由状态“不是放任的状态。在这状态中，虽然人具有处理他的人身或财产的无限自由，但是他并没有毁灭自身或他所占有的任何生物的自由，除非有一种比单纯地保存它来得更高贵的用处要求将它毁灭”。也就是说，“这也是一种平等的状态，在这种状态中，一切权力和管辖权都是相互的，没有一个人享有多于别人的权力”。而在这种自由平等的自然状态中，“有一种为人人所应遵守的自然法对它起着支配作用；而理性，也就是自然法，教导着有意遵从理性的全人类：人们既然都是平等和独立的，任何人就不得侵害他人的生命、健康、自由或财产”。[4]

基于自然法和契约论，在古典自由主义的经典之作——《政府论》中，洛克阐述了以人民主权为原则、以政治自由为内容、以财产所有权为保障的“自由主义”。洛克指出：“谁来判断君主或立法机关的行为是否辜负他们所受的委托？……对于这一点，我的回答是，人民应该是裁判者；因为委托人或代表的行为是否适当和合乎对他的委托，除委托人之外，谁应该是裁判者呢？”[5] 可见，在洛克那里，自由是以权利为前提的，而且这个权利是人民主权。在人民与政府的关系上，人民是主权者，政府是人民权力的代理人，人民的自由是人民行使权

---

[1] ［英］伯林：《自由论》，胡传胜译，译林出版社，2005 年，第 69 ~ 70 页。

[2] ［美］萨丽：《哈耶克与古典自由主义》，秋风译，贵州人民出版社，2002 年，第 22 页。

[3] ［美］斯特龙伯格：《西方现代思想史》，刘北成、赵国新译，中央编译出版社，2004 年，第 91 页。

[4] ［英］洛克：《政府论》下篇，叶启芳、瞿菊农译，商务印书馆，1996 年，第 5 ~ 6 页。

[5] ［英］洛克：《政府论》下篇，叶启芳、瞿菊农译，商务印书馆，1996 年，第 149 ~ 150 页。

利的自由。这种以“权利”为其前提和实质的自由，准确地说，就是“政治自由”。洛克强调，作为人类天然的权利，政治自由“如不得本人的同意，不能把任何人置于这种状态之外，使受制于另一个人的政治权力。任何人放弃其自然自由并受制于公民社会的种种限制的唯一的方法，是同其他人协议联合组成为一个共同体，以谋他们彼此间的舒适、安全和和平的生活，以便安稳地享受他们的财产并且有更大的保障来防止共同体以为任何人的侵犯”❶。这样，洛克不仅对自由主义的“自由”进行了限定，指明它不是“意志自由”，而是“政治自由”，并且划分了个人与政府之间的权利界限，确立了政治自由原则。

而后，随着资本主义的发展，自由主义作为一种思想模式在孟德斯鸠、约翰·密尔等思想家那里得到进一步的阐发，在英国、法国、德国、意大利、美国等资本主义国家得到广泛的传扬。回顾洛克以来的西方自由主义发展史，美国著名政治学家G. 萨托利指出：“在17到20世纪之间，无名无姓的自由主义构成了西方文明最基本的趋势”。❷需要说明的是，萨托利在这里所说的“自由主义”指的是通常所称的“古典自由主义”。在萨托利看来，对洛克、孟德斯鸠、贡斯当等早期自由主义思想家来说，“自由主义意味着法治与宪政国家，自由则是政治自由，而不是自由贸易的经济原则，更不是适者生存律”。简言之，“自由主义就是通过宪政国家而对个人政治自由和个人自由予以法律保护的理论与实践”。❸

而论及萌芽于19世纪末20世纪初、在20世纪二三十年代形成为一种理论、在七八十年代一度成为西方资本主义世界的主流意识形态的“新自由主义”，萨托利认为，不但“几乎没有什么新奇之处”，而且“是在用一种错误的方法纠正对自由主义和放任主义的混淆”❹。为什么萨托利认为新自由主义“是在用一种错误的方法纠正对自由主义和放任主义的混淆“呢？他没有具体地解释，只是这样简单地说：“每当自由主义在重要术语的市场上成了一个最空洞的词语时，政客们无疑会继续盗用‘自由主义’的名义，为了自己便利而曲解自由主义。”❺萨托利的解释值得我们深思！

在近代中国被迫融入世界体系的“西学东渐”过程中，西方自由主义伴随西方的物质文化和制度文化来到了中国，并衍生为中国的自由主义，在五四运动以来的中国思想史上形成了与马克思主义时而统一、时而对立的复杂关系。

---

❶ ［英］洛克：《政府论》下篇，叶启芳、瞿菊农译，商务印书馆，1996年，第59页。
❷ ［美］萨托利：《民主新论》，冯克利、阎克文译，东方出版社，1998年，第419页。
❸ ［美］萨托利：《民主新论》，冯克利、阎克文译，东方出版社，1998年，第423、430页。
❹ ［美］萨托利：《民主新论》，冯克利、阎克文译，东方出版社，1998年，第431页。
❺ ［美］萨托利：《民主新论》，冯克利、阎克文译，东方出版社，1998年，第433页。

应该说，自由主义思想模式在一定时期内使人们对自由的追求成为一种文化现象和一种社会推动力，一定程度上推进了中国价值观由传统向现代的转变，促进了中国马克思主义的发展。细心的读者不难发现，在很长一段时间，我们即便是对马克思主义的“人的自由全面发展”，也是不敢明言的，我们说得多的是“全面发展”，而隐藏了“自由发展”。但是，正如萨托利所提醒的一样，我们的自由主义宣扬者们一定要注意避免“盗用‘自由主义’的名义，为了自己便利而曲解自由主义”，一定要注意避免新自由主义的市场迷信、私有化迷信、精英迷信等给人民自由带来的危害。用自由主义的集大成者约翰·密尔的话说，公民的自由不是“意志自由”，而是“社会自由”，是“社会所能合法施用于个人的权力的性质和限度”[1]。把握了这一点，我们就会发现，严复《群己权界论》的翻译是深刻的。保证每一个人即大众的权利和自由，而不是某一个人或某一些人即所谓精英的权利和自由，才是自由主义的真谛。如果是这样，我们必然得出：“人民的自由，只有在国家的全部政权完全地和真正地属于人民的时候，才能完全地和真正地得到保障。”[2]

（三）实用主义

实用主义是一种在20世纪的美国成为主流思潮、并对世界价值体系产生重要影响的价值观形态。美国前国务卿基辛格博士认为，实用主义是“美国精神”，美国人的求实精神和进取心是实用主义培养起来的，美国的领导是“官僚——实用主义型领导集团”。[3] 列宁1908年亦指出：“在最新的美国哲学中，‘最时髦的东西’可以说是‘实用主义’了……在哲学杂志上谈论得最多的恐怕也要算是实用主义了。”[4]

从词源学的角度来考察，“实用主义”一词来自希腊语 πραγμα，是行为、行动的意思。论其社会文化根源，“实用主义”源于英国经验主义传统和美国独特环境条件的交互作用。按照美国哲学史家梯利的理解，实用主义在美国的形成、兴起和发展，还源于现代自然科学的快速发展及其思维方式在哲学社会科学领域的渗透和扩张。当自然科学的效用论和工具理性成为社会的主导思维，哲学社会科学领域的真理观和价值论就不可避免地趋向于“有用”与“实用”。

作为一种哲学价值观理论，实用主义发端于19世纪70年代哈佛大学“形而

---

[1] ［英］密尔：《论自由》，许宝骙译，商务印书馆，2005年，第1页。

[2] 《列宁全集》第13卷，人民出版社，1987年，第67页。

[3] 王守昌、［美］苏玉昆：《现代美国哲学》，人民出版社，1990年，第37页。

[4] 《列宁选集》第2卷，人民出版社，1995年，第234页。

上学俱乐部”成员的讨论。在发表于《哲学评论》（*Philosophical Review*）第六、七卷，《通俗科学月刊》（*Popular Science Monthly*）1877 年 11 月号、1878 年 1 月号的一系列文章中，皮尔斯阐述了实用主义基本原则——以确定信念为出发点、以采取行动为主要手段、以获得实际效果为最高目的，从而开创了古典实用主义。在具有标志性意义的《如何使我们的观念清晰》一文中，皮尔斯明确指出："我们关于任何事物的观念都是对于其明显效果的观念；……认为思想有任何与它的唯一功能无关的意义，这是荒谬的。……我们关于这些效果的概念，就是我们对这一客体的概念全体。"[1] 在《实用主义要义》一文中述及詹姆斯等的"实用主义"著述时再次指明："为了用于表达'实用主义'的原初定义，我诉诸新创立的'实效主义'这个名称，……尽管笔者从其他实用主义者的著述中获益匪浅，但是我仍然认为，由我创立的这一学说的原初概念具有决定性的优点。从这一原初形式中可以推导出从其他类型的实用主义所能得到的每一种真理，而避免其他类型的实用主义所陷入的一些错误。这种原初形式的实用主义观点比起其他形式的实用主义观点显得更严密和更一致。"[2]

在皮尔斯的实用主义原则基础上，威廉·詹姆斯将其发展为一种比较系统的探究方法和关于真理的理论，从而使实用主义进一步系统化和理论化。在《实用主义——一些旧思想方法的新名称》一书中，詹姆斯指出："实用主义的范围是这样的——首先是一种方法；其次是关于真理是什么内涵的创始理论。"[3] 实用主义的"真理观"是什么呢？詹姆斯说："'它是有用的，因为它是真实的'，或者解释为，'它是真实的，因为它是有用的'。这两个短语都指同样的事，也就是说，存在一种被完成了的观念，且能被证实。'真实'是任何开始证实过程的观念的名称，'有用'是观念在经验中完成了功能的名称。真观念永远不会被作为真的观念而挑选出，永远不会获得一个类名，更不会成为一个表明价值的名称，除非真观念从一开始就这样有用。"[4] 需要警惕的是，实用主义真理观在消解休谟问题——事实与价值二分的同时，也使真理观与价值论走向了主观主义。

杜威进一步把实用主义原则推广到政治、教育、道德等领域，并发挥詹姆斯的实用主义真理观，提出真理即效用、真理是工具的工具主义和工具理性真理观。他说："所有概念、学说、系统，不管它们怎样精致，怎样坚实，必须视为假设，……它们是工具，和一切工具同样，它们的价值不在于它们本身，而在于

[1] ［美］杜威等：《实用主义》，杨玉成、崔人元编译，世界知识出版社，2007 年，第 23 页。
[2] ［美］杜威等：《实用主义》，杨玉成、崔人元编译，世界知识出版社，2007 年，第 32 ~ 33 页。
[3] ［美］杜威等：《实用主义》，杨玉成、崔人元编译，世界知识出版社，2007 年，第 67 页。
[4] ［美］杜威等：《实用主义》，杨玉成、崔人元编译，世界知识出版社，2007 年，第 108 页。

它们所能造就的结果中显现出来的功效。”❶ 特别值得注意的是，杜威实用主义真理观中的“效用”，不是指个人效用，而是指社会效用。针对实用主义被误解为“纯个人需要的供应”和“纯个人效用”等情形，杜威强调：“真理被看作是一种满足时，常被误会为只是情绪的满足，私人的安适，纯个人需要的供应。但这里所谓满足却是观念和行动的目的和方法所由产生的问题的要求和条件的满足。这个满足包含公众的和客观的条件。它不为乍起的念头或个人的嗜好所左右。……真理被解作效用的时候，它常被认为对于纯个人的目的的一种效用，或特殊的个人所着意的一种利益。把真理当作满足私人野心和权势的工具的概念非常可厌，……其实，所谓真理即效用，就是把思想或学说认为可行的拿来贡献于经验改造的那种效用。”❷

在詹姆斯、杜威等人的推动和传播下，实用主义在 19 世纪末、20 世纪初迅速发展成为美国的官方哲学，并在英国、意大利、德国、法国和中国产生广泛影响。

实用主义在中国的影响之大、流传之广，不言而喻。1906 年，张东荪和蓝公武在东京创办的《教育》杂志，就发表了一些介绍实用主义观点的文章。1919 年 7 月，胡适发表《实验主义》一文，专门介绍皮尔斯、詹姆斯、杜威的实用主义。1919 年 5 月 ~ 1921 年 7 月，杜威在华讲学两年零两个月，跑遍当时中国 22 个省中的 11 个，在北京、上海、南京、太原、天津、济南、沈阳、广州等地作了上百次讲演。这些讲演，由他的弟子胡适、蒋梦麟等译成中文，在当时的报章杂志发表，后又印成单行本出版发行。在杜威离开中国之前，其中在北京的五种长期讲演录已经出版了第十版。由于实用主义强调科学、民主的精神契合五四新文化运动的需要，许多进步知识分子都在不同程度上受到了实用主义思想的影响，甚至接受了实用主义。用胡适的话说：“自从中国与西洋文化接触以来，没有一个外国学者在中国思想界的影响有杜威先生这样大的。”❸

新中国成立后，实用主义曾作为一种资产阶级的美国哲学价值观受到严重批判。但是，随着“文化大革命”的结束和改革开放的深入，20 世纪 80 年代，在中国思想界几乎言必称“美国”的“美国化”大潮中，实用主义再次在中国受到高度关注。

综观实用主义在中国的历史变迁，很难说近现代中国对儒家文化的实用主义阐说，对邓小平“猫论”的实用主义误解，对马克思“价值”内涵的实用主义

---

❶ ［美］杜威：《哲学的改造》，许崇清译，商务印书馆，1989 年，第 78 页。

❷ ［美］杜威：《哲学的改造》，许崇清译，商务印书馆，1989 年，第 85 页。

❸ 《胡适文集》（2），北京大学出版社，1998 年，第 279 页。

误读，不是受到实用主义的影响。透过实用主义真理观，不难看出，实用主义的一个突出特征，就是以价值为中心。实用主义真理观从人的需要出发，把价值作为中心问题贯穿于其理论之中，坚持真理与效用的一致性，认为思想观念的真假，要看它对人的行动是否有意义，是否可以帮助人达到所期望的效果。可见，在实用主义那里，真理不是一个认识论的概念，而是一个价值论的概念。然而，“把真理看作认识的工具，这就是在实际上已经转到不可知论方面，也就是离开唯物主义”。[1] 于是，在实践中，实用主义的价值论也就不可避免地导向主观主义和相对主义。这一点，需要我们准确把握。

四、“前三十年”价值观的省思与调整

当代中国社会主义核心价值体系，既是在马克思主义价值理论的指导下、中国传统价值观的基础上，借鉴吸收西方资本主义价值观而发展起来的，也是在总结“前三十年”的社会主义价值观实践经验，包括其中的失误与教训的过程中逐步调整、建设而成的。邓小平 1987 年 5 月 20 日会见荷兰首相吕贝尔斯时指出：“我们现在的路线、方针、政策是在总结了成功时期的经验、失败时期的经验和遭受挫折时期的经验后制定的。历史上成功的经验是宝贵财富，错误的经验、失败的经验也是宝贵财富。”[2] 这就是说，离开了“前三十年”的社会主义价值观实践，包括其中的失误与教训，也就脱离了当代中国社会主义核心价值体系的前期实践基础。对社会主义核心价值体系的深层挖掘，如果看不到对“前三十年”社会主义价值观实践的反思与调整，就如同看不到马克思主义价值理论指导、中国传统价值观基础、西方资本主义价值观借鉴一样，同样是错误的。

（一）平均主义

推翻广大民众备受欺凌压迫、社会严重两极分化的旧社会，建立一个人人平等的新社会，是中国共产党人革命和建设的基本目标，是近代中国农民革命的直接动力，是马克思主义的规定和要求，也是孔子均平思想的现代体现。《论语·季氏》载：“丘也闻有国有家者，不患寡而患不均，不患贫而患不安。盖均无贫，和无寡，安无倾。”作用于农民中国的社会意识中，从王仙芝、黄巢的“均平”、“天补”到王小波、李顺的“吾疾贫富不均，今为汝均之”，从钟相、杨么的“等贵贱，均贫富”到李自成的“均田免粮”、“割富济贫”，最后到太平天国

---

[1] 《列宁全集》第 45 卷，人民出版社，1990 年，第 323 页。

[2] 《邓小平文选》第三卷，人民出版社，1993 年，第 234 ~ 235 页。

《天朝田亩制度》的“有田同耕，有饭同食，有衣同穿，有钱同使，无处不均匀，无人不饱暖”，几乎所有农民起义的“合法性”都源于社会的不平等，几乎所有的农民起义军都以“均平”、“平等”作为其起义的旗帜与发动农民的思想武器。因此，对近代中国革命的“农民运动”性质有着深刻认识的中国共产党人，在新民主主义革命过程中，特别注意坚持在人民内部实行尽可能平等的管理制度和分配体制。

社会管理上，一个突出特征是，在人民内部的相互关系上，将“同志”定位为成员之间的基本关系。“一大”党纲明确规定所有党员“成为我们的同志”。《礼记》说：“同窗为朋，同志为友”。“同志”意味着地位相等，志向相同，相互尊重，诚信友爱，团结互助。因此，尽管从今天看来，当时的“同志”一词多少带点政治色彩，且在一定程度上掩盖了多元社会的个性需求，但它对于破除两千多年封建专制制度摧残而成的尊卑等级观念，树立广大民众地位、尊严、能力、价值方面的平等意识，形成党和人民群众相互交融的“鱼水关系”、“血肉关系”，避免彼此隔离的“油水关系”、“水火关系”，都具有重要作用。

分配体制上，尽管毛泽东1929年12月在古田会议上对“绝对平均主义”进行了严厉的批评，并分析指明了绝对平均主义的社会根源和本质特征，但同时又主张：“红军人员的物质分配，应该做到大体上的平均，例如官兵薪饷平等，因为这是现时斗争环境所需要的。”[1] 可见，当时反对的是“绝对平均”，提倡的是“大体平均”。在1930年5月《寻乌调查》中，毛泽东这样写道：“土地斗争一发展到群众的行动，便有大批的贫农唤着‘平田’和‘彻底废债’的口号，就是对付这种富农的。共产党如要阻止贫农的行动，那末贫农就非恨共产党不可了。因此可知，不但打倒半地主性的富农是没有疑义的，而且平富裕自耕农的田，废富裕自耕农的债，分富裕自耕农的谷，也是没有疑义的。必须这样才能争取广大的贫农群众。这是农村斗争的重要策略之一。只有富农路线的机会主义者，才会站在这个策略的反对方面。”[2] 斯诺这样描绘他看到的“苏维埃社会”：“不论中国共产主义运动在南方的情况如何，就我在西北所看到的而论，如果称之为农村平均主义，较之马克思作为自己的模范产儿而认为合适的任何名称，也许更确切一些。这在经济上尤其显著。在有组织的苏区的社会、政治、文化生活中，虽然有一种马克思主义的简单指导，但是物质条件的局限性到处是显而易见的。”“共产党在西北所以得到群众拥护，其当前的基础显然不是‘各尽所能，各取所需’，而是有点像孙逸仙博士的主张：‘耕者有其田’。共产党可以自居有

---

[1] 《毛泽东选集》第一卷，人民出版社，1991年，第91页。

[2] 《毛泽东文集》第一卷，人民出版社，1993年，第198~199页。

功的一些经济改革措施中，对农民最有重要意义的显然有这四项：重新分配土地，取消高利贷，取消苛捐杂税，消灭特权阶级。”[1] 毛泽东1958年谈到等级森严的职务工资制度时特别指出：我们党是连续打了二十多年仗的党，长期实行供给制。一直到解放初期，大体是过着平均主义的生活，工作都很努力，打仗都很勇敢。并强调这些历史经验，对于我们解决社会主义建设的问题，有着很大的意义。

在革命战争年代，物质生活条件十分恶劣，在生产、分配、交换、消费构成的经济活动整体中，分配体制具有支配性意义。再加上革命的目标本身就是反对不平等，建立平等。因而，反对“绝对平均”，提倡“大体平均”，在当时的现实中不但不会带来明显的混乱，而且对于保证革命队伍最起码的生存条件，培养官兵一致、团结奋斗、平等互助的革命集体主义精神，最大限度凝聚革命队伍，都是最有效、最切实可行的方式。列宁指出：“平等思想在反对旧的专制制度、尤其是反对旧的农奴主大土地占有制的斗争中是最革命的思想。农民小资产者的平等思想是合理的和进步的，因为它反映了反对封建的、农奴制的不平等现象的斗争。‘平均’地产的思想是合理的和进步的”，因为它反映了农民要求平均占有土地的愿望，“并且推动人们去进行彻底的资产阶级革命”。针对某些马克思主义者对“平均制”的错误批评，列宁还特别指出：“一个马克思主义者在批判资产阶级口号的社会主义字句的虚伪性时，要是看不到这些最坚决的资产阶级口号在反对农奴制斗争中的历史上的进步意义，那他就是一个蹩脚的马克思主义者。”[2] 正因为如此，在新民主主义革命时期中国共产党的正式文件和领导人讲话中，大都是反对“绝对平均主义”或“极端平均主义”，很少在一般意义上反对平均主义。

但是，在社会主义建设时期，尤其是生产力水平低下、物质财富缺乏的阶段，“生产”在整个经济活动中居于主导性地位，起着决定性作用。如何调动广大人民群众生产的积极性，而不是保护广大人民群众安于现状的消极满足心理，转而成为社会发展的首要问题。于是，“绝对平均”与“大体平均”之间模糊不清的局限性就暴露了出来，并成为其致命的缺陷。众所周知，“绝对平均”和“大体平均”之间，只能找出量的规定性，不能找出质的规定性，在实际工作中很难作出确定的区分，也就没有了现实的操作性和可行性。因而，当我们违背社会经济发展规律，以政治手段强制推行“人民公社”，实行“一大二公”的时

[1] ［美］斯诺（Snow，E.）：《西行漫记：英汉对照》，董乐山译，外语教学与研究出版社，2005年，第356、358页。

[2] 《列宁全集》第16卷，人民出版社，1988年，第203～204页。

候，只会遏制广大人民群众生产的积极性，助长干多干少一个样，干好干坏一个样的懒惰风习，造成共贫穷而不是共富裕的“穷拉平”结果。这一方面，实际上毛泽东在延安时期曾经有清醒的认识。在《经济问题和财政问题》一文中，毛泽东指出：“平均主义的薪给制抹煞熟练劳动与非熟练劳动之间的差别，也抹煞了勤惰之间的差别，因而降低劳动积极性，必须代以计件累进工资制，方能鼓励劳动积极性，增加生产的数量与质量。”[1] 可能正是对“绝对平均”与“大体平均”两个提法的消极性的规避，上海辞书出版社出版的《辞海》对“平均主义”直接这样定义：平均主义，亦称“绝对平均主义”；要求平均享有社会一切财富的思想；手工业和小农经济的产物；主张消灭一切差别，要求人与人之间在工作条件、生活条件、物质分配和个人需要等方面绝对平均；在社会主义制度下，它直接违背“各尽所能，按劳分配”的原则，具有落后性和破坏性。

毛泽东在新中国成立前对平均主义有了深刻的认识，并对绝对平均主义的提法作出了严厉的批判，但在社会主义建设时期仍自觉不自觉地走向了平均主义，其原因是复杂的，有社会的原因、有历史的原因，有国际的原因、有个人的原因。究其根本原因，从学理的角度来说，在于我党对马克思主义和社会主义的本质把握不深，对“平均”和“平等”的界限划得不清。“平均”是一个算术概念，“平等”是一个政治学、社会学概念。当我们用“平均”来等同于甚至替代“平等”的时候，就必然走向对“平等”的误解和误用。特别有意思的是，当中国古代和近代的农民起义军运用孔子的“均”、“安”思想的时候，实际上误解了孔子，即用算术的“平均”代替了政治学、社会学的“平等”。在《论语集注》中，朱熹是这样解释的：“均，谓各得其分。安，谓上下相安。”也就是说，孔子所讲的“均平”是相对的“公平”、“平等”而不是绝对的“平均”。马克思主义的平等观更是不含任何“平均”的意思。恩格斯在《反杜林论》中指出，无产阶级所提出的平等要求，既不同于小生产者，将平等只停留于“对明显的社会不平等，对富人和穷人之间、主人和奴隶之间、骄奢淫逸者和饥饿者之间的对立的自发反应”，也不同于资产阶级，将平等的口号停留于形式上和法律条文上，而是要求它“不仅是表面的，不仅在国家的领域中实行，它还应当是实际的，还应当在社会的、经济的领域中实行”[2]，亦即不仅消灭阶级剥削、阶级压迫和阶级差别，而且要消灭阶级本身。因此，斯大林在回答德国作家埃米尔·路德维希的“‘平均主义’这个名词对普遍的平等来说带有一定的讽刺意味”的提问时指出：“所有的人都领取同样的工资、同等数量的肉、同等数量的面包，穿同样的

---

[1] 《毛泽东文集》第二卷，人民出版社，1993 年，第 464 页。

[2] 《马克思恩格斯选集》第 3 卷，人民出版社，1995 年，第 448 页。

衣服，领取同样的和同等数量的产品，——这种社会主义是马克思主义所不知道的。”“平均主义的根源是个体农民的思想方式，是平分一切财富的心理，是素朴的农民‘共产主义’的心理。平均主义和马克思主义的社会主义是毫无共同之处的。”❶

平均主义对新中国“前三十年”曲折发展的影响是显而易见的，对社会主义核心价值体系形成与发展的影响也是显而易见的。正是对平均主义的彻底反思，邓小平在改革开放之初就旗帜鲜明地提出了社会主义的“共同富裕”问题。在1986年3月28日会见新西兰总理朗伊的谈话中，邓小平指出：“我们的政策是让一部分人、一部分地区先富起来，以带动和帮助落后的地区，……我们坚持走社会主义道路，根本目标是实现共同富裕，然而平均发展是不可能的。过去搞平均主义，吃‘大锅饭’，实际上是共同落后，共同贫穷，我们就是吃了这个亏。改革首先要打破平均主义，打破‘大锅饭’。”❷ 当然，明确了社会主义的“共同富裕”本质之后，如何真正实现“共同富裕”，又成了我们在实践中迫切需要解决的新的课题。

（二）政治本位

翻阅1958～1978年的著作、论文，不难发现当时中国学术研究的一个典型特征——政治本位，即在政治与学术的关系上，强调政治的中心地位和统帅作用。搜索中国知网（CNKI）学术文献总库和中国国家数字图书馆。标题中含“政治挂帅”的报刊文章200余篇，含“突出政治”的250余篇，标题中含“政治挂帅”的著作30余部，含“突出政治”的近50部。诸如“政治挂帅就灵”、“政治挂帅是胜利的保证”、“必须把政治挂帅放在第一位”、“要政治挂帅，不要钞票挂帅”、“关键在于政治挂帅”、“政治挂帅，一通百通”、“政治挂帅是勤俭办企业的保证”、“科学研究工作必须政治挂帅”、“只有政治挂帅，才有水利大捷”、“写‘出版说明’要政治挂帅”、“政治挂帅，就能创造国际勘测纪录”、“突出政治是一切工作的根本”、“突出政治，一通百通”、“只有突出政治，才能抓好生产”、“做手术也要突出政治”等，层出不穷。

从学术研究与时代精神的关系来看，上述以“政治本位”为突出特征的学术研究，正是当时中国“政治本位”价值观在学术领域的反映。在1958～1978年的中国，不可否认的一个事实是，政治至上。世界总是首先被看作为一个政治的存在，而不是被看作为一个由经济、政治、文化、社会构成的整体的存在，更

---

❶ 《斯大林选集》（下卷），人民出版社，1979年，第308、309页。

❷ 《邓小平文选》第三卷，人民出版社，1993年，第155页。

不要说是作为一个基于社会存在与发展主体的“人”的存在。任何问题总是首先被不加区分地定位为政治问题，而不去分辨其中必须遵循的经济规律、社会规律、文化规律和人的发展规律。

因而，在政治与经济这一对社会基本作用力的相互关系上，不是坚守马克思主义的“经济基础决定上层建筑，上层建筑反作用于经济基础，为经济基础服务”这一基本原理，用政治工作来领导经济工作，为社会主义经济建设提供政治上的服务和保证，而是泛化列宁的命题——“政治同经济相比不能不占首位”[1]，人为地抬高政治的地位，夸大政治的作用，用政治工作来代替甚至冲击经济工作。在政治与业务的关系上，以政治需要为第一需要，把政治、政治工作、政治教育置于高于一切、大于一切、统帅一切、冲击一切的地位，强调“政治是方向，业务是实现政治方向的手段或技术。政治统帅业务，业务从属于政治，服务于政治。政治是第一位的，业务是第二位的”[2]。

可是，“政治”到底是什么呢？综观目前国内外研究，国外学者认为，可以分为很不相同的四种见解：第一种，将政治与政府艺术和国家活动联系在一起。从这种观点来看，政治本质上是国家范围内的活动，这意味着大多数人民、机构和社会活动都可以被认为是“外在于”政治的。第二种，将政治视为“公共”活动，因为与这种活动相联系的是对共同体事务的引导和管理，而不是个人的“私”事。第三种，把政治视为一种解决冲突的特殊方法，即通过妥协、安抚和谈判而非强制和赤裸裸的权力来解决冲突。第四种，将政治与社会存在进程中的资源生产、分配和使用相联系，即认为政治是关于权力的，而权力是不择手段达到预期结果的能力。[3] 国内学者认为，有五种代表性的观点：第一种，道德政治观，认为政治就是遵循伦理道德的基本准则，追求“最高的善”的活动。第二种，权谋政治观，认为政治就是追求权力，施展谋略和玩弄权术。第三种，管理政治观，认为政治就是管理公共事务的活动。第四种，法律政治观，认为政治就是立法和执法的过程。第五种，阶级政治观，即马克思主义的政治观，认为政治的基础是经济，政治的实质是阶级关系，政治的核心是国家政权。[4]

无论是从马克思主义的政治观来看，还是从国内外的“政治”界定来看，政治都不是世界存在的全部，也不是世界存在的第一要素，而只是世界存在中的一个重要组成部分。在人类社会发展中，政治不是目的，只是手段。在阶级社会，是服务于其经济基础的手段；在社会主义和共产主义社会，是服务于社会主

---

[1] 《列宁选集》第4卷，人民出版社，1995年，第407页。

[2] 《政治统帅业务——二论突出政治》，《人民日报》，1966年4月14日。

[3] ［英］海伍德：《政治学核心概念》，吴勇译，天津人民出版社，2008年，第40页。

[4] 周平：《政治学导论》，云南大学出版社，2007年，第5~8页。

义经济基础的手段，更是服务于最广大人民群众自由全面发展的手段。恩格斯指出："政治统治到处都是以执行某种社会职能为基础，而且政治统治只有在它执行了它的这种社会职能时才能持续下去。"❶ 邓小平进一步指出："政治工作要落实到经济上面"；"正确的政治领导成果，归根结底要表现在社会生产力的发展上，人民物质文化生活的改善上。"❷

在革命阶段，作为革命党的中国共产党强调以政治为中心，坚持政治本位价值观，是必要的，也是必然的。只有通过政治斗争、政治革命才能赶走帝国主义，推翻封建主义和官僚资本主义的统治，建立起广大人民的政权，继而"利用自己的政治统治，一步一步地夺取资产阶级的全部资本，把一切生产工具集中在国家即组织成为统治阶级的无产阶级手里，并且尽可能快地增加生产力的总量"。❸

但是进入建设阶段，中国共产党的地位发生了根本性的变化，即由革命党变成了执政党，由以"破旧"为主的党变成了以"立新"为主的党。相应地，政治工作也由"前台"走向"后台"，由"主导"变为"服务"，即巩固社会主义的经济基础，维护最广大人民群众的根本利益，满足人民群众日益增长的物质文化需求。如果这一阶段还延续革命时期的政治本位价值观"经验"，使政治标准泛化为其他所有标准的标准，就会使社会的权力观、利益观、人才观……全部政治化，进而发生异化。譬如毛泽东 1958 年 1 月在《工作方法六十条（草案）》中提出的"又红又专"人才观，用国际知名的中国问题研究专家和毛泽东思想研究者莫里斯·迈斯纳的话说："最初是试图使随着人民共和国经济和政治发展而出现的两批新知识分子精英的价值观政治化"，然而结果是，"这两批精英不仅因具有两种不同的知识和价值倾向而趋向于互相分离，而且，两者与工农群众的差别都在逐步扩大，与群众日益疏远"。❹ 我们在"文化大革命"以及之后的实际生活中常常看到，官民关系颠倒，官僚主义盛行。易言之，常常是"权力本位"而非"权利本位"，"官本位"而非"民本位"。《中国共产党历史》第二卷述及"文化大革命"时这样说："在普遍的、严重的阶级斗争扩大化氛围中，假话、空话、套话成风，形式主义盛行，无政府主义、自由主义、极端个人主义、玩弄权术等各种歪风邪气泛滥开来。"❺ 邓小平 1978 年 12 月 13 日在中共中央工作会议闭幕会上严正指出："党内确实存在权力过分集中的官僚主义。这种官僚

---

❶ 《马克思恩格斯选集》第 3 卷，人民出版社，1995 年，第 523 页。

❷ 《邓小平文选》第二卷，人民出版社，1994 年，第 195、128 页。

❸ 《马克思恩格斯选集》第 1 卷，人民出版社，1995 年，第 293 页。

❹ ［美］莫里斯·迈斯纳：《马克思主义、毛泽东主义与乌托邦主义》，张宁、陈铭康等译，中国人民大学出版社，2006 年，第 108 页。

❺ 《中国共产党历史》第二卷（1949—1978）下册，中共党史出版社，2011 年，第 970 页。

主义常常以‘党的领导’、‘党的指示’、‘党的利益’、‘党的纪律’的面貌出现，这是真正的管、卡、压。”❶

正是基于对实际生活中政治本位价值观的全面反思，在1978年12月的中共中央工作会议上，中国共产党人提出了把全党工作重心转到实现四个现代化上来的根本指导方针。“十六大”以来，在坚持“以经济建设为中心”的同时又反思“经济本位”，告别“GDP崇拜”，进一步提出“以人为本”，构建社会主义和谐社会，从而逐步走向科学发展的新阶段。

（三）“唯上”、“唯书”、“唯风”

与政治本位价值观和政治标准的道德泛化相联系，在社会思维方式和社会心态中，“服从”甚至是绝对的，“服从”成为一种社会的常态。因为在政治标准成为道德标准的社会中，道德评判不再是对人的道德的评判，而是对人的政治的评判，任何人都不希望甚至恐惧这种以政治评判为内容的道德评判，为了免遭他人从道德上进行政治指责和攻击，“服从”甚至是绝对的“服从”成为最好的甚至是唯一的选择。正如我们所看到的，在新中国“前三十年”中，表象上，政治动员和民众的政治参与是空前的。然而，这种参与是政治运动式的参与，这种动员是政治运动式的动员，“不论在形式上、程序上，还是方法上，都不是一种体制性、程序性和合理性的政治动员，而是一种非体制性的、权力意志性的和克里斯玛权威性的政治动员。因而，这种政治动员往往能形成急风暴雨式的群众运动”，但是，“从社会发展来看，这种政治动员所带来的实际后果是具有破坏性的。首先，它破坏了正常的社会结构、社会关系和社会发展逻辑；其次，它破坏了整个制度的权威和正常运作，使制度无法对社会起作用；最后，它破坏了合理的价值体系和信仰体系，使社会精神状态陷入一种非理性状态”❷，即一种“唯上”、“唯书”、“唯风”的状态。用邓小平的话说：“不讲党性，不讲原则，说话做事看来头、看风向”，“书上没有的，文件上没有的，领导人没有讲过的，就不敢多说一句话，多做一件事，一切照抄照搬照转”。❸

在一个“又有集中又有民主，又有纪律又有自由，又有统一意志、又有个人心情舒畅、生动活泼”❶的政治环境中，上级的指示是值得充分尊重，并竭力贯彻执行的。一般说来，在这样的环境中，上级指示不会是一种个人指示，而是一

---

❶ 《邓小平文选》第二卷，人民出版社，1994年，第141～142页。

❷ 林尚立：《当代中国政治形态研究》，天津人民出版社，2000年，第286页。

❸ 《邓小平文选》第二卷，人民出版社，1994年，第142页。

❶ 《毛泽东选集》第五卷，人民出版社，1977年，第456页。

种集体决定，并且是体现国家法律制度、集中下级意见，尤其是下级正确意见的集体决定，作为一种更大群体的集体智慧的结晶，无疑能更好地掌握全局，实施更为全面和正确的决策。而且，从共同体的整体利益角度来说，也只有贯彻执行这样的上级指示，才能避免地方保护主义、个人本位主义和分裂主义。但是，即便如此，尊重上级的指示，也并不意味着照搬照抄上级的指示，而是必须从本地区、本部门、本行业的具体实际出发，吃透"上情"又摸透"下情"，做到具体问题具体分析。在《反对本本主义》一文中，毛泽东强调指出："我们说上级领导机关的指示是正确的，决不单是因为它出于'上级领导机关'，而是因为它的内容是适合于斗争中客观和主观情势的，是斗争所需要的。不根据实际情况进行讨论和审察，一味盲目执行，这种单纯建立在'上级'观念上的形式主义的态度是很不对的。……盲目地表面上完全无异议地执行上级的指示，这不是真正地在执行上级的指示，这是反对上级指示或者对上级指示怠工的最妙方法。"[1]

不过，同时需要特别注意的是，从本地区、本部门、本行业的具体实际出发，并不是对上级的指示大打折扣，搞"上有政策，下有对策"。对于那种以"不唯上"之名行"违上"之实，搞个人主义、小集团主义的思维方式和行动取向，是同样必须予以坚决反对和禁止的。

对待书本，也和对待上级的指示一样，有一个"度"的问题。书本是人类文明传承的载体，是前人实践经验的总结，是人类文明成果的集中表达。尤其是其中的经典著作，更是经过了实践和历史检验的优秀成果，表达了已知的人类发展的一般规律，是人类认识世界和改造世界的理论前提和方法论基础。而且，从个体的角度来说，每一个人的时间、精力、认知等各个方面都是有限的，不可能事事躬亲，不可能穷尽所有的知识。因而，书本，尤其是经典著作，作为人类前行的阶梯，其地位和作用是不可轻视的。但是，重视书本，并不等于迷信书本，不等于为书本上的条文所束缚。从解释学的角度来说，书本是某一个人或某一些人对特定社会历史的认识，是在一定的个体条件和社会历史条件下总结出来的，不可避免地带有个体局限和时代局限，在应用过程中，必须对其予以转化性的创造，必须将书本上的一般原理与生动具体的时空条件结合起来。孟子在两千多年前就告诉大家："尽信《书》，则不如无《书》。吾于《武成》，取二三策而已矣。"（《孟子·尽心下》）针对革命时期党内存在的"专门从书本上讨生活"的教条主义现象，毛泽东指出："我们说马克思主义是对的，决不是因为马克思这个人是什么'先哲'，而是因为他的理论，在我们的实践中，在我们的斗争中，证明了是对的。我们的斗争需要马克思主义。我们欢迎这个理论，丝毫不存在什

[1] 《毛泽东选集》第一卷，人民出版社，1991 年，第 111 页。

么‘先哲’一类的形式的甚至神秘的念头在里面。读过马克思主义‘本本’的许多人，成了革命叛徒，那些不识字的工人常常能够很好地掌握马克思主义。马克思主义的‘本本’是要学习的，但是必须同我国的实际情况相结合。我们需要‘本本’，但是一定要纠正脱离实际情况的本本主义。”[1]

至于“前三十年”中，尤其是1958年后出现的浮夸风、“共产风”，对“黑暗风”、“单干风”和“翻案风”的批判，“批陈整风”、“批林整风”、“反击右倾翻案风”运动等政治运动式经济、文化现象，邓小平1981年3月18日在同《关于建国以来党的若干历史问题的决议》起草小组负责同志的谈话中指出：“‘文化大革命’同以前十七年中的错误相比，是严重的、全局性的错误。它的后果极其严重，直到现在还在发生影响。说‘文化大革命’耽误了一代人，其实还不止一代。它使无政府主义、极端个人主义泛滥，严重地败坏了社会风气”[2]；《中国共产党历史》第二卷这样评述：“在‘文化大革命’期间，许多错误的、甚至是荒谬的理论宣传泛滥成灾，造成人们思想的空前混乱。像‘文化大革命’中那样混淆是非，混淆敌我，无限上纲，乱批乱斗，侮辱人格，等等，同马克思列宁主义所讲的思想教育工作，是风马牛不相及的。”[3]

全面审视“前三十年”中普遍存在的“左”的价值观念，在阐述当前开展社会主义核心价值体系学习和教育的“多样并存、新旧交替”价值格局背景时，人民出版社2010年6月出版的《划清“四个界限”党员干部读本》这样总结：新中国成立后，由于我们长期在“左”的思想指导下建立了一套“以阶级斗争为纲”的指导思想和以计划经济体制为基础的社会运行体制，相应地也形成了一套“左”的僵化的价值观念。虽然改革开放以来，这一套“左”的价值观念已经受到很大冲击，但是在现实生活中、在一些人的头脑中仍有一定的市场。如“平均主义”观念，“唯上”、唯书”、“唯风”的观念。[4]

也正是为了对“唯上”、唯书”、“唯风”价值观念的拨乱反正，1977年10月5日，中共中央在《关于办好各级党校的决定》中明确指出，“要提倡理论密切联系实际的学风”。10月9日在中央党校开学典礼上所作的《坚持和发扬理论联系实际的学风》的讲话中，叶剑英指出：我们在学习马克思主义理论著作时，一定要提倡融会贯通，联系实际，实事求是，有的放矢。理论联系实际，有两层最基本的意思，一层是一定要掌握理论，另一层是一定要从实际出发。他号召大

---

[1] 《毛泽东选集》第一卷，人民出版社，1991年，第111～112页。

[2] 《邓小平文选》第二卷，人民出版社，1994年，第302～303页。

[3] 《中国共产党历史》第二卷（1949—1978）下册，中共党史出版社，2011年，第967页。

[4] 《划清“四个界限”党员干部读本》编写组：《划清“四个界限”党员干部读本》，人民出版社，2010年，第177页。

家一定要恢复和发扬实事求是的作风，做大无畏的彻底的唯物主义者。1978 年 3 月 26 日，《人民日报》发表了《标准只有一个》的思想评论，明确提出“真理的标准，只有一个，就是社会实践。”5 月 10 日，中央党校内部刊物《理论动态》发表了经胡耀邦审阅定稿的《实践是检验真理的唯一标准》一文，强调“实践不仅是检验真理的标准，而且是唯一标准”，“马克思主义的理论宝库并不是一堆僵死不变的教条，它要在实践中不断增加新的观点、新的结论，抛弃那些不再适合新情况的个别旧观点、旧结论”。5 月 11 日，该文以特约评论员名义在《光明日报》发表。当天新华社转发。5 月 12 日，《人民日报》和《解放军报》同时转载，全国绝大多数省、自治区、直辖市的报纸也陆续转载，由此展开了全国范围轰轰烈烈地“真理标准”大讨论。纵观马克思主义思想史，不难发现，1978 年的“真理标准”大讨论，其价值观解放意义远远大于理论创新意义。邓小平 1978 年 12 月 13 日在《解放思想，实事求是，团结一致向前看》的讲话中这样说：“目前进行的关于实践是检验真理的唯一标准问题的讨论，实际上也是要不要解放思想的争论。大家认为进行这个争论很有必要，意义很大，从争论的情况来看，越看越重要。一个党，一个国家，一个民族，如果一切从本本出发，思想僵化，迷信盛行，那它就不能前进，它的生机就停止了，就要亡党亡国。……从这个意义上说，关于真理标准问题的争论，的确是个思想路线问题，是个政治问题，是个关系到党和国家的前途和命运的问题。”❶

五、社会主义市场经济新生价值观的反思与提升

作为当代中国社会意识的本质体现，社会主义核心价值体系，尤其是其中的时代要素，归根到底是当代中国社会存在的决定性因素——社会主义市场经济体制的产物。恩格斯指出：“在历史上出现的一切社会关系和国家关系，一切宗教制度和法律制度，一切理论观点，只有理解了每一个与之相应的时代的物质生活条件，并且从这些物质条件中被引申出来的时候，才能理解”❷；“我们拒绝想把任何道德教条当作永恒的、终极的、从此不变的伦理规律强加给我们的一切无理要求，这种要求的借口是，道德世界也有凌驾于历史和民族差别之上的不变的原则。相反地，我们断定，一切以往的道德论归根到底都是当时的社会经济状况的产物”❸。与历史上所有的理论观点和道德论一样，社会主义核心价值体系的提

❶ 《邓小平文选》第二卷，人民出版社，1994 年，第 143 页。
❷ 《马克思恩格斯选集》第 2 卷，人民出版社，1995 年，第 38 页。
❸ 《马克思恩格斯选集》第 3 卷，人民出版社，1995 年，第 435 页。

出，也正是“十六大”以来中国共产党人对市场经济中的理性主义、功利主义价值观的总结与反思，对改革创新实践的价值蕴涵的抽象与提升。

（一）理性主义

众所周知，中国传统文化首先把握的是“生命”，即着眼于向“生命”处用“心”。《周易·系辞下》曰：“天地之大德曰生。”《尚书·大禹谟》云：“德惟善政，政在养民。水、火、金、木、土、谷，惟修；正德、利用、厚生、惟和。”因为向“生命”处用“心”，所以对自己要“正德”，对社会要“利用”，对民众要“厚生”。并且，在“正德”、“利用”、“厚生”三者之间，“正德”是大本，“利用”是德性的发用，“厚生”是德性发用后的结果。《尚书孔传》说：“正德以率下，利用以阜财，厚生以养民，三者和，所谓善政。”因而，中国传统文化对“生命”的把握，不是一个生物学的把握，即视“生命”为生物学现象，而是一个道德政治的把握，即视“生命”为一个道德的政治的存在。

在对“生命”的体验和执著下，着眼于对“生命”的道德安顿和调护，中国传统文化彰显的是以生活为目的、以“生命理性”为内容的价值理性，即强调“对宇宙价值、人生价值、人类价值、社会价值深沉的肯定与体验”，而且“这种深沉的肯定与体验是基于对生命的会通得来，也是基于对生活经验的整体反省得来。这样的哲学处处扣紧人生的中心价值与社会的中心价值来谈问题，不论是实际的问题或知识的问题皆然”。国际中国哲学学会创会会长成中英指出：“此观点见之于儒、道、法、墨的哲学。其中以儒家哲学最具代表性。《论语》一书句句均表示做人的基本道理在于能够闻道、弘道，达到仁、智、勇的无忧、无虑、无惧的境界。也就是自生活中蕴涵之善与宇宙中蕴涵之广生、厚生的精神来谈人生与宇宙。如是的宇宙观是价值的宇宙观，所观想的宇宙是价值的宇宙、价值的世界。人类的思考、知识、决定、行为，都要在这个价值的宇宙中安排。”因而，在传统中国，“理性的发展偏向于‘实用理性’、‘实践理性’，偏向于对生活有所裨益的‘生命理性’，而对于理性偏向自身的反省与演化并不重视。所以中国哲学缺少‘纯粹理性’、‘理论理性’，所有的认知都是透过生活、实用、实践的方式来实现。中国的哲学，无论是儒家的主流或诸子百家，都可以窥见这种发挥生活、实用与实践的‘生命理性’的努力。因此，中国哲学的理性主义是具体的理性主义。具体的理性主义是以实践、实用、生活为目的，而不是理性自身抽象的发挥，并使一切生命活动与意志活动化归于知识”[1]。

---

[1] 成中英：《知识与价值——和谐、真理与正义之探索》，联经出版事业公司，1986年，第10～12页。

而在我国目前的市场经济中，由于社会主义市场经济体制本身的不完善，社会主义制度对市场经济这一资源配置方式的规约作用小于市场经济对现实生活的冲击。于是，市场经济本身作为一种资源配置方式的中性意义，却因为其中理性—经济人假设的现实支撑，即以理性—经济人假设为依据而自鸣得意地视一切为个人获利的工具，反过来又在如愿获利后自鸣得意地确认“人”就是理性—经济人，从而使社会中实际的价值观呈现出浓烈的工具性和技术性。一方面，神圣的东西悄然消退，感性的东西大张旗鼓地登场；另一方面，工具理性取代价值理性主宰人们的思维，鄙弃对世界的形而上学的思考，追求用理性的规律对人类生活的各个领域加以绝对化的统治，忽视了人类的价值追求。

这样一种理性主导并导致工具理性泛滥的价值观和思维方式，就是西方资本主义商品经济发展中确立起来的“理性主义”。

作为一种精神气质和行为方式，理性主义的源头可以一直上溯到古希腊。在寻求世界本原的过程中，古希腊哲学家赫拉克利特引入“逻各斯（Logos）”一词，以对不可规定的“变”本身加以规定；阿那克萨戈拉引入“努斯（Nous）”一词，以强调对世界的支配和反省。而后经苏格拉底至柏拉图，将理性定义为灵魂的最高原则。在柏拉图的基础上，亚里士多德进一步引入“隐德莱希”这一概念对理性本身进行了深入的目的论分析，认为理性追求的对象不是别的，正是理性自身。进而把人的存在问题归结为人的本质问题，把人的本质归结为理性，提出了“人是理性的动物”这一著名命题。

但理性主义被提升为一种主导性的价值规范，当推近代基于资本主义商品经济的思想启蒙运动。在基于资本主义商品经济的思想启蒙运动中，理性导引人们破除迷信、摆脱外在权威，使“人类脱离自己所加之于自己的不成熟状态。不成熟状态是指不经别人的引导，就对运用自己的理智无能为力。当其原因不在于缺乏理智，而在于不经别人的引导就缺乏勇气与决心去加以运用时，那么这种不成熟状态就是自己所加之于自己的了”[1]。然而，随着科学技术的飞速发展及其在经济和技术领域效率的获得，理性由追求对自然的统治泛化为对人类生活各个领域的统治，由此演化为片面的工具理性。工具理性以可计算和可预测的技术性方式确定功用目标，并致力于选择实现这一目标的最佳手段和途径，而且把其操作主义扩展到整个统治和协作系统，创造了一套适合机械操作程序的生产、工作、管理模式和权力方式。马尔库塞写道：“以技术为中介，文化、政治和经济融合成一个无所不在的体系，这个体系吞没或抵制一切替代品。这个体系的生产力和增长潜力稳定了这个社会，并把技术的进步包容在统治的框架内。技术的合理性

---

[1] ［德］康德：《历史理性批判文集》，何兆武译，商务印书馆，2005年，第23页。

已变成政治的合理性。”[1]

德国著名社会学家马克斯·韦伯提出了价值理性与工具理性二分说，并以工具理性为原则建构起“官僚制”的制度设计。在这种官僚制中，人的个性与感情因素被完全排斥，人变成了庞大官僚机器上的齿轮和螺丝钉。鲍曼在《现代性与大屠杀》一书中敏锐地指出了以工具理性为核心原则的官僚制对人们的控制。他说：“官僚制文化是大屠杀主张得以构思，缓慢而持续地发展，并最终得以实现的特定环境；它促使我们将社会视为管理的一个对象，视为许多亟待解决的‘问题’的一个集合，视为需要被‘控制’、‘掌握’并加以‘改进’或者‘重塑’的一种‘性质’，视为‘社会工程’的一个合法目标，总的来说就是视为一个需要设计和用武力保持其设计形状的花园。”[2] 同样，基于工具理性的法律制度设计以有罪推定——即“问题”为前提；经济学的理论为“工程学”方法所取代。几乎所有的制度和文化都只关心最基本的逻辑问题，而不关心人类的最终目的是什么，以及什么东西能够培养“人的美德”或者“一个人应该怎样活着”，如何才能获得人的自由等这类问题。在工具理性的主导下，经济、政治、文化结成一个控制、管理的系统，现代人在这个系统中迷失了自我或者说人格的自主性。用心理学家荣格（Carl Gustav Jung）的话来说：“人，这个历史发展的鼓动者、发明者和推动者，这个所有判断和决策的发出者，这个未来生活的设计者，在现实社会中却必须强迫自己成为一个微不足道的数理化个体。”[3] 工具理性的社会蔓延使人类为了生存自由而创造的文明反过来限制了人的自由生存。

对比以可计算和可预测的技术性方式确定功用目标的工具理性与中国传统以生活为目的、以“生命理性”为内容的价值理性，尽管中国传统以生活为目的、以“生命理性”为内容的价值理性在一定程度上包含着实用主义的倾向，却深刻地显明了生命和生活的目的性价值，即“社会只是生活的必要条件，生活本身的意义和质量才是生活的目的。在社会机制中生活决不意味着为了社会机制而生活。如果为了社会机制而生活，用各种可计算的指标、所谓‘数字上可管理的’标准和社会体制所假定的偏好以及各种‘政治上正确’去欺骗自己、引导自己和代表自己，生活就会破碎成无数琐碎细节，生活就会变成别人的生活或替别人生活，在麻木或虚伪中自我欺骗而失去所有幸福。这样的生活违背了生活的本意，使生活失去了它本来的目的”[4]。因而，从人的生命存在和生活展开的角度来说，固然不能以价值的合理性完全代替科学技术等的工具合理性，但更不能以

---

[1] ［美］马尔库塞：《单向度的人》，张峰等译，重庆出版社，1988 年，第 7 页。

[2] ［英］鲍曼：《现代性与大屠杀》，杨渝东等译，译林出版社，2002 年，第 124 页。

[3] ［瑞士］荣格：《未发现的自我》，张敦福等译，国际文化出版公司，2001 年，第 28 页。

[4] 赵汀阳：《论可能生活：一种关于幸福和公正的理论》，中国人民大学出版社，2004 年，第 9 页。

科学技术的工具合理性取代价值的合理性。

可以说，正是对市场经济带来的工具理性的反思，党的十二届六中全会作出了《中共中央关于社会主义精神文明建设指导方针的决议》，10年后的十四届六中全会又作出《中共中央关于加强社会主义精神文明建设若干重要问题的决议》，2001年9月中共中央颁发《公民道德建设实施纲要》，党的十六届六中全会明确提出“建设社会主义核心价值体系”的战略任务，党的十七届六中全会强调“以科学发展为主题，以建设社会主义核心价值体系为根本任务，以满足人民精神文化需求为出发点和落脚点，以改革创新为动力，发展面向现代化、面向世界、面向未来的，民族的科学的大众的社会主义文化”，建设社会主义文化强国。

（二）功利主义

义利问题是价值观的基本问题，不同的价值观之间的分歧都不可避免地集中体现在义利观上。市场经济是一种“求利”的经济，尤其是在资本主义市场经济条件下，“使他们连在一起并发生关系的惟一力量，是他们的利己心，是他们的特殊利益，是他们的私人利益”[1]。在社会主义制度的引导和规约下，毫无疑问，市场经济的“求利”指向必然发生转向。也就是说，成长于社会主义市场经济的义利观，必然不同于资本主义的功用主义。但是，也必然正视人的“利益”，因而亦不同于基于自然经济的中国传统义利理论。

在传统中国，义利问题既是联系不同学派的“枢纽”，也是各个重大问题深处的焦点。王夫之说，君子小人之辨、夷夏之别、人禽之异、智愚之分，都不过是“义、利而已矣”（《读通鉴论》）。围绕义利问题，先秦时期，平民思想家墨子提出了“上本之于古者圣王之事”、“下原察百姓耳目之实”、“观其中国家百姓人民之利”的早期素朴功利原则。而孔孟儒家则在将“义”定义为公利（不过，这里的公利不一定都是真实的，有些实际上是虚假的）、将“利”定义为私利的前提下，整体上强调义高于利。然而，先秦儒家思想经董仲舒而上升为制度化的社会意识形态后，孔孟的重义轻利却被片面化为“正其谊不谋其利，明其道不计其功”（《汉书·董仲舒传》）。到了宋明理学，朱熹更是将义利之辨界定为对立的理欲之辨——“义者，天理之所宜。利者，人情之所欲”[2]，以图否定北宋李觏的功利主义思想，并将其矛头直接指向与其同时代的陈亮的“功利之学”，结果导致禁欲主义。

李觏的功利主义和陈亮的“功利之学”，可以说是从另一个层面对先秦义利

---

[1] 《马克思恩格斯全集》第44卷，人民出版社，2001年，第204~205页。

[2] ［宋］朱熹：《四书章句集注》，中华书局，1983年，第73页。

思想的发展，他们反对“贵义贱利”，因而与宋明理学片面化发展的义利之辨相反。李觏从“利者，人之所欲”的人性观出发，提出了“利欲可言”、“循公不私”的功利主义价值观。他认为，人有利欲不但是自然合理的，而且是与仁义相统一的，讲仁义不能离开言利。陈亮则指出，“人道”不能离开“人欲”，不能离开人的基本物质生活，而且“人道”的本质正在于对人们基本物质生活欲望的满足，或者说，在于对人们物质欲望的适当满足。因而，在义利关系上，陈亮主张以“实事实功”为依据，强调道德不能脱离功利，道德必须达到一定的功效，实现一定的社会物质利益；道德离开功利并与功利相对立，就是无用的教条。

在西方，功利主义的萌芽可以上溯到古希腊时期伊壁鸠鲁的快乐主义学说。但功利主义理论的系统成型则直到1789年才由边沁得以完成。马克思说：“我们只是在边沁那里才看到：一切现存的关系都完全纳入功利关系，而这种功利关系被无条件地推崇为其他一切关系的惟一内容。”[1] 边沁继承英国的经验论传统，主张对事物的理解应建立在感觉经验的基础上，拒斥一切超出感觉经验之外的形而上学观，并认为对人的理解必须建基于人的实际经验，而不是基于理性、良心等的哲学反思。从这一前提出发，他发挥经验主义关于人的趋乐避苦本性的描述，以“苦乐原理”作为其功利主义的理论基石，将道德的标准归结为人之体验的快乐和痛苦。基于“苦乐原理”和英国的经验论，边沁将功利主义原则的核心内容概括为最大多数人的最大快乐。

在边沁功利主义原则的基础上，穆勒通过对快乐的质和量的区分对边沁的快乐主义加以修正，通过对幸福的论述将幸福确立为功用主义[2]的核心概念，从而将快乐主义的功用主义发展为幸福主义的功用主义。穆勒指出，所谓幸福，“并不是极乐狂喜的生活；而是痛苦少而暂，快乐多而有变化，并且主动的快乐比被动的断然占多数的生活，……而且这个生活全部的基础，就在于人期望由生活得到的不要比生活能赐予的更多”。[3] 具体而言，穆勒认为，幸福不是一个抽象的概念，而是一个多元的整体，对美德、金钱、权力、名望、音乐、健康等的欲望以及“个性的自由发展”[4] 都是这个整体的组成部分，人们“欲望并珍爱美德，

---

[1] 马克思恩格斯：《德意志意识形态：节选本》，人民出版社，2003年，第118页。

[2] 唐鉞在《功用主义》（约翰·穆勒著，商务印书馆，1957年）的“译者附言”中提出：“utilitarianism是由功用（utility）来的；并且穆勒氏文中有些地方用‘有用的’（useful）做相当于功用的形容词。所以不如照字原译作功用主义。”

[3] ［英］约翰·穆勒：《功用主义》，唐鉞译，商务印书馆，1957年，第14页。

[4] ［英］约翰·密尔：《论自由》，程崇华译，商务印书馆，1979年，第68页。

不是因为它是取得幸福的工具，而是因为它是幸福的一部分”[1]。这样，人们通常所认为的、也为个人所欲望的各种各样的目的，被笼而统之为人所惟一欲望的幸福。穆勒说：“功用主义的主张是：幸福，因是目的，是可欲的；并且只有幸福才是因它是目的而可欲；一切别的东西只因它是取得幸福的工具而成为可欲的。”[2] 换言之，在穆勒看来，功用主义不是最大快乐主义，而是最大多数人的最大幸福。不难看出，通过对边沁理论的全面改进，穆勒确立起了一种较为富有逻辑性的、系统化的功用主义范型。尽管功用主义很容易引起连续不断的怀疑和担心，但是，正如罗尔斯所言，功用主义观点的几种变化形式“长期以来一直支配着我们的哲学传统”，功用主义“始终占据着这样一种支配地位”[3]。

与中国传统义利理论的空洞说教和西方资本主义功用主义的抽象论证不同，党的十四届六中全会总结社会主义市场经济体制的建设实践，把功利主义同社会主义的制度本质结合起来，创造性转化了古今中外功利主义，形成了既突出人民利益又重视个人合法利益的“人民功利主义”。党的十四届六中全会通过的《中共中央关于加强社会主义精神文明建设若干重要问题的决议》指出：“建立和完善社会主义市场经济体制，必须紧密结合改革和发展的实践，健全社会主义法制，加强精神文明建设，引导人们正确处理竞争和协作、自主和监督、效率和公平、先富和共富、经济效益和社会效益等关系，反对见利忘义、唯利是图，形成把国家和人民利益放在首位而又充分尊重公民个人合法利益的社会主义义利观，形成健康有序的经济和社会生活规范。”

回溯社会主义市场经济体制中形成的人民功利主义的思想渊源，除了部分是对上述中国传统义利理论和西方功用主义的批判借鉴转化外，更重要的是对马克思、恩格斯、毛泽东等的无产阶级革命功利主义思想的当代发展。在撰写于1844年的《神圣家族》中，马克思恩格斯即指出：“既然正确理解的利益是全部道德的原则，那就必须使人们的私人利益符合于人类的利益。”进而指明了作科学社会主义理论来源的空想社会主义与功利主义的直接承接关系：“成熟的共产主义也是直接起源于法国唯物主义的。这种唯物主义正是以爱尔维修所赋予的形式回到了它的祖国英国。边沁根据爱尔维修的道德论构建了他那正确理解的利益体系，而欧文则从边沁的体系出发论证了英国的共产主义。”[4] 在撰写于1844年9月至1845年3月的《英国工人阶级状况》中，恩格斯进一步指出：“当代最大的两个功利主义哲学家边沁和葛德文的著作，特别是后者的著作，也几乎只是无产

---

[1] ［英］约翰·穆勒：《功用主义》，唐鉞译，商务印书馆，1957年，第39页。

[2] ［英］约翰·穆勒：《功用主义》，唐鉞译，商务印书馆，1957年，第37页。

[3] ［美］罗尔斯：《正义论》，何怀宏等译，中国社会科学出版社，1988年，第52页。

[4] 《马克思恩格斯文集》第1卷，人民出版社，1995年，第335页。

阶级的财富。即使激进资产阶级中有边沁的信徒，那也只有无产阶级和社会主义者才能超越边沁，向前发展。”❶ 在《共产党宣言》中，马克思恩格斯明确强调，共产主义运动就是为绝大多数人谋利益的运动，无产阶级从不讳言自己的利益，无产阶级反对的只是那种狭隘的、伪善的、虚假的资产阶级功利主义。继承马克思恩格斯的思想，1942 年 5 月在延安文艺座谈会上的讲话中，毛泽东说：“唯物主义者并不一般地反对功利主义，但是反对封建阶级的、资产阶级的、小资产阶级的功利主义，反对那种口头上反对功利主义、实际上抱着最自私自利最短视的功利主义的伪善者。世界上没有什么超功利主义，在阶级社会里，不是这一阶级的功利主义，就是那一阶级的功利主义。我们是无产阶级的革命的功利主义者，我们是以占全人口百分之九十以上的最广大群众的目前利益和将来利益的统一为出发点的，所以我们是以最广和最远为目标的革命的功利主义者，而不是只看到局部和目前的狭隘的功利主义者。”❷ 可见，人民功利主义是社会主义的内在蕴涵，是社会主义制度的基本价值规范。

（三）改革创新精神

“苟日新，日日新，又日新。”（《礼记·大学》）在今天的中国，毫无疑问，改革创新是时代的最强音。指导思想层面，从创造性地探索和回答什么是马克思主义、怎样对待马克思主义，到创造性地探索和回答什么是社会主义、怎样建设社会主义，建设什么样的党、怎样建设党，实现什么样的发展、怎样发展；道路建设层面，从社会主义市场经济体制，到中国特色社会主义政治发展道路，中国特色社会主义文化发展道路，构建社会主义和谐社会，都无不体现着改革创新精神。而在党的“十七大”报告中，“改革”一词更是引人注目，出现了 102 次；同样，在 2012 年的政府工作报告中，“改革”一词亦极为显眼，出现了近 70 次。

全面准确把握形成于当代中国改革开放和社会主义市场经济体制❸探索、建

---

❶ 《马克思恩格斯文集》第 1 卷，人民出版社，1995 年，第 474 ~ 475 页。

❷ 《毛泽东选集》第三卷，人民出版社，1991 年，第 864 页。

❸ 这里之所以把改革创新精神的时代条件——改革开放和社会主义市场经济体制置于同一位点，是基于邓小平 1979 年 11 月 26 日会见美国不列颠百科全书出版公司编委会副主席吉布尼和加拿大麦吉尔大学东亚研究所主任林达光等的谈话。在这次谈话中，邓小平即提出：“说市场经济只存在于资本主义社会，只有资本主义的市场经济，这肯定是不正确的。社会主义为什么不可以搞市场经济，这个不能说是资本主义。我们是计划经济为主，也结合市场经济，但这是社会主义的市场经济。虽然方法上基本上和资本主义社会的相似，但也有不同，是全民所有制之间的关系，当然也有集体所有制之间的关系，也有同外国资本主义的关系，但是归根到底是社会主义的，是社会主义社会的。市场经济不能说是资本主义的。市场经济，在封建社会时期就有了萌芽。社会主义也可以搞市场经济”（《邓小平文选》第二卷，人民出版社，1994 年，第 236 页）。

立、完善过程中的改革创新精神，至少必须注意这样三个方面：

首先，改革创新精神是马克思主义与时俱进理论品格的价值观表现。在《共产党宣言》“1872 年德文版序言”中，马克思恩格斯即指出：“这些原理的实际运用，正如《宣言》中所说的，随时随地都要以当时的历史条件为转移。”❶ 随时随地都以当时的历史条件为转移，就是与时俱进，具体而言，即“全部理论和工作要体现时代性，把握规律性，富于创造性”❷。“体现时代性”，不言而喻，就是要坚持马克思主义基本原理与时代特点的结合，根据时代要求坚持和发展马克思主义，推进马克思主义时代化，从而做到不迷失方向，不失掉时机，不落后于时代。“把握规律性”，从总体上说，包括两个方面，一是要把握人类社会发展规律、社会主义建设规律、共产党执政规律等一般规律，二是要把握不同时期、不同地域的经济、政治、文化、社会建设的具体规律。“富于创造性”，就是在适应时代发展要求、把握客观规律的基础上，不断总结新经验、扩展新视野、作出新概括，继而通过理论创新推动制度创新、科技创新、文化创新以及其他各方面的创新。可见，改革创新与与时俱进相辅相成，不可分割。不改革创新就谈不上与时俱进，不与时俱进就不可能改革创新。正是坚持马克思主义与时俱进的理论品格，着眼于马克思主义基本原理与时空实际的具体结合，新民主主义革命时期，以毛泽东为代表的中国共产党人成功克服了党内的主观主义和教条主义倾向，创造性地开辟了农村包围城市、最后夺取城市胜利的中国特色革命道路，实现了中华民族的独立和人民的解放；社会主义建设时期，以邓小平为代表的中国共产党人成功破除了斯大林模式带来的僵化的社会主义观念和超阶段的“左”的思想，开辟了中国特色社会主义道路，形成了中国特色社会主义理论体系，确立了中国特色社会主义制度，调动了广大人民群众和社会各方面的积极性、主动性、创造性，解放和发展了社会生产力，推动了经济社会的全面发展，促进了人民群众物质文化生活水平的提高。

其次，改革创新精神是中华民族富于进取的思想品格的当代表达。中华民族自古以来就是一个勇于创新、开拓进取的民族。文明形态上，先秦时期，诸子百家开创了中国历史的“轴心时代”，孕育了整个东亚文明，并给予世界文明以丰富营养。制度变革上，秦国商鞅变法，汉朝桑弘羊改制，北魏孝文帝改革，唐朝刘晏、杨炎改革，宋代范仲淹新政、王安石变法，明代张居正改制，晚清戊戌变法……，种种探索，不一而足。虽然这些改革在广度、深度和力度上都不能与当代中国的改革相提并论，甚至大多还由于封建专制制度和顽固保守势力的墨守成

---

❶ 《马克思恩格斯选集》第 1 卷，人民出版社，1995 年，第 248 页。

❷ 《十六大以来中央文献选编》（上），中央文献出版社，2008 年，第 9 页。

规而窒息，但革故鼎新精神从未消失，“变则通，通则久”的理念深入人心。胡锦涛在谈到当代中国以改革创新为核心的时代精神时指出：“中华文明历来注重自强不息，不断革故鼎新。‘天行健，君子以自强不息。’这是中国的一句千年传世格言。中华民族所以能在五千多年的历史进程中生生不息、发展壮大，历经挫折而不屈，屡遭坎坷而不馁，靠的就是这样一种发愤图强、坚忍不拔、与时俱进的精神。中国人民在改革开放中表现出来的进取精神，在建设国家中焕发出来的创造热情，在克服前进道路上的各种困难中表现出来的顽强毅力，正是这种自强不息精神的生动写照。”[1]

再次，改革创新精神是对改革开放和社会主义现代化建设实践经验的理论抽象与提升。回顾改革开放以来中国特色社会主义的建设实践，可以说，唯一不变的就是“变”。当然，这种“变”，不是向后退的变，而是向前进的变，是突破陈规、大胆探索、不断创新的变。一言以蔽之，也就是新事物取代旧事物的发展。党的十一届三中全会以来，思想理论上，突破苏联模式，建设中国特色社会主义；经济体制上，突破传统计划经济体制，建立社会主义市场经济体制；政治体制上，从“以党代政、党政不分”到“科学执政、民主执政、依法执政”；文化体制上，从“一体化文化管理体制”到“党委领导、政府管理、行业自律、社会监督、企事业单位依法运营的文化管理体制和富有活力的文化产品生产经营机制”；社会体制上，从城乡二元格局向城乡一体化和城乡和谐方向发展。用党的“十七大”报告的话说，新时期最鲜明的特点是改革开放，最显著的成就是快速发展，最突出的标志是与时俱进。

正是坚持马克思主义与时俱进的理论品格，弘扬中华民族富于进取的思想品格，总结改革开放和社会主义现代化建设的实践经验，在对时代精神的抽象和提炼中，中国共产党人逐步将其核心明确为“改革创新”。在“南方谈话”中，邓小平指出：“改革开放胆子要大一些，敢于试验”，“看准了的，就大胆地试，大胆地闯”，“没有一点闯的精神，没有一点‘冒’的精神，没有一股气呀、劲呀，就走不出一条好路，走不出一条新路，就干不出新的事业”。[2] 同年10月，党的“十四大”报告要求：“在全党大力提倡解放思想、改革创新的精神。”2001年9月，中共中央在《公民道德建设实施纲要》中提出：“在全社会大力宣传和弘扬解放思想、实事求是，与时俱进、勇于创新，知难而进、一往无前，艰苦奋斗、务求实效，淡泊名利、无私奉献的时代精神。”[3] 2002年4月，江泽民在西安主

---

[1] 《十六大以来重要文献选编》（下），中央文献出版社，2008年，第429页。

[2] 《邓小平文选》第三卷，人民出版社，1993年，第372页。

[3] 《公民道德建设实施纲要》，《人民日报》，2001年10月25日。

持召开西部大开发工作座谈会时的讲话中对改革创新精神进行了重点论述。他说："发展离不开改革创新，发展要有新思路，这是我们多年来推进发展得出的一个重要认识。……在西部大开发的全过程中，我们都要坚持解放思想、实事求是的思想路线，不断总结新经验，研究新情况，解决新问题，在改革创新中求发展求进步。"❶ 同年10月，党的"十六大"报告强调："创新是一个民族进步的灵魂，是一个国家兴旺发达的不竭动力，也是一个政党永葆生机的源泉。"2003年12月，胡锦涛在全国宣传思想工作会议上的讲话中指出：要宣传和弘扬解放思想、锐意改革、艰苦创业、开拓创新的精神，不断增强中华民族的创造力。2004年8月，中共中央、国务院在《关于进一步加强和改进大学生思想政治教育的意见》中，正式将"改革创新"表述为时代精神的核心，提出"要把民族精神教育与以改革创新为核心的时代精神教育结合起来，引导大学生在中国特色社会主义事业的伟大实践中，在时代和社会的发展进步中汲取营养，培养爱国情怀、改革精神和创新能力，始终保持艰苦奋斗的作风和昂扬向上的精神状态"。而后，党的十六届四中全会要求"加强理想信念教育，弘扬以爱国主义为核心的民族精神和以改革创新为核心的时代精神，弘扬集体主义、社会主义思想"，党的十六届六中全会把"以爱国主义为核心的民族精神和以改革创新为核心的时代精神"确定为社会主义核心价值体系的精髓，党的"十七大"强调"要把改革创新精神贯彻到治国理政各个环节"。

---

❶ 中共中央文献研究室：《江泽民论有中国特色社会主义（专题摘编）》，中央文献出版社，2002年，第183页。

第四章　当代中国核心价值体系建设的实践主体

社会主义核心价值体系建设，是一个理论问题，更是一个实践问题。建设好以“社会主义核心价值体系”为内容的当代中国核心价值体系，首先必须弄清楚“谁来建设、怎样建设”——即建设的主体和机制——这两个根本问题。不弄清这两个根本问题，社会主义核心价值体系建设就会迷失方向，变成一种形式主义，甚至完全走偏，最终变成一个空洞的口号。从这一角度出发，本著关于当代中国核心价值体系建设的探讨，主要集中于实践主体和实践机制两个问题，并对其分章专析。

当代中国核心价值体系建设，是每一个中国公民的责任，对于每一位中国人都没有例外。“只有领导干部的积极性，而无广大群众的积极性相结合，便将成为少数人的空忙。但如果只有广大群众的积极性，而无有力的领导骨干去恰当地组织群众的积极性，则群众的积极性既不可能持久，也不可能走向正确的方向和提到高级的程度。”[1] 正因为如此，党的报告一再强调，把社会主义核心价值体系融入国民教育、精神文明建设和党的建设全过程，贯穿改革开放和社会主义现代化建设各领域，体现到精神文化产品创作生产传播各方面。当然，因为不同群体权责的差异，在社会主义核心价值体系的建设实践中，各自扮演的角色和担当的责任是不完全相同的，这一点不能混淆。

一、范导主体：中国共产党

社会主义核心价值体系建设，就是在马克思主义价值观的指导下，发挥占主导地位的社会核心价值观念的引领作用，实现对社会多元价值观念及其冲突的引导。因而，由中国共产党的根本性质和马克思主义价值观在社会主义核心价值体系建设中的指导地位所决定，在社会主义核心价值体系建设中，中国共产党人必然是示范和导向的主体，也必须发挥示范和导向的作用。在 1992 年“南方谈话”

[1] 《毛泽东选集》第三卷，人民出版社，1991 年，第 898 页。

中，邓小平语重心长地说：“中国要出问题，还是出在共产党内部。对这个问题要清醒。”❶ 党的“十六大”报告指出：“中国共产党深深扎根于中华民族之中。党从成立那一天起，就是中国工人阶级的先锋队，同时是中国人民和中华民族的先锋队，肩负着实现中华民族伟大复兴的庄严使命。”❷

（一）垂“范”

作为中国人民和中华民族的先锋队，在社会主义核心价值体系建设中，中国共产党人首先必须身先士卒，率先垂范。正如《公民道德建设实施纲要》所指出的：“共产党员和领导干部的模范带头作用十分重要。广大党员特别是各级领导干部……要求群众做到的自己首先做到，要求群众不做的自己坚决不做。要教育好自己的配偶和子女，管好身边的工作人员，自觉接受党组织和群众的监督，用良好的道德形象取信于民，带动广大群众进一步做好工作。”❸ 因为：

第一，作为社会主义核心价值体系灵魂的马克思主义价值观，就其主体指向而言，是马克思主义者的价值观，在当代中国，也就是以马克思主义为指导的中国共产党人的价值观。需要说明的是，明确当代中国的马克思主义价值观即以马克思主义为指导的当代中国共产党人的价值观，并不是说不应该向广大群众宣传马克思主义价值观，而是表明，只有准确定位了马克思主义价值观的主体，才能在建设社会主义核心价值体系、构建社会主义和谐社会的中国特色社会主义建设实践中，切实保障旨在促进人的自由全面发展的中国化马克思主义价值观的核心——“以人为本，全心全意为人民服务”的贯彻和落实。毫无疑问，中国共产党的“领导”，既不是传统中国社会的统治，也不是韦伯的理性官僚制下的管理，而是全心全意为人民服务，一刻也不脱离人民群众。早在 1940 年，毛泽东就指出：“所谓领导权，不是要一天到晚当作口号去高喊，也不是盛气凌人地要大家服从我们，而是以党的正确政策和自己的模范工作，说服和教育党外人士，使他们愿意接受我们的建议。”❹ 这就是说，马克思主义价值观核心的“全心全意为人民服务”是向以马克思主义为指导的中国共产党人强调“全心全意为人民服务”，是强调以马克思主义为指导的中国共产党人必须“全心全意为人民服务”。

第二，中国共产党是中国工人阶级的先锋队，是中国人民和中华民族的先锋

---

❶ 《邓小平文选》第三卷，人民出版社，1993 年，第 380 页。
❷ 《十六大以来中央文献选编》（上），中央文献出版社，2008 年，第 43 页。
❸ 《公民道德建设实施纲要》，《人民日报》，2001 年 10 月 25 日。
❹ 《毛泽东选集》第二卷，人民出版社，1991 年，第 742 页。

队，但先锋不是抽象的而是具体的，不是空泛的而是实在的，它的魅力在于实践。用毛泽东的话说："唯心论者是强调动机否认效果的，机械唯物论者是强调效果否认动机的，我们和这两者相反，我们是辩证唯物主义的动机和效果的统一论者。为大众的动机和被大众欢迎的效果，是分不开的，必须使二者统一起来。为个人的和狭隘集团的动机是不好的，有为大众的动机但无被大众欢迎、对大众有益的效果，也是不好的。"[1] 在革命战争年代，中国共产党人之所以受到广大人民群众的欢迎、爱戴和拥护，就在于他们和人民群众同甘共苦，身先士卒。在《西行漫记》中，斯诺这样描述"苏维埃掌权人物"毛泽东："毛氏夫妇的主要奢侈品是一顶蚊帐。除此之外，毛泽东的生活和红军一般战士没有什么两样。做了10年红军领袖，千百次地没收了地主、官僚和税吏的财产，他所有的财物却依然是一卷铺盖，几件随身衣物——包括两套布制服。他虽然除了主席以外还是红军的指挥员，他所佩戴的领章，也不过是普通红军战士所佩的两条红袖章"，"他毫不起眼地坐在观众的中间，玩得很高兴"，"毛泽东的伙食也同每个人一样"，"在6000英里的长征途中，除了几个星期生病以外，毛泽东和普通战士一样都是步行的"。[2] 在社会主义核心价值体系建设中，中国共产党的先锋队性质，需要一如既往的价值实践来证明。党的十七届四中全会严正指出："党的先进性和党的执政地位都不是一劳永逸的、一成不变的，过去先进不等于现在先进，现在先进不等于永远先进；过去拥有不等于现在拥有，现在拥有不等于永远拥有。"

第三，中国共产党人的价值实践是社会主义核心价值体系先进性、人民性、科学性、实践性的生动证明。社会主义核心价值体系是具有先进性、人民性、科学性和实践性的体系，但这里的先进性、人民性、科学性和实践性，都需要具体的实践来证明。马克思指出："人的思维是否具有客观的真理性，这不是一个理论的问题，而是一个实践的问题。人应该在实践中证明自己思维的真理性，即自己思维的现实性和力量，自己思维的此岸性。关于思维——离开实践的思维——的现实性或非现实性的争论，是一个纯粹经院哲学的问题。"[3] 如所周知，先进性、人民性，是中国共产党的本质属性，是中国共产党的生命所系、力量所在。自然而然，社会主义核心价值体系的先进性、人民性，也只有通过中国共产党"全心全意为人民服务"的具体实践才能得到最有说服力的证明。

第四，作为社会主义核心价值体系的首要实践者，中国共产党人特别是各级领导干部的言行直接决定着党风、政风甚至社会风气，从而在一定程度上决定着

---

[1] 《毛泽东选集》第三卷，人民出版社，1991年，第868页。

[2] ［美］斯诺（Snow，E.）：《西行漫记：英汉对照》，董乐山译，外语教学与研究出版社，2005年，第112、118页。

[3] 《马克思恩格斯选集》第1卷，人民出版社，1995年，第55页。

人民群众的价值观状态。邓小平 1979 年 3 月 30 日在党的理论工作务虚会上指出："为了促进社会风气的进步，首先必须搞好党风，特别是要求党的各级领导同志以身作则。党是整个社会的表率，党的各级领导同志又是全党的表率。如果党的组织把群众的意见和利害放在一边，不闻不问，怎么能要求群众信任和爱戴这样的党组织的领导呢？如果党的领导干部自己不严格要求自己，不遵守党纪国法，违反党的原则，闹派性，搞特殊化，走后门，铺张浪费，损公利私，不与群众同甘苦，不实行吃苦在先、享受在后，不服从组织决定，不接受群众监督，甚至对批评自己的人实行打击报复，怎么能指望他们改造社会风气呢！"❶ 温家宝 2011 年 6 月 22 日在会见中央国家机关先进基层党组织、优秀共产党员和优秀党务工作者代表时亦强调："公，就是要出以公心。古人说：'处天下事，当以天下之心出之。'对于手中的权力要心存敬畏，始终铭记我们的权力是人民赋予的，必须用来为人民谋利益。仆，就是要增强服务意识，勤勤恳恳为人民办事。每一名党员、每一名公务员，无论在什么岗位、从事什么工作，都要把全心全意为人民服务作为根本宗旨。"❷

正因为大部分中国共产党人讲党性、重品行、作表率，努力践行社会主义核心价值体系的先进性、人民性、科学性和实践性，谈及"中国道路"、"中国故事"、"中国奇迹"时，德国联邦议院联盟党议会党团干事长曼弗雷德·格伦德说："过去 30 多年，中国在经济、社会和国际舞台上取得的成就是对中国共产党执政能力的最好证明。中国共产党不拘泥于意识形态的束缚，是一个务实的执政党，为所有 13 亿人民谋福利，而不是为少数党的精英层服务。"❸

然而，值得注意的是，正如党的十七届四中全会所指出的，党内也存在不少不适应新形势新任务要求、不符合党的性质和宗旨的问题。如有的党员干部不是扎扎实实地做事情，而是热衷于摆花架子，做表面文章，搞形式主义；有的党员干部"做官"的想法越来越浓，做事的想法越来越淡等。反映到言行举止上，就是雷人之语、雷人之举层出不穷。如"你是准备替党说话，还是准备替老百姓说话"，"你知道我是谁吗？敢跟我斗，看我怎么收拾你们"，"我是管文化的，你敢在新华网曝光，我就叫它关闭"，"如果公布，为什么不公布老百姓财产"，"我没有受贿动机，所履行的是正常职务行为，是为了发展"等。这些，不仅直接影响着中国共产党的形象，影响着党群关系和人民群众对党的信任，而且影响

---

❶ 《邓小平文选》第二卷，人民出版社，1994 年，第 177～178 页。

❷ 《中央国家机关先进基层党组织、优秀共产党员和优秀党务工作者表彰大会举行》，《人民日报》，2011 年 6 月 23 日。

❸ 蒋国鹏：《执政为民 改革开放 与时俱进——国际社会解读中国共产党取得巨大执政成就的原因》，《光明日报》，2011 年 6 月 4 日。

着社会主义核心价值体系建设的实践。为此，党的十七届四中全会强调："党员、干部模范学习践行社会主义核心价值体系，是建设马克思主义学习型政党的重要任务。"

（二）导"向"

中国共产党是中国特色社会主义事业的领导核心，也就是中国特色社会主义价值观建设的领导核心。正是居于领导核心的中国共产党人的价值自觉，党的十六届三中全会以马克思主义关于发展的世界观和方法论为指导，直面社会主义市场经济体制建立过程中的"经济本位"和"GDP崇拜"等问题，反思2003年"非典"疫情，围绕"实现什么样的发展、怎样发展"这一重大问题，总结我国现代化建设的实践经验及其关于发展的重要思想，在《中共中央关于完善社会主义市场经济体制若干问题的决定》中提出了"以人为本，全面、协调、可持续发展"的科学发展观这一战略性指导思想[1]。在此基础上，面向构建社会主义和谐社会的战略目标，党的十六届六中全会进一步提出了"建设社会主义核心价值体系"这一重大战略决策，从而进一步深化了以"每个人的自由发展是一切人的自由发展的条件"为旨归的马克思主义价值理性在当代中国的时代实践。正是对中国共产党"以人为本，全心全意为人民服务"价值理性的深刻认识，智利共产党总书记、国会众议员劳塔罗·卡莫纳说："中国的发展来源于中国人民及其执政党的智慧。当外界审视中国经济成就时，时常提到中国模式或者中国经验，但更重要的是，这种模式和经验背后的精神实质是中国共产党始终秉持的社会主义发展模式和理念。"[2]

社会主义核心价值体系是中国共产党人根据中国特色社会主义的发展要求而提出的，但是，作为一种"顶层设计"，在实践上还只是一种为少数人所持有的价值观。也就是说，社会主义核心价值体系建设，就其社会建构方式而言，是一种自上而下的社会主流价值观建构。这就要求，在社会主义核心价值体系建设中，中国共产党人必须在实践上进一步发挥引领和主导方向的作用。

对比价值与事实，不难发现，价值与事实有一个显著的差别，即价值与主体有着密切的关系，带有明显的方向性，而事实无所谓方向。从价值的方向性出

[1] 在中共十六届三中全会第二次全体会议的讲话中，胡锦涛指出："树立和落实科学发展观，这是二十多年来改革开放实践的经验总结，是战胜非典疫情给我们的重要启示，也是推进全面建设小康社会的迫切要求"（《十六大以来重要文献选编》（上），中央文献出版社，2005年，第483页）。

[2] 蒋国鹏：《执政为民 改革开放 与时俱进——国际社会解读中国共产党取得巨大执政成就的原因》，《光明日报》，2011年6月4日。

发，价值观念通过对事实的价值理解把事实领域与价值领域有机地连接起来，合理地解决了“休谟铡刀”问题，即基于认识论而提出的从事实判断无法导出价值判断的问题，合理地解释了人们在现实生活中事实与价值浑然一体的问题。从这一意义上说，价值论是一种更符合人的本真存在的思维方式，是一种更能揭示人与社会的内在关系的研究范式。正因为如此，自19世纪末20世纪初德国哲学家洛采、新康德主义弗莱堡学派的文德尔班、李凯尔特等努力将价值和评价问题置于哲学的中心地位始，西方哲学已经出现了从古代本体论经近代认识论向现代价值论的转向，中国哲学也正在通过对马克思主义价值论、中国传统哲学价值论和西方价值哲学的综合研究走向新的价值论。在《哲学史教程》一书中，文德尔班指出：“由于洛采果断地提高价值观的地位，甚至将它置于逻辑学和形而上学（以及伦理学）之顶端，激起了许多对于‘价值论’（哲学中一门新基础科学）的种种倡议。”❶ 乌尔斑更指出：“在思想史上极少像现在这样，‘价值’问题如此重要地占据人们关注的中心。现实的人类价值观念已经发生了如此根本的变化，毫不夸张地说，它导致了哲学重心从知识问题向价值问题的逐渐转移。现在，人们对曾经耳熟能详的所谓‘我们令人忧虑的道德’这一问题的谈论，都是以‘创造价值’和‘保存价值’为特征的。知识问题本身，也全部地或部分地成了一个价值问题。”❷

但是，也正因为价值的方向性，因而在社会价值观建设中，也就出现了价值取向与价值导向问题。价值取向，顾名思义，就是选取价值观的方向，因而具有明显的个体性和倾向性特征。为了避免不同阶层、集团、个人之间因价值取向的过度差异而产生不可调和的、对抗性的价值冲突，社会需要通过一个占主导地位的价值导向为人们提供共同的信念和行为指南。可见，价值导向就是社会对不同利益主体的价值取向进行有目的的引导与规范。因而，价值导向包括相辅相成的两个方面，即用什么价值观来导向和怎样实践价值观导向。

党的十六届六中全会提出的以“马克思主义指导思想，中国特色社会主义共同理想，以爱国主义为核心的民族精神和以改革创新为核心的时代精神，社会主义荣辱观”为基本内容的社会主义核心价值体系，解决了当代中国用什么价值观来引导，规范多元、多样、多变的阶层、集团、个体的价值取向问题。但需要注意的是，也还只是解决了用什么价值观来导向的问题，即只解决了价值导向中理论部分的问题，还没有解决社会主义核心价值体系对社会多元、多样、多变的价值取向的实践价值导向问题，还需要通过进一步推进社会主义核心价值体系建

---

❶ ［德］文德尔班：《哲学史教程》下卷，罗达仁译，商务印书馆，1997年，第927页。

❷ 孙伟平：《价值论转向——现代哲学的困境与出路》，安徽人民出版社，2007年，第93～94页。

设，实现社会主义核心价值体系由当前“顶层设计”的主导价值观向大众认同的主流价值观的转化。中南林业科技大学教授廖小平指出：“长期以来，人们一直将‘主导价值观’与‘主流价值观’等同视之，而事实上，这两个概念有着本质的不同。主导价值观，就是在一个社会中占统治地位、对社会其他价值观及其发展方向和基本走向具有主导、引领和规范作用的价值观；而主流价值观则是指一个社会大多数民众即主流民众所信奉或各种价值取向大体一致的价值观。”[1]

实现社会主义核心价值体系由当前“顶层设计”的主导价值观向大众认同的主流价值观的转化，在进一步推进社会主义核心价值体系的建设实践中，作为领导核心的中国共产党，必须努力解决好对社会转型过程中出现的价值冲突、全球化时代的多样化社会思潮以及因其意识形态化而带来的价值误解的引导问题。

改革开放以来，中国经济开始了从社会主义计划经济体制向社会主义市场经济体制的转轨，社会结构开始从前现代社会向现代社会的转型。到目前为止，仍然处于这一“双转”过程中。伴随经济转轨和社会转型，不仅出现了所有制结构、利益结构的变化，而且出现了不可忽视的价值冲突。如何解决文化价值观各部分之间的和谐问题，诸如“道德爬坡”与“道德滑坡”之类的价值悖论和价值冲突问题，成为中国共产党人推进社会主义核心价值体系建设中必须直面的一个重要问题。

与社会转型相并列，我们同时跨入的是全球化时代。于是，在当代中国，形成了社会主义价值观、资本主义价值观以及因两千多年的封建社会而滞留的封建主义价值观并存的格局。在这一格局中，新自由主义、民主社会主义、“儒化中国”论、“普世价值”论、历史虚无主义等社会思潮层出不穷。对此，党的报告一再强调：“坚持用社会主义核心价值体系引领社会思潮。”全国哲学社会科学规划办公室 2007 年同时批准 3 项“用社会主义核心价值体系引领多样化社会思潮研究”的国家社科基金重大招标项目。这些无不表明，如何在多元中立主导、在多样中谋共识、在多变中把握正确方向，是进一步推进社会主义核心价值体系建设中的一项重大而艰巨的任务。

此外，从价值观领域来说，当前影响社会主义核心价值体系建设的另一重要因素，是各阶层群众因其推行方式的意识形态化而带来的价值误解。对比建国前后中国马克思主义作用于社会的方式，不难发现，其中一个重要的变化是意识形态化。从理论角度来说，意识形态化并不必然影响人们对马克思主义的认同。但实践中，因为部分党员干部在由“革命者”向“执政者”转变的过程中，不知

---

[1] 廖小平：《主导价值观与主流价值观辩证——兼论改革开放以来主流价值观的变迁》，《教学与研究》，2008 年第 8 期。

不觉由“权利本位”退化为“权力本位”，于是，民众因为对“权力本位”的抵制而抵制了意识形态化的价值观。譬如在当前的某些基层单位中，申请加入中国共产党，需要花上几千元甚至上万元请客送礼，这样，马克思主义就因为成了这些人谋取私利的工具而被迫替他们背上了“黑锅”。反映到人民群众中，看到马克思主义，大家油然而生的不是敬畏，而是反感。甚至在不少基层单位的领导中，也更愿意用伦理道德来解决社会问题，而回避用马克思主义的科学理论来解答社会难题。换句话说，当前的社会主义核心价值体系，尽管表面上宣传得很热，但实际上，基层群众的态度还是“冷”的，甚至可以说，即使是宣传者，很多也只是表面的。这是进一步推进社会主义核心价值体系建设中必须重视、不容易解决但必须尽可能解决的问题。

二、责任主体：公共管理组织

社会主义核心价值体系，作为当代中国的社会价值导向，不可能自发地成为广大人民群众的自觉意识，而是需要通过一定的组织管理和组织践履，才能为民众所感知、认同和接受，进而内化为人们的思想，外化为自觉的追求与行动。也就是说，进一步推进社会主义核心价值体系建设，实现社会主义核心价值体系由当前的主导价值观状态向主流价值观状态的转化，主要责任在于组织而不是个人。众所周知，马克思主义的科学性就在于引入社会关系概念，打破旧唯物主义和唯心主义的实体性思维和个体性思维，代之以社会关系思维。马克思指出：“不管个人在主观上怎样超脱各种关系，他在社会意义上总是这些关系的产物。同其他任何观点比起来，我的观点是更不能要个人对这些关系负责的。”[1] 在当代中国建设社会主义核心价值体系的实践中，作为社会关系的主要载体和公共管理组织——行使公共权力的政府、承载“社会利益”的企业、旨在增进“公益”的 NGO，是能够承担建设责任也必须承担建设责任的主体。

（一）行使公共权力的政府

我们的政府是人民的现代的政府。作为人民的现代的政府，其突出的特征就是一个“公”字。首先，政府是基于人民授予的公共权力。《中华人民共和国宪法》明确规定：“中华人民共和国的一切权力属于人民。”并且，这种“属于”不是形式的属于，而是实质的属于。用华盛顿的话说：“宪法所赋予的权力将永

---

[1] 《马克思恩格斯全集》第 44 卷，人民出版社，2001 年，第 10 页。

远掌握在民众手中。这种权力是为了某些特定目的、在特定期限内授给他们自己选出的代表的。当这种权力的使用违背他们利益，或不符合他们的愿望时，他们可以而且无疑会撤销他们公仆的资格。”[1]

与政府的公共权力前提相对应，政府的合法性在于承担公共责任，为人民谋取公共利益。江泽民 2002 年 1 月 25 日在中共中央纪律检查委员会第七次全体会议上的讲话中指出：“我国是社会主义国家，人民是国家的主人，中国共产党的执政地位、社会主义国家的一切权力都是来自于人民的，领导干部手中的权力说到底都是人民赋予的”；“领导干部必须运用人民赋予的权力为国家的发展、富强、安全服务，为人民群众团结、富裕、安宁服务，一句话，必须始终用来为国家和人民谋利益，而绝不能把它变成谋取个人或少数人私利的工具”；“一代一代领导干部都必须始终信守为人民掌握和行使权力的正确原则，同时要始终自觉接受党和人民对自己行使权力的监督”。[2]

因而，在社会主义核心价值体系建设实践中，行使公共权力、承担公共责任、为人民谋取公共利益的政府，与在社会主义经济建设、社会主义民主法治建设中一样，是首要的责任主体。众所周知，在当代中国，影响社会主义核心价值体系的重要因素，突出的是分配不公、诚信缺失、贪污腐败。这三大问题，无论是其中哪一个，都不是某一个个体或某一个小群体能够解决的。谈及当前中国诚信危机的根源，中国人民大学法律社会学研究所所长周孝正教授指出，在社会诚信的三个层面——政务诚信、商务诚信、个人诚信中，关键还是政务诚信，因为政府既是社会信用制度的制定者、执行者和维护者，又是公共信用的示范者。如果政府不讲诚信，企业诚信就难以做到，个人诚信就更无从谈起。因而，社会诚信的重建，相对于人际诚信、商业诚信等水平诚信而言，公共权力机关的垂直诚信更为关键。因为公共权力执行者和公共权力机关的失信意味着社会普遍规则的失灵。[3] 2011 年 6 月底 7 月初，人民日报“诚信大家谈”栏目与人民网就“诚信教育在诚信建设中的作用”、“诚信教育的主体”、“诚信教育的形式”、“当前诚信教育存在的问题”展开网络调查，结果如图 4－1 所示，46% 的调查参与者认为，诚信教育的主体是政府。

---

[1] ［美］华盛顿：《华盛顿选集》，聂崇信等译，商务印书馆，1989 年，第 237 页。

[2] 《江泽民文选》第三卷，人民出版社，2006 年，第 419～420 页。

[3] 李松：《中国社会诚信危机调查》，中国商业出版社，2011 年，第 4、295 页。

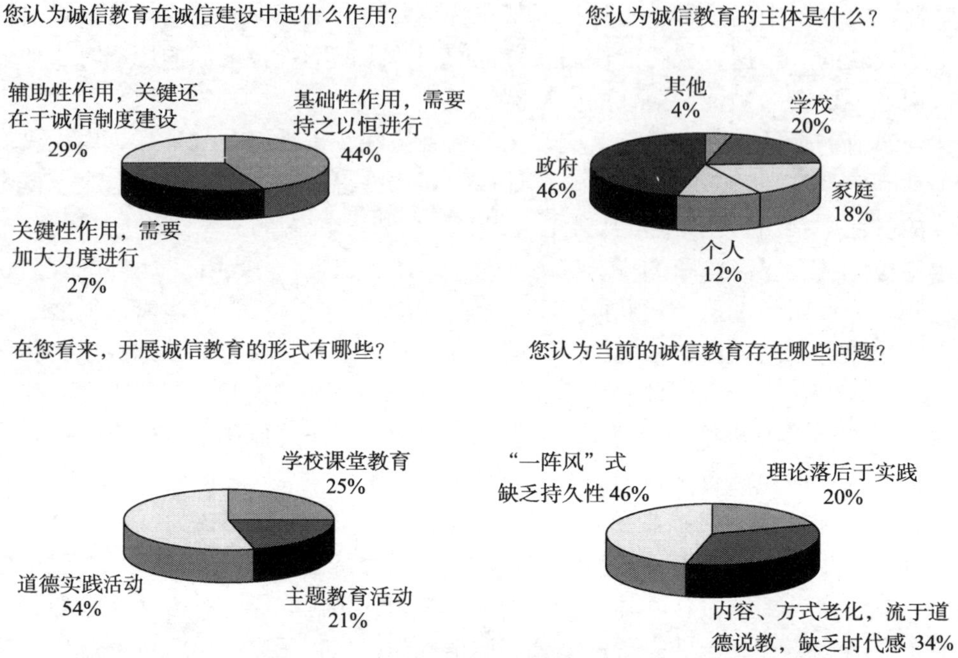

图 4－1　诚信教育网络调查结果图[1]

或许有人会提出，诚信缺失是价值领域的问题，但分配不公是经济领域的问题，是经济体制建设中的问题；贪污腐败是政治领域的问题，是政治体制改革中的问题。只有掌握权力的人员才能贪污腐败，没有权力的人员是无所谓贪污腐败的。是的，分配不公表现在经济活动中的分配环节，贪污腐败表现为政治权力的异化。但是，值得注意的是，分配不公中的“不公”本身就是一种价值表述，即违背了公平正义原则。而贪污腐败，就其发生根源而言，首先是对公共权力的价值态度出了问题。海军大连舰艇学院政治系教授王真提出：“价值观问题是目前党风廉政建设和反腐败斗争中一个十分突出的问题。……改革开放以来，我们党一直重视反腐倡廉教育，加强对党员干部进行世界观、人生观、价值教育。但由于价值观本身的穿透力，西方腐朽价值观和市场经济条件下的拜金价值观很容易侵袭一些缺乏坚定信念和坚强意志的人，致使权力寻租、权钱交易、权色交易在一些领域易发多发。”[2]

面对分配不公、诚信缺失、贪污腐败等影响社会主义核心价值体系建设的重要因素及其在社会主义核心价值体系建设实践中可能出现的新问题，政府首先应

---

[1] 《诚信大家谈⑤》，《人民日报》，2011 年 7 月 7 日。

[2] 王真：《培育廉政文化价值观 抵御腐败文化侵蚀》，《人民日报》，2011 年 3 月 30 日。

该通过廉政文化建设、诚信文化建设、责任文化建设等途径和方式加强自身建设，解决政府组织成员的价值观问题，正视公共权力的人民性，避免贪污腐败等损人不利己的恶德行为，从而提高政府的公信力。只有这样，政府才能成为社会主义核心价值体系建设的合格实践者和示范者。其次，政府要通过政治体制改革，成为社会主义核心价值体系建设的优秀发起者和组织者。今年3月15日在十一届全国人大五次会议记者会上回答新加坡《联合早报》记者的提问时，温家宝总理指出："粉碎'四人帮'以后，我们党作出了关于新中国成立以来若干历史问题的决议，实行了改革开放。但是'文革'错误的遗毒和封建的影响并没有完全清除。随着经济的发展，又产生了分配不公、诚信缺失、贪污腐败等问题"；"解决这些问题，不仅要进行经济体制改革，而且要进行政治体制改革，特别是党和国家领导制度的改革"；"没有政治体制改革的成功，经济体制改革不可能进行到底，已经取得的改革和建设成果还有可能得而复失，社会上新产生的问题也不能从根本上得到解决，'文化大革命'这样的历史悲剧还有可能重新发生。每个有责任的党员和领导干部都应该有紧迫感"。[1] 再次，政府应通过法治型政府建设、服务型政府建设，为社会主义核心价值体系建设创造良好法治环境、提供优质公共服务，从而进一步彰显社会主义核心价值体系的人文导向和目标追求。"服务型政府是以有效促进公共利益最大化为宗旨，以公民为本位，以管理就是服务为理念，以人文关怀、民主、公平、法治、责任等价值为运行基础，以多元参与、合作共治为服务形式，以为社会提供优质、高效、便捷的公共服务为标准的一种新型政府形态，它所倡导的这些理念与社会主义核心价值体系的要求在很大程度上是相契合的。"[2]

需要特别强调的是，作为社会主义核心价值体系建设的"政府"，包括所有的政府部门及其组成人员。因为政府的价值实践，在具体的形式上，最终通过其组成人员来体现。针对当前政府部门中把社会主义核心价值体系和科学发展观当做由不同部门分别管理、实施和完成的两项任务这一不正确做法，中国人民大学教授、中国价值哲学研究会副会长马俊峰专门撰文指出："建设社会主义核心价值体系，是党中央继提出科学发展观后的又一个重大战略性决策，是贯彻落实科学发展观，使我国经济建设、政治建设、文化建设和社会建设沿着中国特色社会主义方向前进的重要保证的。很显然，二者是有机联系内在统一的"。认为建设社会主义核心价值体系是文化、教育、宣传部门的事情，而贯彻科学发展观则主要是经济管理部门的任务，"把建设社会主义核心价值体系与落实科学发展观当

---

[1] 《温家宝总理答记者问》，《人民日报》，2012年3月15日。

[2] 褚添有：《完善与创新社会主义核心价值体系建设载体》，《广西日报》，2010年4月27日。

做是两件事，当做由不同部门分别管理、实施和完成的两项任务。……这显然是一种误解，而且是一种不符合马克思主义价值论基本原则并对建设社会主义价值体系的实践很有危害性的一种错误观念”。❶

（二）承载“社会利益”的企业

企业是什么？企业首先是一个组织，是一个在社会中存在并构成社会重要组成部分的组织，是一个以生产和服务满足社会需要的组织。因而，企业不仅为自身谋求经济利益，而且承载着社会利益，承担着社会责任。那种唯“钱”是举、唯“利润”是图、唯“经济利益”是瞻的认识和做法，不仅是对企业自身的误导，而且是对社会的伤害。世界银行首席经济学家、原北京大学中国经济研究中心主任林毅夫指出，加强企业本身对社会责任的认识，让社会利益变成企业追求，“把企业追求利润的选择跟社会的利益结合起来”，“我们的社会主义市场经济就会是一个好的市场经济，我们社会就会是一个和谐的社会”❷。

企业社会责任（Corporate Social Responsibility）问题，自1924年英国学者谢尔顿（Oliver Sheldon）提出企业社会责任概念以来，西方发达国家给予了高度关注。在国内，新世纪以来，特别是党的十六届三中全会提出“坚持以人为本，树立全面、协调、可持续发展的发展观，促进经济社会和人的全面发展”以来，社会各界的关注程度亦日益提高。2005年10月27日修订通过的《中华人民共和国公司法》第五条规定：公司从事经营活动，必须遵守法律、行政法规，遵守社会公德、商业道德，诚实守信，接受政府和社会公众的监督，承担社会责任。2006年12月5日，胡锦涛在中央经济工作会议上的讲话中指出：“在社会主义市场经济条件下，企业追求合法的经济利益，是经济发展的活力和动力所在，但也会出现一些企业过分重视自身利益、忽视外部影响和社会责任的现象。当前突出的是不少企业忽视节约能源资源、保护生态环境、实现安全生产和职工劳动保障的责任。……必须从全局高度来认识和处理这个问题，既要继续健全企业激励机制，也要注重强化企业外部约束，引导企业树立现代经营理念，切实承担社会责任。”❸ 2007年12月29日，国务院国资委出台了《关于中央企业履行社会责任的指导意见》，要求中央企业必须坚持以人为本、科学发展，在追求经济效益的同时，对利益相关者和环境负责，实现企业发展与社会、环境的协调统一。同时，国家电网、华能集团、中石油、中石化等企业也开始发布企业社会责任报

❶ 马俊峰：《社会主义核心价值体系与科学发展观》，《教学与研究》，2009年第3期。

❷ 林毅夫：《让社会利益变成企业追求》，《人民日报》，2007年2月12日。

❸ 《十六大以来重要文献选编》（下），中央文献出版社，2008年，第808页。

告。可是，公众普遍感觉内容与现实不符。2009 年 12 月，企业社会责任网发布的一项调查结果显示，超过 97% 的企业社会责任报告缺乏公信力。

可见，在社会主义核心价值体系建设中，承载“社会利益”的企业，不仅是非常重要的责任主体，而是必须通过企业社会主义核心价值体系建设来提升自己的公信力。当前我国社会的诚信危机、价值失范等问题，谁也不能说与企业的商务失信、金钱至上没有直接的关系。“三聚氰胺”事件、“瘦肉精”事件、“染色馒头”事件、“地沟油”事件……一次次刺激着人们敏感而脆弱的神经。2011 年 4 月 14 日，也就是在“染色馒头”事件发生后的第二天，温家宝总理即指出：“诚信的缺失，道德的滑坡已经到了何等严重的地步。”2012 年 1 月，10 名福建省人大代表提交关于出台《福建省企业履行社会责任条例》的议案，强调企业在创造利润、对投资者负责的同时，还应承担起对员工、消费者、环境、社区和困难群体等利益相关者的责任，并指出我国企业在履行社会责任、维护社会利益上存在八个方面的问题：“无视自己在社会保障方面应起的作用，逃避税收以及社保缴费；较少考虑社会就业问题，将包袱甩向社会；较少考虑环境保护，将利润建立在破坏和污染环境的基础之上；一些企业唯利是图，提供不合格的服务产品或虚假信息，与消费者争利或欺骗消费者；依靠压榨企业职工的收入和福利来为所有者谋利润，企业主堕落成资本的奴隶和赚钱的机器；缺乏提供公共产品的意识，对公益事业不管不问；缺乏公平竞争意识，一些在计划经济时期延续下来的垄断企业，大量侵吞垄断利润，并极力排斥市场竞争；普遍缺少诚信，企业对国家缺少诚信，搞假破产逃避债务，通过假包装到市场上圈钱”，主张借鉴美国、瑞典等国经验，把企业社会责任上升到法律层面。[1]

正是针对当前企业“社会责任”方面存在的问题，2011 年 12 月 22 日至 23 日，在《中央宣传部、国务院国资委关于加强和改进新形势下国有及国有控股企业思想政治工作的意见》下发一周年之际，中宣部、国务院国资委再次召开全国国有企业推进社会主义核心价值体系建设座谈会，学习贯彻党的十七届六中全会和中央经济工作会议精神，以建设社会主义核心价值体系为根本任务，总结交流经验，安排部署工作。在《深入贯彻落实党的十七届六中全会精神推动企业社会主义核心价值体系建设创新发展》的讲话中，中宣部副部长申维辰指出：国有企业不仅承担着创造物质财富的经济责任、巩固社会主义制度的政治责任、增进民生福祉的社会责任，而且承担着发展社会主义先进文化的先行责任；作为社会主义公有制的基本实现形式，国有企业要把社会主义核心价值体系要求融入企业改

[1] 《专门立法强化企业的社会责任》，《法制日报》，2012 年 1 月 30 日。

革发展的全过程，贯穿企业生产经营和管理服务的各领域，体现在企业思想政治工作和企业文化建设的各方面，切实使社会主义核心价值体系转化为企业发展战略和企业使命、基本理念和具体举措，转化为企业员工的自觉追求和实际行动，转化为企业奋力开拓新局面的坚定意志和强大动力。具体而言：

首先，国有企业要在推进社会主义核心价值体系建设中发挥表率作用，做社会主义核心价值体系的宣传者、践行者、捍卫者。国有企业是建设中国特色社会主义的重要支柱，不仅大多处在关系国家安全和国民经济命脉的重要行业和涉及国计民生的关键领域，是国家物质财富的重要创造者，是实现共同富裕的重要载体，而且是社会主义先进文化的重要体现者和社会主义核心价值理念的重要传递者，在建设社会主义核心价值体系这一基础工程、灵魂工程、系统工程方面，应该走在前列、作出表率。

其次，以社会主义核心价值体系为精神纽带，构建企业和谐劳动关系。企业和谐是社会和谐的基础，劳动关系和谐是企业和谐的关键。所有企业都要把社会主义核心价值体系作为促进和谐劳动关系、构建和谐企业的基本遵循，使崇尚和谐、维护和谐成为职工的思维方式和行为习惯，并通过完善利益分配机制、权益保障机制、矛盾调处机制、诉求表达机制，统筹协调利益关系，调控弥合价值冲突，构建起企业和谐劳动关系。

再次，把社会主义核心价值体系融入到企业文化建设之中。企业文化建设是企业发展的基础性建设。一个企业的发展，只有在具有更多文化含量的时候，才能进入更高层次更高水平；只有在灌注了高尚精神、赋予了主流价值，才具有恒久的生命力。国有企业及各类企业都要以强烈的责任感和使命感，把建设社会主义核心价值体系作为提升企业核心竞争力的灵魂工程加以推进，不断推动企业实现新跨越。

需要特别指出的是，虽然这次会议主题是“国有企业推进社会主义核心价值体系建设座谈会”，但企业社会主义核心价值体系建设的内容包括所有企业。上引讲话多次指明，国有企业和非公企业都肩负着重要责任，各类企业都要把社会主义核心价值体系熔铸于企业精神的生成培育之中，用社会主义核心价值体系这一根本来建构富有特色的企业精神；都要把社会主义核心价值体系贯穿于企业职业道德建设的全过程，完善职业道德内容，加强职业观念、职业责任、职业态度、职业纪律、职业作风教育，规范职业行为、行业行为；都要把社会主义核心价值体系融入企业制度建设和企业管理工作之中，将社会主义核心价值体系要求转化为具体的工作标准、岗位规则和行为守则，体现到企业奖惩、人才培养、干部任用的制度上，引导企业树立正确的市场观、质量观、安全观、品牌观。[1]

（三）旨在增进“公益”的 NGO

NGO 是“Non - Governmental Organization”首字母的缩写，中文译为“非政府组织”。因为强调非营利性，又被称为 NPO（Non - Profit Organization，即非营利性组织）；因为区别于政府和企业，又被称为 The Third Sector，即第三部门。作为术语，学术界通常用 NGO。NGO 作为概念正式加以使用，一般认为是在 1945 年 6 月签订的联合国宪章第 71 款中。该条款授权联合国经社理事会“为同那些与该理事会所管理的事务有关的 NGO 进行磋商作出适当安排”。这时的 NGO 意指任何不是根据政府间协议成立的以及不是把利润最大化作为首要目标的国际性非政府组织。进入 20 世纪 80 年代，伴随非政府组织在世界各国的蓬勃发展，NGO 从国际性组织走向各种国际国内社会行动团体。

20 世纪 80 年代末 90 年代初，我国非政府组织得到了显著发展。据统计，1988 年，我国包括基金会在内的非政府组织有 4446 个。此后的 23 年来，我国非政府组织飞速发展，截至 2011 年第一季度，已达 44.72 万个，增长约百倍，其中基金会 2243 个，近 8 年间翻了一番还多。在一定意义上恰如美国约翰-霍普金斯非营利组织比较研究中心主任、全球非政府组织研究学者莱斯特·萨拉蒙教授所言：“我们是置身于一场全球性的‘社团革命’之中，历史将证明这场革命对 20 世纪后期世界的重要性丝毫不亚于民族国家的兴起对于 19 世纪后期世界的重要性。”[2]

在今天，非政府组织已经作为一种实实在在的组织力量深刻地影响着中国社会的经济、政治和文化价值观建构。回首 2008 年的汶川大地震和北京奥运会、2010 年的上海世博会，上百万名志愿者们亲切的身影无不提醒我们，非政府组织正成为今天中国社会不可或缺的一个重要组成部分。也就是说，在建设社会主义核心价值体系的实践中，作为第三部门的非政府组织，不仅与政府和企业一样，同样是社会主义核心价值体系建设的重要责任主体，而且正在以其独特的职能优势深化着社会主义核心价值体系建设。

与政府的权力性和企业的营利性不同，非政府组织的本质特征表现为活动目

---

[1] 申维辰：《深入贯彻落实党的十七届六中全会精神推动企业社会主义核心价值体系建设创新发展》；王勇：《国有企业要在推进社会主义核心价值体系建设中发挥表率作用》，《人民日报》，2011 年 12 月 26 日。

[2] ［美］莱斯特·萨拉蒙：《非营利部门的兴起》，见何增科主编：《公民社会与第三部门》，社会科学文献出版社，2000 年，第 243 页。

标的公益性，即以为公众奉献为取向，以服务于公共利益为目的。“非政府组织本着利他主义和人道主义精神，在解决人口、贫困、教育特别是农村基础教育、妇女儿童保护、环境保护、少数民族、卫生保健、残疾人以及人道主义救援和人权等社会问题方面，开展深入持久的工作。”[1] 非政府组织的活动，主要不是为本组织的成员服务，而是致力于一些社会性公益事业，是为他人谋求利益。因而与政府和企业相比，非政府组织总体上具有更崇高的理念，更容易带来“价值传递递增”效应。其次，非政府组织成员具有志愿性。非政府组织不是政府，不能靠权力驱动；也不是企业，不能靠经济利益驱动。成员们之间的结合，靠的是彼此之间共同的理想信念和志趣，靠的是吃苦耐劳、甘于奉献的志愿精神。用哈贝马斯的话说，非政府组织的“核心机制是由非国家和非经济组织在自愿基础上组成的”[2]。因而，在组织内部，多的是民主、自由、平等，少的是官僚气、市侩气。与前两点紧密相连，非政府组织在管理上表现为自律性，即根据组织的宗旨自觉约束自己、管理自己，依法自觉自愿地活动于公益领域，发挥社会公益性作用。

可见，在价值理念上，非政府组织的实践与社会主义核心价值体系的精神，在很大程度上是一致的。透过社会主义核心价值体系基本构成的四个方面，不难发现，无论是马克思主义指导思想、中国特色社会主义共同理想，还是以爱国主义为核心的民族精神和以改革创新为核心的时代精神及社会主义荣辱观，其出发点和落脚点都在于最广大人民群众的根本利益，其核心都在“以人为本”，具体来说，可以表述为民生为本、共同富裕、公平正义相辅相成、相互联系的三个层面。而这些，也正是非政府组织的伦理精神所在。如上所述，非政府组织的活动不是为本组织成员谋取利益，而是为他人谋求利益。并且这里的“他人”，有一个显著的特征，即一般都是社会弱势群体。世界银行将非政府组织定义为：援贫济困、促进穷人利益、保护环境、提供基本社会服务、致力于社区发展的民间组织。这就意味着，非政府组织的活动，就是通过对弱势群体的帮扶服务，使其享受到社会的平等待遇，乃至回归到正常的状态。管理学大师杜拉克指出，非政府组织“所做的事与企业和政府截然不同。企业提供产品或服务。当顾客购买产品按价支付并对所购产品满意时，企业就大功告成。当其政策卓有成效时，政府就履行了自己的职责。‘非营利’机构既不提供产品或服务，也不实施控制。它们的产品既不是鞋，也不是规制，而是改变了的人。非营利机构是改造人、点化人的组织，其产品是治好的病人，乐于进取的孩子，年轻男女成长为具有自尊的成

---

[1] 高力主编：《公共伦理学》，高等教育出版社，2006 年，第 58 页。

[2] ［德］哈贝马斯：《公共领域的机构转型》，曹卫东等译，学林出版社，2002 年，第 29 页。

人……总之，一个改变了的新的生命”[1]。从这个角度来说，非政府组织本身就是建设社会主义核心价值体系最好的载体。

因而，在进一步推进社会主义核心价值体系建设的实践中，无论是作为组织者的政府，还是作为参与者的个人，以及作为支持者的企业，都必须高度重视旨在增进“公益”的中国NGO的地位和作用，进一步建设好中国NGO这一社会主义核心价值体系建设不可多得的平台。政府方面，应该通过多种途径为非政府组织的活动创造尽可能理想的平台，使非政府组织及其成员在自觉担当社会义务时能够尽可能享受到相应的回报，得到应有的理解、尊重和支持。企业方面，应该在经济方面给予尽可能的支助，帮助非政府组织更多地实现他们的公益梦想。个人方面，应该以主人翁精神自觉参与到中国NGO的团队行动中，不断为中国NGO注入新鲜的血液。

当然，非政府组织首先应该主动发挥自己的职能优势，通过自己的价值践履为社会主义核心价值体系的先进性、人民性、科学性和实践性提供更多丰富、具体、生动的证明，向人们更充分地传递出社会主义价值体系的优越性。同时，在自觉建设社会主义核心价值体系的实践中，进一步反思自身、改造自身、优化自身。实事求是地说，在我国非政府组织中，公益异化、公益私化、公益腐败是明显存在的。在过去的几年中，因为慈善捐款而引发的纠纷经常成为媒体关注的焦点。这就意味着，非政府组织在践履自己崇高的公益性价值理念、推进社会主义核心价值体系建设的同时，还需用社会主义核心价值净化自身，还需根据自身的特点和发展规律，制定发展规划，有效承接公共服务，切实当好社会管理参与者、社会服务提供者、群众权益维护者和社会矛盾的调处者，以丰富多样的社会服务充分体现社会主义核心价值体系的凝聚力、吸引力和感召力。这是旨在增进“公益”的NGO作为社会主义核心价值体系建设责任主体的另一个重要方面。

三、核心主体：人民群众

人民群众是社会物质财富和精神财富的创造者，是社会历史发展的决定性力量。在社会主义核心价值体系建设实践中，人民群众无疑居于决定性地位，起着决定性作用。从马克思主义群众史观来看，无论是社会主义核心价值体系建设的发生，还是社会主义核心价值体系建设的过程和效果，都取决于人民群众。毋庸置疑，只有人民群众认同接受、自觉践行的核心价值体系，才能真正成为在实际生活中发挥主导作用的主流价值体系。忽视了人民群众的主体地位，远离了人民

[1] 万俊人：《现代公共管理伦理导论》，人民出版社，2005年，第265页。

群众的生活实际，缺位了人民群众的参与、创建和认同，社会主义核心价值体系的建设实践是不可能的。作为一种自觉的“自上而下”的主流价值观建构，进一步推进社会主义核心价值体系建设，重点在大众化，难点在大众化，生命力也在大众化。只有激发了人民群众的主体性，促进了广大人民群众的参与和创建，获得了广大人民群众的认同，才能实现“自上而下”的主导价值观建构与“自下而上”的主流价值观创新的互动与融合。

（一）大众参与

实现社会主义核心价值体系的大众化，首先是大众的参与。离开了大众参与或者出现了大众“参与冷漠”，从人民群众的角度来说，很难准确理解社会主义核心价值体系建设的重大意义及其深刻内涵；从主流价值观建构的角度来说，很难形成社会主义核心价值体系建设的强大合力。

大众参与，有两种，一种是主动参与，一种是被动参与。改革开放以来，广大民众在经济建设中的参与是主动的，这一点不容置疑。但是在文化建设上，特别是在价值观建设上，却往往是被经济理性所压制的。在对经济的片面追求中，广大民众不知不觉地将价值观自觉置于生活的边缘。20 世纪八九十年代流行的是“学好数理化，走遍天下都不怕”。“数理化”，无论是对于个人，还是对于民族和国家，都不可或缺。但仅有“数理化”，无论是个人，还是民族和国家，都会出问题。

马克思主义认为，人不但是一种肉体的存在，而且是一种精神的存在，一种文化的存在。人之所以区别于万物或者说高于万物，就在于人具有一种独立的精神。东方人之所以区别于西方人、中国人之所以不同于外国人，就在于我们具有一种独立的文化。因此，每一个人的特性不能从“数理化”中来理解，而只能从支持他并渗透他的文化中获得理解。德国文化哲学家卡西尔提出，语言、神话、宗教、艺术、科学、历史等文化形式本质上都是符号形式，因此，应当用把人定义为符号的动物来取代把人定义为理性的动物。只有这样，我们才能指明人的独特之处，才能理解对人开放的新路——通向文化之路。他认为，那些把人定义为理性动物的伟大思想家们并不是经验主义者，他们也不曾打算做出一个关于人的本性的经验陈述，这个定义所表达的毋宁是一个根本的道德律令。对于理解人类文化生活形式的丰富性和多样性来说，理性是很不充分的。同样，对于民族和国家而言，其独特性也就在于她的独特的文化。试想想，如果没有了中国特色的文化，还能有我们现在言说意义上的中国吗？梁启超指出：“凡一国之能立于世界，必有其国民独具之特质，上自道德法律，下至风俗习惯、文学美术，皆有一种独立之精神。”[1]

然而在这一点上，我们广大民众还是比较欠缺的。扪心自问一下，今天社会的诚信问题、贪污腐败问题，我们每一个人在其中扮演了什么角色。我们自己的诚信有问题吗？我们“言必信，行必果”了吗？我们去行贿了吗？我们主动监督了吗？《宪法》赋予我们的权利，我们行使了吗？《宪法》赋予我们主人地位，我们自己有了主人意识和主人翁精神吗？要知道，虽然我们的社会主义民主的本质是人民当家作主，但是如果我们的人民没有主人意识，不发挥主人翁精神，不去行使当家做主的权利，自己也是永远不可能当家做主的。在现实生活中，我们常常看到，不少人遇到问题就发牢骚，说社会不好，说政府不好，说党不好，可就是从来不说自己不好；常常看到，许多人明明会站立，却偏偏要跪下，点头哈腰，媚上欺下。

从这一意义上来，社会主义核心价值体系建设中的大众参与，首先是大众的主动参与。在社会主义核心价值体系建设中，广大人民群众要自己把自己当作主人，要充分发挥自己的主体性，主动地参与到社会主义核心价值体系的建设中去。在少年中国的国民性改造方案——《新民说》中，梁启超指出：“人莫不有两我焉：其一，与众生对待之我，昂昂七尺立人间者是也；其二，则与七尺对待之我，莹莹一点存于灵台者是也。”所谓与“众生对待之我”即身体存在的“身我”，“与七尺对待之我”者即人之心灵的“心我”，心我为大，身我为小。“是故人之奴隶我，不足畏也，而莫痛于自奴隶于人；自奴隶于人，犹不足畏也，而莫惨于我奴隶于我。”人之奴隶我以及自奴隶于人都只是“身奴”，亦即被迫屈从于外在的权威，表现为人身的不自由。我奴隶于我则是“心奴”，表现为置身于奴隶地位而安之若素。两相比较，“心奴”危害甚大，“身奴斯为末矣”。“心奴”非由他力所加，“其解脱也，亦非由他力之所得助”。所以，梁启超说：“若有求真自由者，其必自除心中之奴隶始。”[2] 换言之，自除心奴始自由。

其次，作为组织的政府、企业、NGO，要竭力为广大民众参与社会主义核心价值体系建设创造优良的制度环境，从而通过外力激发广大民众参与的积极性。论及2009年12月人民论坛“千人问卷”调查显示的“主流价值观边缘化”危机，中国价值哲学学会副会长陈新汉教授认为，主流价值观边缘化“是由自己本身的‘弱化’造成的，这个‘弱化’就是人民主体性的缺失”。而解决“人民主体性缺失”这一问题，关键在于在凸显人民主体性的制度改革中把“人的世界还给人自己”。上海大学社会科学学院教授刘铮指出，在体制转换过程中，由于

---

[1] 《梁启超全集》第二册，北京出版社，1999年，第657页。

[2] 《梁启超全集》第三卷，北京出版社，1999年，第679页。

制度建设的滞后性，“带来了不同社会群体收入分配差距拉大、教育资源分配不公、看病难、住房难、失业、退休缺乏保障等问题，这一系列问题的出现，集中指向制度建设缺位，特别是体现‘以人为本’价值理念的制度安排不足。在部分群众切身利益得不到保障甚至牺牲的条件下，出现主流价值观的边缘化则不足为奇”。[1] 因而，在社会主义核心价值体系建设实践中，政府、企业、NGO 组织体系都必须通过制度改革，充分体现社会主义的本质要求和先进文化的时代特征，从制度环境层面激发广大人民群众参与社会主义核心价值体系建设的主体性，从而保证社会主义核心价值体系建设的主体基础。

再次，作为组织的政府、企业、NGO，要竭力为广大民众创造参与社会主义核心价值体系建设的平台。建设平台的大众化，是广大人民群众参与建设社会主义核心价值体系的重要条件。要通过大众化的生动丰富的建设平台，将社会主义核心价值体系与广大人民群众的生活实际有机地联系起来，并经由社会主义核心价值体系与广大人民群众的有效对接，让人民群众由“知”到“信”，由“旁观者”变为主动参与者。

（二）大众创建

人民群众作为社会历史的创造者，作为物质财富和精神财富的创造主体，不言而喻，关键还是在于创造，在于创造性地建设。如果只有参与，而没有创造，没有创造性地建设，那就只能是盲从，只能是机械地重复，而不可能推动社会的进步。因而在社会主义核心价值体系建设实践中，作为核心主体，广大人民群众不仅要参与，而且要创建，在创建中推动社会主义核心价值体系的实践转化，同时也推进社会主义核心价值理念的丰富、发展和完善。

然而需要注意的是，大众创建，对于已经参与的大众来说，关键点不是一个想不想创建的问题，而是一个让不让创建的问题。因为整体而言，只要是主动参与者，一般都愿意发挥自己的创造性建设能力。因而大众创建，首先需要的是社会主义核心价值体系建设的主导者——政府相信广大人民群众的创建能力。马克思主义认为，真正有价值的精神财富都来源于广大人民群众的创造性活动，杰出思想家、科学家和艺术家等的作用，在于对广大群众所从事的生产活动、科学实验和艺术实践等的经验做出抽象的或形象的提炼和升华。从远古时期山洞中的图画和石刻，《诗经》的歌谣，到现代令人惊羡的各种建筑艺术和工艺美术作品等诸如此类的精神文明成果，无不体现着广大人民群众在精神财富创造中的创造性

---

[1] 陈新汉：《警惕核心价值体系“边缘化危机”》，社会科学文献出版社，2011 年，第 26、50 页。

作用。古希腊著名悲剧作家埃斯库罗斯的代表作《被缚的普罗米修斯》、中国古代大诗人屈原的《离骚》、《九歌》等人类的精神财富，都取材于远古时代广大人民群众所创造的神话和传说。德国物理学家麦克斯·冯·劳厄（Max Von Laue）从科学发展史的角度写道："如同民族和国家的历史只记载在某个方面具有一定意义的较大事件和人物一样，一门科学的历史也只能够记载科学研究的某些高峰以及参加这些研究的那些人。但自从17世纪以来，有成千上万不知名的人曾把物理学向前推进，他们献身于这门科学，……只有这许多人的默默的协作才能完成大量必要的观察和计算，保证了科学的持续前进。只有多种多样的兴趣才能防止把科学研究限制在少数几个预先规定的方向里；这许多人的作用过去是、现在还是作出卓越的或者甚至是天才的贡献的必不可少的准备。至少自从17世纪末以来，物理学是集体的贡献，这也是一个历史的事实。"❶ 正因为如此，部署社会主义核心价值体系建设时，党的报告反复强调"深入开展群众性精神文明创建活动"。

其次，正如"深入开展群众性精神文明创建活动"本身所要求的，必须给予广大人民群众以创建空间。需要注意的是，作为一种价值观建设活动，作为一种改造思想、建构思想的活动，社会主义核心价值体系的建设空间，不仅仅指实体的空间，而且包括思想的空间，甚至可以说，思想的空间是更为重要的空间。社会主义核心价值体系建设的思想空间，简而言之，就是言论自由。在《论社会主义核心价值体系的人民主体性——关于克服核心价值体系"边缘化危机"的思考》一文中，陈新汉教授指出："社会主义核心价值体系的主体性必须与倡导言论自由联系在一起，如果连言论都不自由，就无所谓人民主体性。就当前而言，言论自由既需要主体的能力，更需要宽松的政治环境。言论自由是人民当家做主的重要标志。如果'舆论一律'或变相'一律'，就没有言论自由，就无所谓核心价值体系的人民主体性。健全的民主机制包括很多内容，然而都必须以言论自由为基础。"❷ 在《解放思想，实事求是，团结一致向前看》的报告中，邓小平指出："现在敢出来说话的，还是少数先进分子。……好的意见不那么敢讲，对坏人坏事不那么敢反对，这种状况不改变，怎么能叫大家解放思想，开动脑筋？四个现代化怎么化法？我们要创造民主的条件，要重申'三不主义'：不抓辫子，不扣帽子，不打棍子。在党内和人民内部的政治生活中，只能采取民主手段，不能采取压制、打击的手段。宪法和党章规定的公民权利、党员权利、党委委员的权利，必须坚决保障，任何人不得侵犯。……群众提了些意见应该允许，

---

❶ ［西德］M·V. 劳厄：《物理学史》，范岱年、戴念祖译，商务印书馆，1978年，第11页。

❷ 陈新汉主编：《警惕核心价值体系"边缘化危机"》，社会科学文献出版社，2011年，第35页。

即使个别心怀不满的人，想利用民主闹一点事，也没有什么可怕。要处理得当，要相信绝大多数群众有判断是非的能力。一个革命政党，就怕听不到人民的声音，最可怕的是鸦雀无声。现在党内外小道消息很多，真真假假，这是对长期缺乏政治民主的一种惩罚。有了又有集中又有民主，又有纪律又有自由，又有统一意志、又有个人心情舒畅、生动活泼的政治局面，小道消息就少了，无政府主义就比较容易克服。”[1]

在言论自由这一思想空间基础上，进一步通过创建文明城市、文明村镇、文明单位等“群众性精神文明创建活动”，给予社会主义核心价值体系建设以实体空间。《中共中央关于加强社会主义精神文明建设若干重要问题的决议》指出：“全国各地广泛开展的群众性精神文明创建活动，是人民群众移风易俗、改造社会的伟大创造，有助于两个文明建设任务有机结合，落实到基层。”十四届六中全会特别是十六届六中全会以来，以建设社会主义核心价值体系为根本的文明城市、文明村镇、文明单位“三大创建”活动全面推进，社会主义精神文明建设取得巨大进展，城乡文明程度和公民文明素质不断提高。2005 年 10 月，中央文明委首批表彰全国文明城市（区）12 个，全国文明村镇 494 个，全国文明单位 1001 个。2009 年 1 月表彰全国文明城市（区）14 个，全国文明村镇 672 个，全国文明单位 1343 个。2011 年 12 月表彰全国文明城市（区）27 个，全国文明村镇 899 个，全国文明单位 1794 个。实践证明，以思想道德建设为核心、以“三大创建”为载体的群众性精神文明创建活动，充分发挥广大人民群众的主体性，充分尊重广大人民群众的创造性，推动了社会主义核心价值体系由抽象到具体、由深奥到通俗、由被少数人理解掌握到被广大人民群众理解掌握，折射出了社会主义核心价值体系建设的本质要求。

社会主义核心价值体系建设，毫无疑问，既是人类社会发展一般规律的要求，又是破解当前现实生活中客观存在的“资本逻辑”、“物质异化”、“符号异化”等问题，全面推进中国特色社会主义事业，实现中华民族伟大复兴的需要。在进一步推进社会主义核心价值体系的建设实践中，要不断拓展、创新“群众性精神文明创建活动”，把社会主义核心价值体系建设更深入地融入“群众性精神文明创建活动”，从而保证建设社会主义核心价值体系的战略任务更好地落到实处。

（三）大众认同

建设社会主义核心价值体系，把社会主义核心价值体系“转化为人民的自觉

---

[1] 《邓小平文选》第二卷，人民出版社，1994 年，第 144 ~ 145 页。

追求”[1]，不言而喻，大众参与是前提，大众创建是关键，大众认同是根本。没有广大人民群众的价值认同，社会主义核心价值体系建设就难以深入，难有实效。用法国哲学家、行动的人道主义者阿尔贝特·施韦泽的话说：“只有在许多人的思想中被重新思考的，并且作为真理而被把握的东西，才自然地具有直接的和持续的使人确信的力量。只有在对思想的世界观的需要不断地被呼吁的地方，人的所有精神力量才被唤起。”[2]

那么，如何实现社会主义核心价值体系的大众认同呢？普遍认为，主要在于实现社会主义核心价值体系的大众化。2009 年 1 月以来，学界围绕“社会主义核心价值体系大众化”问题展开了研究，检索中国知网（CNKI）学术文献总库，截至 2012 年 3 月，标题中含“社会主义核心价值体系大众化”的论文有 73 篇。这些研究从概念界定、战略意义、障碍因素、原则方法、路径选择、经验借鉴等方面进行了广泛研究，并取得了一些重要成果。

总结已有研究成果，面向“建设社会主义核心价值体系，巩固全党全国各族人民团结奋斗的共同思想道德基础”的本质特点——用主导价值观建构主流价值观，在进一步建设社会主义核心价值体系，推进社会主义核心价值体系大众化，实现社会主义核心价值体系的大众认同过程中，作为社会主义核心价值体系大众化实践的理论指针，首先必须重点解决社会主义核心价值体系大众化观的问题。没有正确的社会主义核心价值体系大众化观的指引，社会主义核心价值体系大众化就可能流于形式，甚至走向形式主义。阿尔贝特·施韦泽说：“无世界观的世界观在所有方面都是最没有价值的世界观，它不仅是精神生活的毁灭，而且也是整个社会生活的毁灭。”[3]

大众化这一概念最初是由美国加州大学伯克利分校高等教育研究中心原主任马丁·特罗教授在 1973 年提出的。他以一个国家高等教育入学率在适龄青年中所占比例为指标，把高等教育的发展划分为精英化（15% 以下）、大众化（15% ~50%）、普及化（50% 以上）三个阶段。近年来，在我国，大众化概念经由“高等教育大众化”、“马克思主义大众化”等而不断为人民所熟悉。

借鉴“高等教育大众化”特别是“马克思主义大众化”的相关理论，参考拙文《从〈反对党八股〉看毛泽东的马克思主义大众化观》，以“马克思主义指导思想”为灵魂的社会主义核心价值体系大众化观，即人们对社会主义核心价值体系大众化的总体看法，亦即人们关于什么是社会主义核心价值体系大众化、社

---

[1] 《十七大以来重要文献选编》（上），中央文献出版社，2009 年，第 27 页。

[2] ［法］阿尔贝特·施韦泽：《文化哲学》，陈泽环译，上海人民出版社，2008 年，第 87 页。

[3] ［法］阿尔贝特·施韦泽：《文化哲学》，陈泽环译，上海人民出版社，2008 年，第 86 页。

会主义核心价值体系大众化为什么人而化、怎样推动社会主义核心价值体系大众化等问题的根本观点，代表人们关于社会主义核心价值体系大众化的立场、取向和态度。

从这一界定出发，在社会主义核心价值体系建设的大众参与、大众创建过程中，推进社会主义核心价值体系大众化，实现社会主义核心价值体系的大众认同，必须把握好这样四个基本问题：

第一，社会主义核心价值体系大众化是“大众化”而不是“小众化”。在《反对党八股》中，直面“有些人则连‘少许’还没有实行，却在那里提倡‘化’”的事实，毛泽东说：“劝这些同志先办‘少许’，再去办‘化’，不然，仍旧脱离不了教条主义和党八股，这叫做眼高手低，志大才疏，没有结果的。例如那些口讲大众化而实是小众化的人”。面对“小众化”存在的客观事实，毛泽东直言：“有些天天喊大众化的人，连三句老百姓的话都讲不来，可见他就没有下过决心跟老百姓学，实在他的意思仍是小众化”。[1] 在进一步建设社会主义核心价值体系，推进社会主义核心价值体系大众化的实践中，毛泽东关于“大众化”与“小众化”的警示值得我们深思。

第二，社会主义核心价值体系大众化不能片面地理解为“化”大众，或者口头上说“大众化”，实践中却行“化大众”。社会主义核心价值体系大众化当然是用社会主义核心价值体系这一科学价值观理论武装大众的头脑，引导大众的思想与精神。但是，这与“化”大众是截然不同的两码事。在“社会主义核心价值体系大众化”这一命题中，实际上包含三个基本要素：社会主义核心价值体系建设的主导者——政府、社会主义核心价值体系和大众。在社会主义核心价值体系大众化中，作为主导者的政府和大众是一种主体和主体之间的主体间性关系，是一种双向互动和“互化”关系。如果把社会主义核心价值体系大众化片面地理解为社会主义核心价值体系“化”大众，或者口头上说“大众化”，实践中却行“化大众”，就使本然的主体间性关系变成了主客体关系，这样，也就歪曲了社会主义核心价值体系大众化的宗旨和原则。

第三，社会主义核心价值体系大众化既“化”大众，也“化”作为主导者的政府，更要“化”教条主义或经验主义的主观主义者、宗派主义者和党八股者等种种假马克思主义者和反马克思主义者。毛泽东指出，教条主义“装出马克思主义的面孔，吓唬工农干部，把他们俘虏起来，充作自己的用人，而工农干部不易识破他们；也可以吓唬天真烂漫的青年，把他们充当俘虏。”[2] 在进一步建

[1] 《毛泽东选集》第三卷，人民出版社，1991年，第841页。

[2] 《毛泽东选集》第三卷，人民出版社，1991年，第819页。

设社会主义核心价值体系，推进社会主义核心价值体系大众化的实践中，这一点亦值得我们警惕和借鉴。

第四，做好社会主义核心价值体系大众化的工作，最根本、最彻底、最有效的方式，就是自觉向人民群众学习。毛泽东直言："如果不是口头上提倡提倡而且自己真想实行大众化的人，那就要实地跟老百姓去学，否则仍然'化'不了的。"[1] 只有到人民大众中，跟人民大众去学，才能更好地理解以"马克思主义指导思想"为灵魂的社会主义核心价值体系的真谛，并真切地向人民大众传达社会主义核心价值体系的真谛。只有深入到人民大众中，跟人民大众去学，才能真正理解人民大众的思想感情，跟人民大众的思想感情打成一片。只有深入到人民大众中，才能学会不用书本上的公式而用为人民大众服务的人民大众的语言同人民大众讲话。[2] 这一方面，2011 年 8 月以来全国新闻单位的"走基层、转作风、改文风"活动给出了最好的证明。

可见，作为社会主义核心价值体系建设的结果，社会主义核心价值体系的大众认同，不只是一个宣传的问题，更是一个行动的问题，并且是一个直接从广大人民群众的生活实际出发的行动问题。离开了广大人民群众的实际需要，社会主义核心价值体系建设就会流于空谈。在社会主义社会特别是社会主义初级阶段，作为相信群众、依靠群众、为了群众的社会主义核心价值体系建设实践，必须把解决思想问题同解决实际问题结合起来，首先满足人们的生存需要，切实解决民生问题。只有这样，才能在尊重人民群众主体地位和首创精神的社会主义核心价值体系大众化实践中，以文化人，实现社会主义核心价值体系的大众认同，进而在内在激励中自觉践行社会主义核心价值体系，进一步推动社会主义核心价值体系的发展和创新。

四、重点学习主体：领导干部、青少年和公众人物

十年树木，百年树人。作为一种以文化人、以思想改造思想的主流价值建构实践，最大限度的社会主义核心价值体系大众认同，不是一天两天、一月两月、一年两年就能达到的，而是一个五年、十年甚至二十年乃至更长时间的长期过程。因而，在进一步推进社会主义核心价值体系建设的实践中，不仅要坚持"两点论"，而且要突出"重点论"。建设社会主义核心价值体系，推进社会主义核

[1] 《毛泽东选集》第三卷，人民出版社，1991 年，第 841 页。

[2] 李金和：《从〈反对党八股〉看毛泽东的马克思主义大众化观》，《毛泽东邓小平理论研究》，2011 年第 6 期。

心价值体系的大众认同，从群体的角度来说，重点有三个：领导干部、青少年、公众人物。领导干部是国家发展的规划者和组织者，决定着社会主义核心价值体系建设的方向。青少年是国家的未来和民族的希望，决定着社会主义核心价值体系建设的继承和发展。公众人物是社会潮流的传播者，放大着社会主义核心价值体系建设的实际效应。因而，在进一步建设社会主义核心价值体系，推进社会主义核心价值体系大众化的同时，要重点对领导干部、青少年、公众人物这三个群体开展社会主义核心价值体系的学习教育。

（一）领导干部

社会主义核心价值体系建设的重大战略任务是党的十六届六中全会首次明确提出来的。据《中国共产党第十六届中央委员会第六次全体会议公报》，出席这次全会的有，中央委员 195 人，候补中央委员 152 人。中央纪律检查委员会常务委员会委员和有关方面负责同志列席了会议。这就意味着，对于社会主义核心价值体系的认知、理解、内化、践行，广大领导干部和广大人民群众一样，都是一个从未知到已知，从表层到深层，从形式到实质不断深化的过程。一句话，都是一个学习的过程。

在这一学习过程中，无论是从社会主义核心价值体系学习教育的规划设计、组织实施，还是从领导干部模范践行的角度来说，领导干部都是首要的并且是首批的学习主体。必先自觉而后才能觉人，未有自未觉而能觉人者。古语云："官德正，则民风淳；官德毁，则民风降。""官德隆，民德昌，国家兴；官德毁，民德降，国家衰。"正因为如此，党的十七届四中全会指出："党员、干部模范学习践行社会主义核心价值体系，是马克思主义学习型政党的重要任务。"党的十七届六中全会指出："坚持以领导班子和领导干部为重点，以提高思想政治素养为根本，以建设学习型党组织为抓手，大力推进马克思主义学习型政党建设。"2011 年 10 月 17 日国家公务员局制定印发《公务员职业道德培训大纲》，规定"社会主义核心价值体系"为培训的基础内容。

回顾中国共产党的发展历史，90 多年来，之所以由一个 57 人的小党成为一个 8000 多万人的大党，之所以用 28 年的时间彻底改变了 1840 年鸦片战争以来中华民族的悲惨命运，之所以用 62 年的时间完成了西方国家几百年才走完的现代化历程，之所以在 32 年的时间内成为了世界第二大经济体，关键就在于重视学习，善于学习。1938 年 10 月在中共扩大的六届六中全会报告中，毛泽东即对如何学习马克思列宁主义和我们的历史遗产等问题进行专门阐释，并特别指出："学习理论是胜利的条件。在主要领导责任的观点上说，如果中国有一百个至二百个系统地而不是零碎地，实际地而不是空洞地，学会了马克思主义的同志，那将是等于打倒一个日本帝国主义。" 11月6日通过的《中共扩大的六中全会政治决议案》特别做出关于开展学习运动的决议："加紧认真地提高全党理论的水平，自上而下一致地努力学习马克思、恩格斯、列宁、斯大林的理论，学会灵活的把马克思列宁主义及国际经验应用到中国每一个实际斗争中来，研究孙中山先生的三民主义，研究中国历史，提高工农干部和一般党员的文化水平，更加改进《新华日报》、《解放》、《群众》等的内容，大量设立各级培养干部的学校，训练班等。"[1] 1939年5月20日在延安在职干部教育动员大会上的讲话中，毛泽东又指出："学习是我们注重的工作，特别是干部同志，学习的需要更加迫切，如果不学习，就不能领导工作，不能改善工作与建设大党。"全党的同志，不仅要研究学问，而且"一定要学到底，学习的最大敌人是不到'底'"，"要把全党变成一个大学校"。[2] 1962年在扩大的中央工作会议上的讲话中，邓小平亦特别指明"学习的问题"。他说："这几年的教训是，我们对马克思列宁主义的基本原理和毛泽东思想，体会不够。我们有许多错误是从这里来的，我们忙于事务，不注意学习，容易陷入庸俗的事务主义中去。不注意学习，忙于事务，思想就容易庸俗化。如果说要变质，那末思想的庸俗化就是一个危险的起点。我们还是要造成一种学习的空气，学习理论的空气，……学习实际的空气，这也是我们的一个党风，我们党的一个好的传统。"[3]

显而易见，重视学习、善于学习、不断学习，努力掌握和运用马克思主义的立场、观点、方法，努力掌握和运用科学的新思想、新知识、新经验，以改革创新精神提高领导干部的党性修养和理想信念教育水平，是中国共产党始终走在时代前列引领中国不断走向科学发展新阶段的决定性因素。欧洲左翼党主席洛塔尔·比斯基在分析中国共产党执政取得巨大成就的原因时说："一大原因在于善于学习。只要中国共产党继续学习，继续作出正确的发展决策，继续鼓励各行各业的创造性，它就将一直是中国发展的发动机。"[4]

然而，同样必须正视的是，改革开放以来，随着时代条件、社会环境和党员结构等的变化，一些领导干部在党性修养和理想信念方面出现了不少突出问题，给社会主义核心价值体系建设带来不少障碍，甚至在一定程度上明显地消减着社会主义核心价值体系建设的成效。按照中共中央党史研究室副主任李忠杰的归纳，有四个方面：一是理想信念问题：一些领导干部抱着过去书本上对社会主义

[1] 《中共中央文件选集》第十一册，中共中央党校出版社，1991年，第658、756～757页。

[2] 《毛泽东文集》第二卷，人民出版社，1993年，第179、184、185页。

[3] 《邓小平文选》第一卷，人民出版社，1994年，第315～316页。

[4] 蒋国鹏：《执政为民 改革开放 与时俱进——国际社会解读中国共产党取得巨大执政成就的原因》，《光明日报》，2011年6月4日。

的教条式理解，或受西方思潮的影响，仍然不时对中国特色社会主义表示怀疑，对邓小平理论、“三个代表”重要思想和科学发展观提出批评，不能自觉坚持党的基本路线、基本纲领和有关方针政策。二是政治品质问题：一些领导干部对旧社会庸俗腐朽的官场哲学越来越感兴趣，并付诸实践。有的搞封建的帮派关系，热衷于拉帮结派，搞团团伙伙，对属于自己的哥们儿封官许愿，提拔安排，对不属于自己的人党同伐异，排挤打击；有的搞封建的人身依附关系，千方百计找所谓“靠山”，投领导所好，看领导脸色，什么都拣领导爱听的话说，对上唯唯诺诺，对下颐指气使，只唯上，不唯实；有的搞庸俗的关系学，挖空心思通过接待领导、请客吃饭、上门拜见、送礼送钱等方式，拉关系，找门子，通过各种关系的运作，达到升迁重用的目的。三是道德人品问题：一些领导干部思想意识不健康，生活情趣很庸俗，甚至包二奶，养情妇。四是法治观念问题：一些领导干部认为权力大于法律、人情大于法律、关系大于法律，遇到什么事情，用权力、人情、关系摆平，逃脱法律的制裁。[1] 中共江苏省委常委、组织部长石泰峰指出：“少数党员干部没有科学把握马克思主义认识论，重执行政策、轻理论指导，存在实用主义倾向；不能牢固树立马克思主义群众观，重对上负责、轻群众利益，存在脱离群众倾向；不能科学运用马克思主义方法论，重经济发展、轻统筹兼顾，存在盲目性片面性绝对化倾向，等等。”[2]《半月谈》2009年第16期《正视官德缺失之痛》一文指出，时下常见这样的现象：一些领导干部本来信仰缺失、道德败坏，却大言不惭地说什么“社会变了”，自己不变就“跟不上潮流了”；本来作风霸道、横行乡里，却巧舌如簧地说什么“如今的老百姓难管了，不听话了”，全然不把群众放在眼里；本来作风腐化、挥霍无度，却牵强附会地说什么“大环境如此，只好随波逐流”，不顾羞耻为自己的恶行开脱；本来拜金主义、私欲膨胀，却颠倒黑白地说什么“市场经济就是要开放搞活”。

由此可见，对领导干部群体重点开展社会主义核心价值体系学习教育，坚持把学习践行马克思主义理论作为学习型政党建设的首要任务，教育引导党员干部提升马克思主义理论素养；坚持用中国特色社会主义共同理想武装全党，教育引导党员干部自觉贯彻党的基本路线、基本纲领和有关方针政策；加强党的优良传统教育，加强中华优秀传统文化教育，引导党员干部带头弘扬以爱国主义为核心的民族精神和以改革创新为核心的时代精神；加强思想道德建设，引导党员干部自觉践行社会主义荣辱观，不仅仅是一个弘扬党的优良传统的问题，也不仅仅是

---

[1] 李忠杰：《提高领导干部党性修养和理想信念教育的水平》，人民网—理论频道，2009年11月27日，http://theory.people.com.cn/GB/10462939.html.

[2] 石泰峰：《最强大思想武器要为最广大党员干部所掌握》，《光明日报》，2011年7月28日。

一个领导干部的模范作用问题，而是一个事关党的先进性的重大而迫切的现实问题。截至2010年年底，中国共产党党员总数为8026.9万名，其中35岁以下的党员1951.1万名，占党员总数的24.3%，36~45岁的党员1688.3万名，占党员总数的21%，参照图4-2所示的"截至2008年年底党员入党时间结构"，不难看出，当前党的队伍结构发生了重大变化，新党员大幅度增加，干部队伍新老交替加速推进，一大批年轻干部走上领导岗位，相当多的地厅级干部已经是"70后"一代，部分已经是"80后"一代，相当多的县处级干部已经是"80后"一代。这种结构变化给党员干部队伍带来了新的活力，也提出了新的挑战。1985年9月23日在中国共产党全国代表会议上的讲话中，邓小平指出："中青年干部接班，最重要的是接老同志坚持革命斗争方向的英勇精神的班。……干部不是只要年轻，有业务知识，就能解决问题，还要有好的作风。要全心全意为人民服务，深入群众倾听他们的呼声；要敢说真话，反对说假话，不务虚名，多做实事；要公私分明，不拿原则换人情；要任人唯贤，反对任人唯亲。"[1]

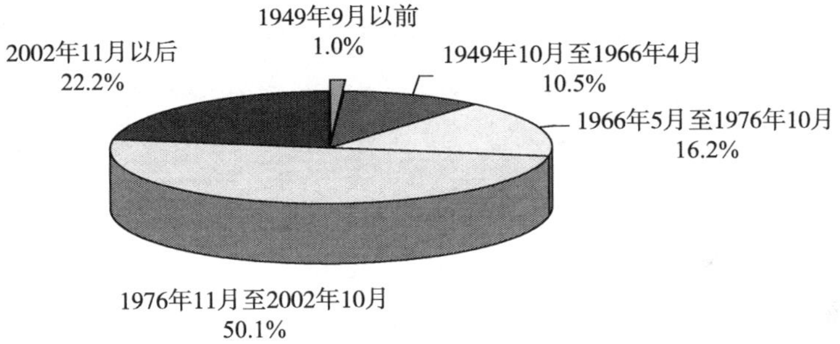

图4-2　截至2008年年底党员入党时间结构图[2]

（二）青少年

作为正在学习成长中、价值观处于不成熟或半成熟状态的未来社会建设的中坚力量，青少年是社会主义核心价值体系的重点学习主体，是不言而喻的。学界关于青少年特别是其中的大学生社会主义核心价值体系学习教育研究，也相对较多。检索中国知网（CNKI）学术文献总库，自2006年12月以来，直接以"社会主义核心价值体系"和"青少年"为主题词的论文有88篇，直接以"社会主

---

[1] 《邓小平文选》第三卷，人民出版社，1993年，第146页。

[2] 中共中央组织部：《2008年中国共产党党内统计公报》，新华网，2009年7月1日，http://news.xinhuanet.com/politics/2009-07/01/content_11634894_1.htm.

义核心价值体系”和“大学生”为主题词的论文有808篇。检索中国国家数字图书馆，直接以“社会主义核心价值体系”和“大学生”为主题词的著作有4部，博士学位论文有1篇。

与学界有关青少年社会主义核心价值体系学习教育研究相映照，在庆祝中国共产党成立90周年大会上的讲话中，胡锦涛指出：“我们党从成立之日起，就始终代表广大青年、赢得广大青年、依靠广大青年。……我们党的创始人，一代又一代中国共产党人，大多数都是从青年时代就满腔热血参加了党，决心为党和人民奋斗终身。我们党的队伍里始终活跃着怀抱崇高理想、充满奋斗激情的青年人，这是我们党历经九十年风雨而依然保持蓬勃生机的一个重要保证。青年是祖国的未来、民族的希望，也是我们党的未来和希望。全党都要关注青年、关心青年、关爱青年，倾听青年心声，鼓励青年成长，支持青年创业。党对青年寄予厚望，人民对青年寄予厚望。”[1] 我们党的创始人之一李大钊，在《晨钟之使命——青春中华之创造》一文中这样定位青年：“青年者，人生之王，人生之春，人生之华也。青年之字典，无‘困难’之字，青年之口头，无‘障碍’之语；惟知跃进，惟知雄飞，惟知本其自由之精神，奇僻之思想，锐敏之直觉，活泼之生命，以创造环境，征服历史。”“青年者，国家之魂，……青年当努力为国家自重，……以青春中华之创造为唯一使命。”[2] 马克思主义创始人之一恩格斯这样对待青年：“只管让年轻人走自己的路吧，他们会找到自己的道路的。”[3]

因而，以马克思主义青年观为指导，面向当代中国“90后”青少年的思想实际和社会主义核心价值体系的建设性价值导向，关注青少年的内在需求，总结现有研究成果和传统价值观教育特点，在进一步开展青少年社会主义核心价值体系学习教育的过程中，首先作为教育者的成年人应该推进价值观教育范式的与时俱进，即从强调矫治功能的“消极心理学范式”的传统价值观教育转向基于中国社会文化—心理价值观取向、突出发展功能的“积极心理学范式”的现代价值观教育。

价值观教育，就其基本任务而言，主要表现为三个方面：一是矫治消极的、不健康的价值观；二是激发积极的、健康的价值观；三是引领中性的价值观健康发展。审视传统的价值观教育，用著名教育家蔡元培的话说：“教育者预定一目的，而强受教者以就之；故不问其性质之动静、资禀之锐钝，而教之止有一法，能者奖之，不能者罚之，如吾人之处置无机物然，石之凸者平之，铁之脆者煅

---

[1] 胡锦涛：《在庆祝中国共产党成立90周年大会上的讲话》，《人民日报》，2011年7月2日。

[2] 《李大钊全集》第一卷，人民出版社，2006年，第167～168、170页。

[3] 《马克思恩格斯全集》第2卷，人民出版社，2005年，第304页。

之。”[1] 从教育心理学的角度来分析，“教育者预定一目的，而强受教者以就之”的传统价值观教育，其自身的存在逻辑和教育逻辑，在基本范式上，与“二战”后类似于病理学性质的“消极心理学”一样，都是将重心置于“传统经验视域的问题”之上。看到受教育者价值观世界的不足，并对其加以正确的矫治和引导，是教育者的责任。然而，对于受教育者价值观世界中的问题，如果不加辩证地分析，就会“放大”其问题，甚至走向“问题”的反面。面向青少年的价值观教育，首先需要确定的一个基本前提是，青少年是“发展中的面向未来的人”。

当代青少年，即“90后”和新世纪的一代。成长于改革开放和社会主义市场经济体制逐步深化、网络日益普及的新时代，当代青少年除具有梁启超所说的“常思将来”、“常好行乐”、“常喜事”等少年人的优点外，相比于“90前”青少年，更趋理性务实，更显独立自信、更富于创新意识。教育部2009年高校学生思想政治状况滚动调查显示：“当前高校学生思想政治状况继续保持积极、健康、向上的良好态势，与20年前相比发生转折性变化。他们具有浓厚的爱国情怀，在国家大事、难事、急事面前，能够自觉担当、奋勇向前，表现出强烈的爱国热情、高度的社会责任感、崇高的奉献精神，是值得信赖、堪当重任、大有希望的一代”。[2]

同当代青少年思想特点的一样，《中共中央关于构建社会主义和谐社会若干重大问题的决定》提出的以“马克思主义指导思想，中国特色社会主义共同理想，以爱国主义为核心的民族精神和以改革创新为核心的时代精神，社会主义荣辱观”为基本内容的社会主义核心价值体系，彰显的是新中国成立六十年来，特别是改革开放三十年来“具有建设性的价值力量”及构建社会主义和谐社会的建设性价值导向，也就是“积极心理学范式”逻辑——即以人固有的积极健康品质为出发点，强调有意识地为全体社会成员创造一种积极的社会组织制度系统，增进社会成员积极的情感体验，扩充和培育社会成员的积极人格。这就要求我们，在进一步开展青少年社会主义核心价值体系学习教育中，自觉运用积极心理学的理论与方法，不断探索创新当代青少年社会主义核心价值体系的学习教育模式和机制，开掘青少年的积极品质、增进青少年的积极体验、培育青少年的积极人格。[3]

当然，同时也要特别注意当下世界范围内的消费主义、享乐主义、拜金主

[1] 《蔡元培全集》第三卷，中华书局，1984年，第173～174页。

[2] 《2009年高校学生思想政治状况滚动调查表明大学生主流思想出现转折性变化》，中华人民共和国教育部网站，2009年7月6日，http://www.moe.edu.cn/edoas/website18/35/info1246864265526635.htm。

[3] 李金和：《“90后”大学生社会主义核心价值观教育的范式转换》，《思想教育研究》，2011年第9期。

义、实用主义、个人主义、唯科学主义等消极价值观对青少年的破坏性影响。消费主义把消费作为生活的宗旨，颠倒了人与消费的关系，使人被无穷的“消费符号”无限异化。享乐主义追求感官刺激，及时行乐，声色犬马，醉生梦死，把人的生活降格为爱因斯坦严厉批判的“猪栏的理想”。实用主义只关注切身利益，告别崇高和理想，把他人变成工具，反过来也把自己变成工具。个人主义强调个人利益的最大化，为了满足个人利益不惜损人利己，以邻为壑，严重背离了人的社会关系本质，并导致人与人之间的对立。唯科学主义把科学夸大为人类活动的唯一标尺，背离了人的价值存在，使人类在科学面前迷失了方向，从而导致人类陷入科学的灾难。因而，开展青少年社会主义核心价值体系学习教育，在关注青少年内在需求，转换价值观教育范式，激发青少年内在动力的同时，要把社会主义核心价值体系的要求具体落实到学科建设、教材建设、课堂教学、校园文化等教育全过程，引导青少年“把文化知识学习和思想品德修养紧密结合起来”，“把创新思维和社会实践紧密结合起来”，“把全面发展和个性发展紧密结合起来”，“牢固树立正确的世界观、人生观、价值观，胸怀远大理想，陶冶高尚情操，培育科学精神，立为国奉献之志，立为民服务之志，牢牢把握人生正确航向，把个人成长成才融入祖国和人民的伟大事业之中，以实际行动创造无愧于人民、无愧于时代的业绩，谱写壮丽的青春乐章”。[1]

（三）公众人物

“公众人物”，作为专门概念，形成于20世纪60年代的美国诽谤案中，最初专指“公共官员”。而后随着经济、文化的快速发展和社会价值取向的多元化，一些非政治领域的著名人物也逐渐成为社会广泛关注的公众人物，如一些演艺人员成为演艺公众人物，一些体育人员成为体育公众人物，一些商人成为商业公众人物，一些文人成为文化公众人物。在我国，“公众人物”概念始于改革开放。随着物质文化生活的丰富发展、大众传媒特别是电视的快速普及，一些演艺人员迅速成为人们尤其是青年人关注的焦点，甚至成为追随的偶像。因而，“公众人物”，通俗地说，就是一言一行、一举一动引起社会关注，牵动社会舆论，产生社会影响的人物。学界一般认为指的是在一定范围内具有一定的社会影响力或享有一定的社会知名度的人物，包括商界、政界、文艺界、体育界等社会各界明星人物。归类上，美国法律一般分为完全性公众人物和有限性公众人物；国内学界则有政治公众人物、社会公众人物，自愿性公众人物、非自愿性公众人物等二分

[1] 胡锦涛：《在庆祝清华大学建校100周年大会上的讲话》，《人民日报》，2011年4月25日。

法，及权力资源型公众人物、财富资源型公众人物、注意力资源型公众人物、智力资源型公众人物等四分法。本处对公众人物的分析不是法律分析，属于对公众人物在社会主义核心价值体系建设中的影响力的传播学分析，因而采用清华大学新闻与传播学院教授尹鸿的二分法：“一是政治公众人物，主要指政府官员；二是社会公众人物，包括文艺界、娱乐界、体育界‘明星’，文学家、科学家、知名学者、知名人士。前者更多地涉及国家利益、公共利益；后者则主要涉及公众兴趣和日常生活。”❶

从上述界定和分类来看，社会公众人物除具有众所周知的社会知名度外，还具有社会公众性和社会公共利益性两个基本特征。显而易见，公众人物并不是生来就是公众人物的。公众人物之所以成为公众人物，除了自身的努力外，一个重要的甚至可以说是关键的条件，就是一定范围的社会公众的信任和支持。也就是说，公众人物获得的这种信任和支持不是个体信任和支持，而是一种公共信任和公共支持。社会公众性就是指这种社会公众人物受到一定范围的社会公众的高度关注、信任和支持，并深刻影响该范围的广大公众的特性。同样，社会公共利益性就是指社会公众人物集中了一定范围的公共资源，深刻影响着该范围的社会公共利益的特性。公众人物中的政治公众人物掌握着公共权力，社会公众人物集中了社会公众信任，因而无论是政治公众人物还是社会公众人物，在积极的向度上，都具有较高的社会地位，享有较好的社会声誉。

权利和义务是对等的。马克思指出：“没有无义务的权利，也没有无权利的义务。”❷ 因此，与公众人物的社会公众性和社会公共利益性相对应，公众人物也承担着相应地公共责任。这里的公共责任，首先是一个“话语责任”。公众人物因为其社会知名度和社会公众性，其“话语”会被更多的人所关注、被更多的人二次三次多次传播，使更多的人受到影响。甚至“常常有可能被看作所谓‘意见领袖’，成为信息传播过程的中介、过滤或者放大环节”❸。尤其是今天互联网等新媒体的出现，特别是论坛、播客、微博等自媒体的兴起，点对点的网状传播方式使得“话语”的聚集性越来越强，传播越来越快，影响越来越大。一条几十个字的微博、一个短短的帖子，瞬间就能聚集成巨大的“话语”场，在网络的虚拟空间和现实的实体空间同时形成轩然大波。这就意味着，在社会主义核心价值体系建设实践中，公众人物作为特定“意见领袖”或者说一定社会潮流的导引者，是社会主义核心价值体系学习教育理所当然的的重点主体。把社会

❶ 尹鸿：《公众性决定公众人物话语责任》，《人民日报》，2010 年 12 月 9 日。

❷ 《马克思恩格斯选集》第 2 卷，人民出版社，1995 年，第 610 页。

❸ 尹鸿：《公众性决定公众人物话语责任》，《人民日报》，2010 年 12 月 9 日。

主义核心价值体系贯穿改革开放和社会主义现代化建设各领域，重点就是“要突出公众人物的教育，引导名家名人特别是影视界、文艺界、体育界、社科界、新闻界、科技界、企业界、金融界等知名人士自觉践行社会主义核心价值体系，增强社会责任感，确保自己的一切产品、一切成果、一切言行、一切活动，都体现社会主义核心价值体系的内容和要求，为世人作出榜样”❶。

作为社会潮流的导引者，在社会主义核心价值体系建设实践中，公众人物首先要明确自己的社会角色，培养社会主义的文化自觉，提高建设社会主义核心价值体系的话语水平，担当建设社会主义核心价值体系的话语责任。公众人物的社会公众性，“决定了名人之言必须与身份吻合，名正言顺也意味着名之正则言须顺、言之不顺则名之不正”❷。需要说明的是，提高建设社会主义核心价值体系的话语水平，不是开口闭口都是社会主义核心价值体系的口号、“语录”或放之四海而皆准的真理，也不是巧舌如簧、八面逢迎，而是要对社会主义核心价值体系建设中客观存在的问题敢说话、能说话、会说话、说真话，要代表公众立场、表达公众诉求，反映公众心声。比如说你是学者，尤其是人文社会科学的学者，话语就必须体现出人文社会科学教授的思想理论素养和对社会主义核心价值体系建设中需要解决的问题的洞见，而不是人云亦云，制造话语垃圾；你是明星，话语就不仅要符合公共的社会道德，而且要能够传达出你所处领域的社会主义核心价值体系高度，更不能轻视弱势人群、边缘文化；你是专家，话语就必须尊重人类社会价值观建设的一般规律，正确表达对社会主义核心价值体系建设的成就与问题的科学态度，绝不能信口开河。

其次，公众人物作为社会道德、社会风气的风向标，在社会主义核心价值体系建设中，应当自觉承担道德责任。因为集中了一定范围的社会公众的信任，公众人物往往成为一定人群的偶像或特定价值追求的载体和符号，如众所周知的形象代言人。因此，在社会主义核心价值体系建设实践中，公众人物的言行不仅要合乎法律规定，合乎道德规范，更须承担道德的责任，成为道德的模范。然而，恰恰是在这一方面，一些公众人物存在不少突出问题。近年来，各种各样的“门事件”、虚假广告事件、学历学术造假事件，层出不穷。正因为如此，党的十七届六中全会特别要求：“把诚信建设摆在突出位置，大力推进政府诚信、商务诚信、社会诚信和司法公信建设，抓紧建立健全覆盖全社会的征信系统，加大对失信行为的惩戒力度，在全社会广泛形成守信光荣、失信可耻的氛围。”我们的公

---

❶ 教育部中国特色社会主义理论体系研究中心：《社会主义核心价值体系是兴国之魂》，《光明日报》，2011年12月8日。

❷ 尹鸿：《公众性决定公众人物话语责任》，《人民日报》，2010年12月9日。

众人物如果想对自己的信任负责，想对信任支持自己的公众负责，就必须自觉承担起诚信建设的责任。马克斯·韦伯指出："能够打动人心的，是一个成熟的人（无论年龄大小），他意识到了对自己行为后果的责任，真正发自内心地感受着这一责任。然后他遵照责任伦理采取行动，在做到一定的时候，他说：'这就是我的立场，我只能如此。'这才是真正符合人性的、令人感动的表现。"[1]

再次，在社会主义核心价值体系建设中，公众人物还应该有更多的公益担当，这是由公众人物的公共利益特性所决定的。遵守法律、遵守道德，是每一个公民的起码要求。作为公众人物，仅仅停留于此，那就与一个普通公民没有什么差别，是远远不够的。当然，如果连这一点都达不到，那就不仅是一个有悖公众的信任和支持的问题，而是一个违法背德的问题了。无论是公众人物的社会地位，还是社会声誉，都离不开社会公众的支持，因而，公众人物不仅应以各自职业领域的良好表现回报公众，而且应该关注公共利益，担当社会公益，利用自己的社会影响力，力所能及地为民生问题做一些事情，从而在行动中更好地传达社会主义核心价值体系所蕴涵的真善美的知识、价值和情感。

[1] ［德］马克斯·韦伯：《学术与政治：韦伯的两篇演说》，冯克利译，生活·读书·新知三联书店，2007 年，第 116 页。

第五章　当代中国核心价值体系建设的实践机制

明确了当代中国核心价值体系建设的实践主体，还必须建立起与各主体相应的实践机制，即关于各主体的或与各主体有机关联的社会主义核心价值体系建设原理与方式。只有建立起符合实际、行之有效的当代中国核心价值体系建设机制，才能保证以“社会主义核心价值体系”为内容的当代中国核心价值体系建设的科学化、规范化和制度化，从而推进社会主义核心价值体系建设贯通于国民教育、精神文明建设和党的建设的全过程，最终转化成全体人民构建社会主义和谐社会、建设中国特色社会主义的核心价值理念和核心价值观。

一、范导机制

范导机制，即作为范导主体的中国共产党在社会主义核心价值体系建设中的实践原理与方式。作为中国人民和中华民族的先锋队，作为中国特色社会主义事业的领导核心，中国共产党在社会主义核心价值体系建设中应该坚持什么样的实践原理与方式呢？在《关于领导方法的若干问题》中，毛泽东指出：“任何工作任务，如果没有一般的普遍的号召，就不能动员广大群众行动起来。但如果只限于一般号召，而领导人员没有具体地直接从若干组织将所号召的工作深入实施，突破一点，取得经验，然后利用这种经验去指导其他单位，就无法考验自己提出的一般号召是否正确，也无法充实一般号召的内容，就有使一般号召归于落空的危险。”[1] 这就告诉我们，在社会主义核心价值体系建设实践中，中国共产党人必须坚持“号召”与“实施”的统一，亦即“言”与“行”的统一，因而，作为范导机制，也就是“言传”与“身教”的统一。

（一）“言传”范导

或许有人会说，这还用说吗，我们不是一直在“言传”社会主义核心价值

---

[1] 《毛泽东选集》第三卷，人民出版社，1991 年，第 897 页。

体系吗，不是一直在大力宣传社会主义核心价值体系吗？是的，我们一直在宣传社会主义核心价值体系，并且是大力宣传。但需要注意的是，作为中国人民和中华民族的先锋队，作为中国特色社会主义事业的领导核心，作为中国先进生产力的发展要求、中国先进文化的前进方向、中国最广大人民的根本利益的代表，已有8000多万名党员的中国共产党的“言传”，不应该仅仅只是一个通常意义上所说的用“言”来“传”的问题，更不是一个把“言”来“传”的问题，而是一个用准确表达社会主义核心价值体系的人民性、科学性、先进性、实践性的文化之“言”来“传”，并根据不同地区、不同行业的具体实际来实事求是地、科学合理地“传”的问题。如果只是用“言”来“传”，把“言”来“传”，那与普通群众还有什么差别呢，那党的先锋队性质、党的先进性又怎么体现呢？要知道，党的先进性不是抽象的而是具体的，不是空泛的而是实在的。党的先进性体现在每一个党员的具体言行之中，又通过每一个党员的具体言行来体现。普通群众对党的先进性的认识，就是从身边的党员言行感知的。普通群众有足够的经验和智慧去认知党的先进性，判断先进性的虚与实、真与假。再高调动听的宣示，再华丽动人的辞藻，都不能改变他们从身边的党员中获得的切身感受与情感立场。

从逻辑上来说，中国共产党人的“言传”标准应该比老百姓要高，这一点是不容置疑的。正是基于此，2010年5月12日在中共中央党校2010年春季学期第二批入学学员开学典礼上的讲话中，习近平直言：“当前，在一些党政机关文件、一些领导干部讲话、一些理论文章中，文风上存在的问题仍然很突出，主要表现为长、空、假。”[1] 全国政协委员朱振中2010年3月10日在全国政协十一届三次会议第四次全体会议上发言时呼吁：“狠刹搞形式、唱高调、耍花架子的不正之风。”他指出，一些地方党政机关和领导干部贯彻中央指示也好，抓工作也好，不是从实际出发，而是给上级、给领导看的。千篇一律的会议和生搬硬套的官样文章，群众戏称为“常说的老话多、正确的废话多、漂亮的空话多、严谨的套话多、违心的假话多”。[2] 中共北京市委党校教授、《新视野》主编李燕奇2010年6月21日在《北京日报》撰文指出，“写文章、讲话别都用总书记、总理的口吻”，谈“主义”要恰如其分，切不可整天把“主义”挂在嘴上，“无的放矢，不看对象”，不管效果。现在不少谈“主义”的大文章，老百姓不爱看不想看，空话、套话连篇，新话、真话几乎没有。

在进一步推进社会主义核心价值体系建设中，中国共产党人用什么样的文化

---

[1] 《十七大以来重要文献选编》（中），中央文献出版社，2011年，第670页。

[2] 朱振中：《狠刹搞形式、唱高调、耍花架子的不正之风》，新华网，2010年3月10日，http://news.xinhuanet.com/politics/2010-03/10/content_13137823.htm.

之“言”才能准确传达出社会主义核心价值体系的人民性、科学性、先进性、实践性，从而对人民群众起到示范和导向的作用呢？毋庸置疑，必须用具有“先进性”的文化之“言”，即“面向现代化、面向世界、面向未来的，民族的科学的大众”的先进文化之“言”。论及文化先进性的标准和尺度，武汉大学教授、中央马克思主义理论研究和建设工程主要成员之一沈壮海认为：“文化的先进性是运用历史的尺度、科学的尺度、价值的尺度进行综合评判的结果。一切先进文化，都必然是站在时代前列、合乎历史潮流、符合客观真理、有利于生产力发展、代表最广大人民群众利益的文化。”[1] 北京理工大学副教授刘建军认为，先进文化是“符合社会生产力发展的客观要求”、“符合人类文明演进的客观规律”、“体现文化自身价值”、“符合最广大人民的最根本利益”的文化。[2] 透过上述有关先进文化的界定，不难看出，如果说生产力标准难以把握，客观规律和客观真理标准还需要等待时间来检验，那么最广大人民群众的根本利益标准则是非常明确的。也就是说，在社会主义核心价值体系建设实践中，中国共产党人“言传”之“言”首要之点必须代表最广大人民群众的根本利益。只有做到自觉用代表最广大人民群众根本利益的先进文化之“言”来传，才能证明“言传”之人解决了自身的党性问题，解决了自身的思想政治素养问题。近几年“雷人”不断的官员“雷语”，其根本之点也就在于背离了广大人民群众的根本利益。墨西哥众议院对华友好协会委员梅尔乔·桑切斯在谈到从13亿人民中发展出8000多万名党员的中国共产党的“执政为民”理念时说，执政为民，是一个政党赖以生存的基础，是政党代表人民的意义所在，也是政党工作的核心指导思想，“每个国家都应当采用与本国历史和人民现状相符的政治体制，但永远不能放弃为人民服务的宗旨”[3]。

用代表最广大人民群众根本利益的先进文化之“言”来言传，就解决了社会主义核心价值体系的“言传”范导问题吗？显然不是的。列宁在评析20世纪对“发展原则”的“大家都同意”现象时指出：“对于‘发展原则’，在20世纪（还有19世纪末）‘大家都同意’。——是的，不过这种表面的、未经深思熟虑的、偶然的‘同意’，是一种窒息真理、使真理庸俗化的同意。”[1] 这就是说，对于社会主义核心价值体系的言传，如果没有把握其精神实质和科学内涵，如果停留于先进文化的表面形式，就可能陷入上述的“假、大、空”现象之中，就变

---

[1] 沈壮海：《思想政治教育的文化视野》，人民出版社，2005年，第19页。

[2] 刘建军：《论先进文化的衡量标准》，《社会主义研究》，2002年第6期。

[3] 蒋国鹏：《执政为民 改革开放 与时俱进——国际社会解读中国共产党取得巨大执政成就的原因》，《光明日报》，2011年6月4日。

[1] 《列宁全集》第55卷，人民出版社，1990年，第215页。

成了“庸俗化”的言传，结果反而窒息了社会主义核心价值体系的人民性、科学性、先进性和实践性。因此，党的十七届四中全会明确提出：“从领导机关做起，大力整治文风会风，提倡开短会、讲短话、讲管用的话，力戒空话套话。”

怎样才能真正做到“讲管用的话”呢？用毛泽东的话说，关键在于“反对党八股”，当然，也要反对“洋八股”和“老八股”。毛泽东指出，党八股“空话连篇，言之无物”，“装腔作势，借以吓人”，“无的放矢，不看对象”，“语言无味，像个瘪三”，“甲乙丙丁，开中药铺”，“不负责任，到处害人”，“流毒全党，妨害革命”，“传播出去，祸国殃民”，“不但不便于表现革命精神，而且非常容易使革命精神窒息。要使革命精神获得发展，必须抛弃党八股，采取生动活泼新鲜有力的马克思列宁主义的文风”。[1] 也就是说，在进一步推进社会主义核心价值体系建设的实践中，作为范导主体的中国共产党人，不仅要用代表最广大人民群众根本利益的先进文化之“言”来言传，而且要坚持马克思主义实事求是的文风，要用“心”来言传，要对人民群众讲真话、讲实话，不讲假话，不讲废话，不讲人云亦云的话，不居高临下讲话。只有这样，才能让人民群众真切地感受到社会主义核心价值体系的人民性、科学性、先进性和实践性，从而自觉参与创建社会主义核心价值体系，内化践行社会主义核心价值体系。

（二）“身教”范导

在进一步推进社会主义核心价值体系建设的实践中，“言传”是一种重要的范导方式，在正确的“言传”前提下的“身教”是一种更为重要的范导方式。马克思指出：“一步实际行动比一打纲领更重要。”[2] 在苦难深重的近代中国，中国共产党人之所以深受工人、农民、青年学生的欢迎，作为指导思想的马克思主义理论本身的科学性固然是极为重要的思想因素，但中国共产党人深入工人、农民、青年学生之中践行马克思主义科学理论是更为重要的行动因素。不难想见，如果说中国共产党人的马克思主义宣传对于青年学生没有什么障碍，容易激发他们的情感共鸣和理性认知的话，对于朴素的工人、农民而言，则只有靠行动来证明了。因此，中国共产党人深入工厂，组织工会；深入农村，组织农会，直接和工人、农民同甘苦、共患难，并肩坚守在第一线。毛泽东在《湖南农民运动考察报告》中指出：“农村中须有一个大的革命热潮，才能鼓动成千成万的群众，形成一个大的力量。”[3] 也就是说，对于工人、农民而言，单纯的马克思主义宣传

---

[1] 《毛泽东选集》第三卷，人民出版社，1991 年，第 833 ~ 840 页。
[2] 《马克思恩格斯选集》第 3 卷，人民出版社，1995 年，第 296 页。
[3] 《毛泽东选集》第一卷，人民出版社，1991 年，第 17 页。

是远远不够的，更能激发他们的内在动力的，是中国共产党人组织工人运动、农民运动，为工人、农民争取生存利益的成功。正是中国共产党人带领少数工人、农民成功争取到生存权益，使广大工人、农民深切地感受到跟随中国共产党人有希望、有盼头，信仰马克思主义有价值、有意义，从而坚决拥护中国共产党。

由此可见，在建设社会主义核心价值体系的实践中，作为范导主体的中国共产党人，除了用“心”来传之外，还要用“身”来教，即用自己的实际行动为广大人民群众学习、践行社会主义核心价值体系做出生动的示范和实际的证明。俗话说：“村看村，户看户，群众看干部。”“干部干部，先干一步。”需要注意的是，作为中国人民和中华民族的先锋队，中国共产党人“先干一步”的“身教”，第一，不是人前一套，人后一套，做表面文章忽悠群众的“身教”。在时间面前，真的假不了，假的真不了。如果做表面文章忽悠群众，最终的结果是，不仅失去群众的信任，被群众所抛弃，而且会极大地损害社会主义核心价值体系的人民性、科学性、先进性和实践性，对社会主义核心价值体系建设带来负面作用。第二，也不是高位运行，只是在高层走走，在两会坐坐，而是要如2011年8月以来全国新闻单位的“走转改”活动一样，走基层、接地气。党的十七届四中全会通过的《中共中央关于加强和改进新形势下党的建设若干重大问题的决定》明确规定：“机关工作要重心下移，基层干部要坚守一线，领导干部要定期深入基层特别是经济落后、问题较多的地方调查研究，了解群众疾苦，倾听群众呼声，帮助解决困难。”而且特别强调：“领导干部下基层要轻车简从，不扰民，不搞层层陪同，不组织群众迎送。”只有这样，才能既彰显社会主义核心价值体系的人民性、科学性、先进性和实践性，同时又体会群众的感情，感受群众的疾苦，了解群众的需求，获得群众的共鸣，激发群众自觉参与建设社会主义核心价值体系的内在动力。

除了直接的“身教”外，在社会主义核心价值体系建设实践中，中国共产党人特别是党员干部的“身教”，还包括两个方面的间接的“身教”，即生活场域的家人和工作场域的秘书、司机的“身教”。也就是说，党员干部的家人和秘书、司机在社会主义核心价值体系建设中的行为举止，也应该属于范导机制的基本蕴涵，也应该高于普通群众，为普通群众起到一个示范作用。

在《评阿·瓦格纳的“政治经济学教科书”》中，马克思指出：“‘人’？如果这里指的是‘一般的人’这个范畴，那末他根本没有‘任何’需要；如果指的是孤立地站在自然面前的人，那末他应该被看做是一种非群居的动物；如果这是一个生活在不论哪种社会形式中的人，……那末出发点是，应该具有社会人的性质，即他所生活的那个社会的一定性质。”[1] 在“包含着新世界观的天才萌芽的第一个文件”[2] 的《关于费尔巴哈的提纲》中，马克思指出：“人的本质不是单个人所固有的抽象物，在其现实性上，它是一切社会关系的总和。”何谓社会关系呢？在《德意志意识形态》中，马克思恩格斯指出：“社会关系的含义在这里指许多个人的共同活动。”因此，马克思恩格斯强调：“人创造环境，同样，环境也创造人。”[3] 从这一意义上来看，党员干部在社会主义核心价值体系建设中的行为举止是党员干部社会主义核心价值体系素养的直接证明；党员干部生活场域的家人和工作场域的秘书、司机在社会主义核心价值体系建设中的行为举止，作为党员干部熏陶教化的结果，是党员干部社会主义核心价值体系素养的间接证明，是党员干部社会主义核心价值体系素养的一面镜子。这就意味着，无论是从党员干部在社会主义核心价值体系建设中的作用来说，还是从对党员干部的社会主义核心价值体系素养的维护角度来说，党员干部都应该培育好生活场域的家人和工作场域的秘书、司机的社会主义核心价值体系素养。同样，生活场域的家人和工作场域的秘书、司机也要为党员干部的“身教”范导起到一个价值证明和传递的作用。试想，如果党员干部的家人和秘书甚至司机都对人颐指气使，都贪污贿赂，又怎么能让党员干部的“身教”服人呢？

孔子说：“政者，正也。子帅以正，孰敢不正？”（《论语·颜渊》）“其身正，不令而行；其身不正，虽令不从。”（《论语·子路》）今天，如果中国共产党人特别是党员干部都能够以身作则，率先垂范，言传身教，按 2010 年年底中国共产党党员总数 8026.9 万名、2010 年全国发展党员 307.5 万名、党员总数比上年净增 227.4 万名计算，到 2012 年 3 月止，只要每名党员做好 5 个人的社会主义核心价值体系素养培育工作，就可以保证至少 5 亿中国人认同内化、自觉践行社会主义核心价值体系，就不仅能够完全消解 2009 年 12 月人民论坛“千人问卷”调查显示的未来 10 年我国可能面临的“主流价值观边缘化危机”，而且能够化可能的“危机”为实实在在的社会主义核心价值体系建设“契机”。

二、监督机制

这里的监督机制，指的是与行使公共权力的政府、集中社会经济资源、经济“权力”的企业和集中多种社会资源、社会“权力”的非政府组织的社会主义核

---

[1] 《马克思恩格斯全集》第 19 卷，人民出版社，1963 年，第 404 页。
[2] 《马克思恩格斯选集》第 4 卷，人民出版社，1995 年，第 213 页。
[3] 《马克思恩格斯选集》第 1 卷，人民出版社，1995 年，第 56、80、92 页。

心价值体系建设责任相关的实践原理与方式。在中国共产党十六届六中全会第二次全体会议上的讲话中，胡锦涛指出："各种形式的腐败活动，绝大多数是与以权谋私、权钱交易相联系的。不受监督和制约的权力必然导致腐败，必须加强权力运行制约和监督机制建设。要着眼于保证权力科学配置、规范运行，……进行全方位、全过程监督，最大限度地堵塞以权谋私的漏洞，使权力在阳光下运行。"[1] 党的"十七大"进一步强调："完善制约和监督机制，保证人民赋予的权力始终用来为人民谋利益。确保权力正确行使，必须让权力在阳光下运行。要坚持用制度管权、管事、管人，建立健全决策权、执行权、监督权既相互制约又相互协调的权力结构和运行机制。健全组织法制和程序规则，保证国家机关按照法定权限和程序行使权力、履行职责。完善各类公开办事制度，提高政府工作透明度和公信力。重点加强对领导干部特别是主要领导干部……的监督，健全质询、问责……等制度。落实党内监督条例，加强民主监督，发挥好舆论监督作用，增强监督合力和实效。"统计党的"十七大"报告，"监督"一词出现达 21 次。在建设社会主义核心价值体系的实践中，"增强监督合力和实效"，就是充分发挥法制监督、行政监督、舆论监督、网络监督的作用，力保社会主义核心价值体系建设责任的到位与落实。

（一）法制监督

法制，依据上海辞书出版社出版的《辞海》，有三种含义：最广义的泛指国家的法律和制度，法律包括成文法与不成文法，制度包括依法建立起来的政治、经济、文化等方面的各种制度，其中也包括法律制度；较狭义的指统治阶级按照民主原则把管理国家事务制度化、法律化，包括法律制度与法律秩序；最狭义的仅指法律制度，即法律制度的简称。透过这三种含义，不难发现，其中有一个共同的根本的前提，即强调以规范性、确定性、程序性为基本特征的法律的基础性与决定性，亦即无论是最广义的国家法律和制度，还是较狭义的法律制度与法律秩序、最狭义的法律制度，都是基于法律这一前提的，都以"依法"为尺度。

因而，在建设社会主义核心价值体系的实践中，突出法制监督，核心就是发挥法律制度的规范性、确定性、程序性、可预见性等优势，用法制来监督，依法制来监督，从而使社会主义核心价值体系建设不因领导人的改变而改变，不因领导人的看法和注意力的改变而改变。1992 年在"南方谈话"中，邓小平指出："对干部和共产党来说，廉政建设要作为大事来抓。还是要靠法制，搞法制靠得

---

[1] 《十六大以来重要文献选编》（下），中央文献出版社，2008 年，第 692 ~ 693 页。

住些。"[1] 只有依靠法制，才能保证社会主义核心价值体系建设的政令畅通、执行坚决。2011 年 6 月初，人民日报"诚信大家谈"栏目与人民网以"'诚信建设'怎样理解最准确"为题展开网络调查，结果如图 5－1 所示，84%的调查参与者认为"属于社会管理范畴，最终要落实到法制和规章制度上"。6 月中旬，人民日报"诚信大家谈"栏目与人民网再以"诚信建设最关键要怎么进行"为题展开网络调查，结果如图 5－2 所示，60%的调查参与者认为要"由人大牵头立法，建立与社会主义市场经济相适应的一整套完善的信用体系"。在接受《法制日报》记者关于一些地方公职人员"雷人"话语现象的采访时，2009 年度国家社科基金重大招标项目《社会主义核心价值观之构建与践行研究》首席专家李建华教授指出："公职人员个体的道德滑坡固然是一方面，但是相关部门对公职人员考核的模糊与忽视同样不容小觑。在德、能、勤、绩、廉 5 个方面的考核中，尽管德性排在了第一位，但由于其具有抽象性而最容易走过场。"其中的一个重要原因，就是当前的官德建设过分地依赖软性的道德调节，而忽视制度的刚性制约，对公职人员道德水平的提高没有形成一套行之有效的制度机制，常常是头痛医头，脚痛医脚，哪个部门、哪个公职人员出了问题，才引起领导重视，又开始新一轮整顿教育活动，浪费大量社会资源，也使公职人员们陷入事务性工作中，影响机关效能、作风建设。他认为，解决"官德"问题，首要之点在于推进行政道德建设的法律化、制度化，建立一套制度化、体系化、可操作的官德指标体系，并强调道德法规的内容要具体详细，操作性强。同时要建立完善的道德监督、惩戒机构与机制。[2]

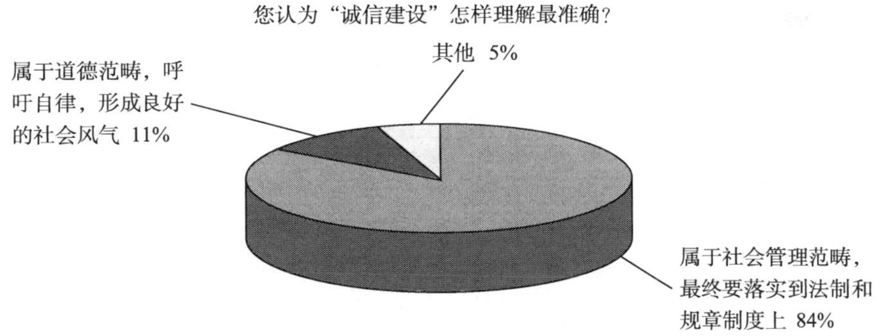

图 5－1　诚信建设网络调查结果图[3]

---

[1] 《邓小平文选》第三卷，人民出版社，1993 年，第 379 页。

[2] 引自《公职人员"咆哮"多因担心工作失误被曝光 遏制公职人员粗口需完善官德评价体系》，《法制日报》，2011 年 6 月 16 日。

[3] 《诚信大家谈①》，《人民日报》，2011 年 6 月 10 日。

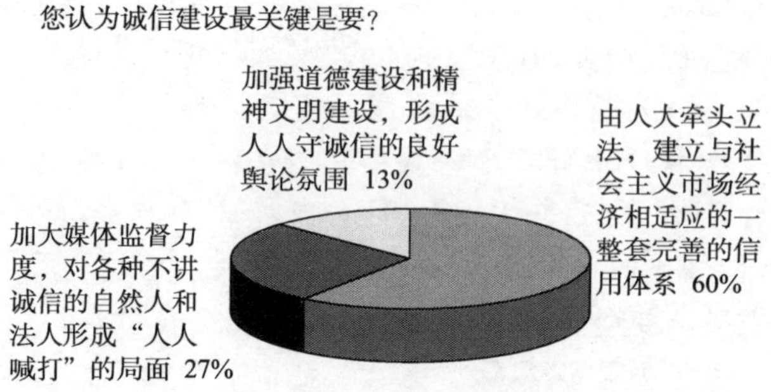

图 5－2 诚信建设关键因素网络调查结果图[1]

在进一步推进社会主义核心价值体系建设的实践中，发挥法律制度的规范性、确定性、程序性、可预见性等优势，用法制来监督各责任主体的责任担当，首先需要有关于社会主义核心价值体系建设的法律制度，亦即首先要建立起社会主义核心价值体系建设的法律制度。或许有人会提出，建立专门的社会主义核心价值体系建设法律制度，是不是有点夸张。弄明白这个问题，需要我们准确理解中华民族伟大复兴的根本和党的十七届六中全会关于社会主义核心价值体系的定位："社会主义核心价值体系是兴国之魂，是社会主义先进文化的精髓，决定着中国特色社会主义发展方向。"实现中华民族伟大复兴，在根本的意义上，是中国人民创造的文化的复兴，是中国"文化软实力"的复兴。正是朝向这一目标，改革开放以来，我们不断总结国内社会主义建设正反两方面的实践经验，不断深化着对"什么是社会主义，怎样建设社会主义"这一中国特色社会主义建设根本理论问题的探索和认识。也正是在这一过程中，继"以经济建设为中心是兴国之要"、"四项基本原则是立国之本"、"改革开放是强国之路"三个关于"什么是社会主义，怎样建设社会主义"的著名论断后，党的十六届六中全会首次明确提出、经过5年实践检验的"社会主义核心价值体系"，在党的十七届六中全会上明确为"兴国之魂"，从价值层面回答了"建设什么样的社会主义文化、如何建设社会主义文化"这一重大的理论和实践课题，从而进一步丰富完善了中国特色社会主义事业的顶层设计。这就是说，社会主义核心价值体系建设与以经济建设为中心、坚持四项基本原则、坚持改革开放一样，是中国特色社会主义建设事业中必须长期坚持、一以贯之的根本原则和根本任务。作为建设中国特色社会主义、实现中华民族伟大复兴的一项必须长期坚持、一以贯之的根本原则和根本任务，自然必须如党的十七届六中全会提出的"制定社会主义核心价值体系建设实

[1] 《诚信大家谈③》，《人民日报》，2011年6月23日。

施纲要”，并建立起相应地社会主义核心价值体系建设具体法律制度。需要强调的是，社会主义核心价值体系建设的法律制度一定要具有可操作性，一定要明确具体的建设主体及其具体职责。只有这样，才有可能避免社会主义核心价值体系建设的法制流于形式。

建立了社会主义核心价值体系建设的法律制度，解决了有法可依的问题。在此基础上，一方面，相关部门应加强社会主义核心价值体系建设的法制宣传，提高全民的社会主义核心价值体系建设法律素质，既增强广大人民群众参与建设社会主义核心价值体系、提升自身社会主义核心价值体系素养的主动性，又保证广大人民群众依法监督的可能性，促进广大人民群众依法监督各责任主体的建设行为。美国新制度经济学家道格拉斯·C. 诺斯指出，规范地说，制度“是为决定人们的相互关系而人为设定的一些制约。制度构造了人们在政治、社会或经济方面发生交换的激励结构”。作为一种社会“激励结构”，制度是“人们发生相互关系的指南”[1]，当其所蕴涵的价值诉求与社会发展的方向相一致时，则以其预示着人类社会的未来发展趋势和人的发展方向的价值目标而对人的发展产生引导作用。另一方面，司法机关既要加强司法公信建设，做好社会主义核心价值体系法制建设的示范者，又要充分发挥司法监督职能，维护社会主义核心价值体系建设法律制度的权威性。近年来价值观领域出现的不少新问题，都与司法过程中的问题有着或这样或那样的联系。

（二）行政监督

在社会主义核心价值体系建设实践中，首先从法制监督的角度突出对责任主体的社会主义核心价值体系素养和建设责任的的监督，无疑是极为关键的。但如果因此忽视现实中公共行政权力作为监督主体进行监督的作用，那么，社会主义核心价值体系的监督体系是不完整的，同时也是缺乏效率的。“一切有权力的人都容易滥用权力，这是万古不易的一条经验。有权力的人们使用权力一直到遇有界限的地方才休止。……从事物的性质来说，要防止滥用权力，就必须以权力约束权力。”[2] 因此，这里的行政监督，主要指的是公共权力对公共权力的监督，也就是通过发挥权力的权威性、强制性等优势，督促行使公共权力的政府、集中社会经济资源、经济“权力”的企业和集中多种社会资源、社会“权力”的非政府组织更好地落实相应地社会主义核心价值体系建设责任。

---

[1] ［美］道格拉斯·C. 诺斯：《制度、制度变迁与经济绩效》，刘守英译，生活·读书·新知三联书店，1994 年，第 3 ~4 页。

[2] ［法］孟德斯鸠：《论法的精神》，张雁深译，商务印书馆，1995 年，第 154 页。

需要说明的是，尽管1887年美国政治学家伍德罗·威尔逊在发表于《政治科学季刊》第二期的《行政学研究》一文中提出了政治与行政二分原则，但事实上，在日常生活中，政治与行政是不可能截然分开的。相反，恰如恩格斯所言："政治统治到处都是以执行某种社会职能为基础，而且政治统治只有在它执行了它的这种社会职能时才能持续下去。"❶ 这就是说，作为执行某些社会职能以及为了更好地执行这些社会职能而展开活动的行政，是从属于一定社会的政治，服务于政治的。当然，这种"服务"不是消极地、被动地服从，而是本身就构成政治的一个重要条件。可以说，没有行政的优化就不可能有有效的政治，没有政治的优化也不可能有有效的行政。因此，在这里，作为行政监督主体的公共行政权力，并不局限于国家行政机关的行政权，而是包括作为执政党的中国共产党的领导权、国家权力机关的立法权、国家司法机关的司法权、人民政协的民主监督权等。从权力的基本属性来看，在现代公共行政体制中，无论是国家行政机关的行政权，还是作为执政党的中国共产党的领导权、国家权力机关的立法权、国家司法机关的司法权、人民政协的民主监督权等，都属于人民赋予的公共权力。

从这一意义来看，在社会主义核心价值体系建设实践中，行政监督包括两大体系，即行政机关外部公共行政权力的监督和行政机关内部公共行政权力的监督。行政机关外部公共行政权力的监督，即通过中国共产党的监督、人民代表大会的监督、人民检察院的监督、人民法院的监督、人民政协的监督等，促进各社会主义核心价值体系责任主体建设责任的落实。《中国共产党章程》第三十二条规定："各级党和国家机关中党的基层组织，协助行政负责人完成任务，改进工作，对包括行政负责人在内的每个党员进行监督，不领导本单位的业务工作。"行政机关内部公共行政权力的监督，即通过人民政府内部有关社会主义核心价值体系建设的工作报告、工作指导、工作检查等的一般监督和监察部的专门监督，促进社会主义核心价值体系建设责任的落实。

在我国，作为对行政机关外部公共行政权力的党风廉政建设进行专门监督的纪委和对行政机关内部公共行政权力的廉政建设进行专门监督的监察部，经历了一个合二为一、双重领导到现在的直接统一领导过程。新中国成立初期，中央人民政府政务院曾设有人民监察委员会。1954年9月，人民监察委员会改为监督部，1959年4月撤销。1986年12月，第六届全国人民代表大会常委会第18次会议决定设立中华人民共和国监察部。1993年1月，中央纪委、监察部合署办公，实行"一套工作机构、履行党的纪律检查和行政监督两项职能"的体制。

---

❶ 《马克思恩格斯选集》第3卷，人民出版社，1995年，第523页。

与中纪委合署办公后的监察部，依照宪法规定仍然属于国务院序列，接受国务院领导。地方各级监察机关在合署后，继续实行由所在地政府和上级纪检监察机关领导的双重领导体制，按照《中华人民共和国行政监察法》规定的职责、权限和监察工作程序开展工作。2004 年，中央纪委监察部将派驻机构由中央纪委监察部和驻地部门双重领导改为由中央纪委监察部直接统一领导，从而保持了派驻机构对所在地政府的相对独立性，增强了其权威性，强化了派驻机构的监督检查职能，逐步完善了对权力的监督制约机制。这就是说，在社会主义核心价值体系建设实践的行政监督中，除了中国共产党的监督、人民代表大会的监督、人民检察院的监督、人民法院的监督、人民政协的监督、人民政府自身的监督等一般监督外，纪委监察部门要承担专门监督的职能，即在以往党风廉政监督的基础上，还要有专门的社会主义核心价值体系建设责任监督，消除人民群众监督等面临的“监督无名、监督无力”的窘境，降低监督的成本，提高监督的有效性。

当然，与此相关，又产生了另外一个问题，就是监督主体的社会主义核心价值体系建设责任监督问题，尤其是近些年查出的腐败案件中暴露出来的“一把手”监督问题。邓小平 1980 年 8 月 18 日在中共中央政治局扩大会议上的讲话中指出：“权力过分集中的现象，就是在加强党的一元化领导的口号下，不适当地、不加分析地把一切权力集中于党委，党委的权力又往往集中于几个书记，特别是集中于第一书记，什么事情都要第一书记挂帅、拍板。党的一元化领导，往往因此而变成了个人领导。……权力过分集中于个人或少数人手里，多数办事的人无权决定，少数有权的人负担过重，必然造成官僚主义，必然要犯各种错误。”[1]江泽民 2000 年 1 月 14 日在中共中央纪律检查委员会第四次全体会议上的讲话中指出：“从这些年和最近揭露出来的一些大案要案来看，一些领导干部搞权钱交易、权色交易，简直到了利令智昏、利欲熏心、胆大包天、无法无天的地步！据了解，这几年查处的领导干部违纪违法案件，大多数是群众举报或查办其他案件牵带出来而获得线索的。这里面的突出问题，就是还没有完全形成有效的监督管理制度和机制，越是高级干部越缺少有力的监督和管理。”[2] 解决这一“老大难”问题，除了加强社会主义核心价值体系建设外，还需要“积极稳妥”地推进与社会主义核心价值体系建设相适应的包括监督制度在内的“党和国家领导制度的改革”。2006 年 1 月 6 日在中共中央纪律检查委员会第六次全体会议上的讲话中，胡锦涛指出：“目前，我国社会主义市场经济体制还不完善，不少具体的体制机制也不完善，这就使一些消极腐败现象有了可乘之机。”他认为，应该通过

[1] 《邓小平文选》第二卷，人民出版社，1994 年，第 328 ~ 329 页。

[2] 《江泽民文选》第二卷，人民出版社，2006 年，第 503 页。

改革，进一步“加强以党章为核心的党内法规制度体系建设，提高制度建设的质量和水平，做到用制度管权、用制度管事、用制度管人。推进党的建设和党内生活制度化、规范化，也推进党风廉政建设和反腐败工作的制度化、规范化”❶。

（三）舆论监督

法制监督不是万能的，行政监督也不是万能的，在社会主义核心价值体系建设实践中，还必须充分发挥人民群众借助大众传播媒介产生的舆论监督作用和新媒体时代的网络监督作用。在一定意义上可以说，行政监督和法制监督是“以权力制约权力”，还没有真正走出“权力本位”，只有进入人民群众实际发生作用的舆论监督和网络监督，“以公众舆论监督权力，制约权力”，才可能实现“权利本位”。同时也只有法制监督、行政监督与舆论监督、网络监督的有机结合，才能创造出主流舆论“自上而下”与“自下而上”双向互动的舆论场，为广大人民群众参与创建、认同内化、自觉践行社会主义核心价值体系创造良好外部环境。

“舆”，本义指车厢或泛指车，引申为“众”。舆论，也就是公众的言论。作为公众的言论，首先，舆论是一定范围的公众群体意识的集合，表现为一种社会群体力量；其次，舆论是社会公众对一定社会事件、现象或人们行为的评价和态度，反映了社会公众的价值判断、价值取向和价值期待。用黑格尔的话说：“公共舆论是人民表达他们意志和意见的无机方式。……无论哪个时代，公共舆论总是一支巨大的力量，尤其在我们的时代是如此。”❷ 可见，公众舆论是民情民意的“晴雨表”，是社会力量的“孵化器”。

进入现代社会，随着报纸、广播、电视、期刊等大众传播媒介的快速发展与普及，公众舆论更是成为一种具有广泛影响力和巨大冲击力的社会力量。马克思指出：“报刊按其使命来说，是社会的捍卫者，是针对当权者的孜孜不倦的揭露者，是无处不在的耳目，是热情维护自己自由的人民精神的千呼万应的喉舌”❸；“当报刊匿名发表文章的时候，它是广泛的无名的社会舆论的工具；它是国家中的第三种权力。”❶ 在现代西方国家，舆论更是被称为立法、行政、司法三大权力之外的“第四种权力”。因此，当今世界各国都非常重视舆论监督的作用，视舆论监督为公共权力的“电子眼”、公共利益的“守望者”、贪污腐败的“警报

---

❶ 《十六大以来重要文献选编》（下），中央文献出版社，2008 年，第 181 ~ 182 页。

❷ ［德］黑格尔：《法哲学原理》，范扬、张企泰译，商务印书馆，1996 年，第 332 页。

❸ 《马克思恩格斯全集》第 6 卷，人民出版社，1961 年，第 275 页。

❶ 《马克思恩格斯选集》第 1 卷，人民出版社，1995 年，第 473 页。

器”，亦即马克思所说的“另一个陪审团——社会舆论的陪审团”❶。

中国共产党自建党起就极为注重舆论的力量和舆论监督的作用。1922年9月13日，中国共产党即在上海创办了第一份公开发行的中央机关报——《向导》（周刊），揭露社会黑暗，批评错误倾向，宣传民主进步。《向导》最初发行量约3000份，以后逐渐增加，1923年为5000多份，1924年9月为2万多份，1926年4月达2.9万份。《向导》除在国内发行外，还远销国外，被读者誉为“黑暗的中国社会的一盏明灯”，党的“四大”指出它已在全国取得了“舆论的指导地位”。1942年延安整风运动中，中共中央宣传部发出《中共中央宣传部为改造党报的通知》，明确指出：“党报要成为有战斗性的党报，就要有适当的正确的自我批评，表扬工作中的优点，批评工作中的错误，经过报纸来指导各方面的工作。在党报上可以允许各种不同的观点的论争，可以容许一切非党人士站在善意的立场上对我们各方面工作的批评或建议的言论发表。另一方面，要有对于敌人的思想的批判。”❷

新中国建立后，1950年4月19日，中共中央即作出《关于在报纸刊物上展开批评和自我批评的决定》，一开头即指出：“吸引人民群众在报纸刊物上公开地批评我们工作中的缺点和错误，并教育党员，特别是党的干部在报纸刊物上作关于这些缺点和错误的自我批评，在今天是更加突出地重要起来了”，并强调“在报纸刊物上进行批评和自我批评，是为了巩固党与人民群众的联系、保障党和国家的民主化、加速社会进步的必要方法”。❸ 1954年7月17日，中共中央又作出《关于改进报纸工作的决议》，指出：“报纸是党用来开展批评和自我批评的最尖锐的武器。……各级党委要经常注意，把报纸是否充分地开展了批评、批评是否正确和干部是否热烈欢迎并坚决保护劳动人民自下而上的批评，作为衡量报纸的党性、衡量党内民主生活和党委领导强弱的尺度；要保证党委的机关报能够经常地开展正确的健全的批评和自我批评；要通过报纸广泛地吸收来自人民群众的意见，正确地负责处理人民来信。……在我党已成为执政党的现在，如果以害怕被敌人利用为借口而拒绝在报纸上公开进行批评和自我批评，那是完全错误的。”❹

改革开放以来，特别是党的“十三大”以来，在报纸刊物的“批评和自我批评”功能基础上，进一步明确提出发挥大众传播媒介的“舆论监督”作用。党的“十三大”提出：“要通过各种现代化的新闻和宣传工具，增加对政务和党

---

❶ 《马克思恩格斯全集》第11卷，人民出版社，1995年，第477页。

❷ 《中共中央文件选集》第十三册，中共中央党校出版社，1991年，第359页。

❸ 《建国以来重要文献选编》第一册，中央文献出版社，1992年，第190、191页。

❹ 《中国共产党新闻工作文件汇编》（中），新华出版社，1980年，第322~323页。

务活动的报道，发挥舆论监督的作用，支持群众批评工作中的缺点错误，反对官僚主义，同各种不正之风作斗争。”党的“十四大”提出：“强化法律监督机关和行政监察机关的职能，重视传播媒介的舆论监督，逐步完善监督机制，使各级国家机关及其工作人员置于有效的监督之下。”党的“十五大”提出：“把党内监督、法律监督、群众监督结合起来，发挥舆论监督的作用。”党的“十六大”提出：“加强组织监督和民主监督，发挥舆论监督的作用。”党的“十七大”提出：“落实党内监督条例，加强民主监督，发挥好舆论监督作用，增强监督合力和实效。”

在社会主义本质的意义上，人民满意不满意，是评价行使公共权力的政府、集中社会经济资源、经济“权力”的企业和集中多种社会资源、社会“权力”的非政府组织的社会主义核心价值体系建设行为的最高标准。在历史发展的决定意义上，只有人民群众借助大众传播媒介产生的舆论监督作用才具有标本兼治的监测和调控功能。1945 年 7 月，民主人士黄炎培在访问延安同毛泽东谈话时说到，希望将来中国共产党建立的政权能够跳出旧政权“其兴也浡焉”、“其亡也忽焉”的周期率。毛泽东说，我们已经找到新路，我们能跳出这周期率，这条新路就是民主；只有让人民来监督政府，政府才不敢松懈；只有人人起来负责，才不会人亡政息。

这就告诉我们，在建设社会主义核心价值体系的实践中，必须以马克思主义舆论监督观为指导，充分发挥报纸、广播、电视、期刊等大众传播媒介的舆论监督功能。马克思指出：“自由报刊是人民精神的洞察一切的慧眼，是人民自我信任的体现，是把个人同国家和世界联结起来的有声的纽带，是使物质斗争升华为精神斗争，并且把斗争的粗糙物质形式观念化的一种获得体现的文化。自由报刊是人民在自己面前的毫无顾虑的忏悔，……自由报刊是人民用来观察自己的一面精神上的镜子，而自我审视是智慧的首要条件。自由报刊是国家精神，……它无所不及，无所不在，无所不知。自由报刊是观念的世界，它不断从现实世界中涌出，又作为越来越丰富的精神唤起新的生机，流回现实世界。”“没有新闻出版自由，其他一切自由都会成为泡影。自由的每一种形式都制约着另一种形式，正像身体的这一部分制约着另一部分一样。只要某一种自由成了问题，那么，整个自由都成问题。只要自由的某一种形式受到指责，那么，整个自由都受到指责，自由就只能形同虚设，而此后不自由究竟在什么领域占统治地位，将取决于纯粹的偶然性。不自由成为常规，而自由成为偶然和任性的例外。”[1] 恩格斯直接提出：“你们在党内当然必须拥有一个不直接从属于执行委员会甚至党代表大会的刊物，也就是说这种刊物在纲领

[1] 《马克思恩格斯全集》第 1 卷，人民出版社，1995 年，第 179、201 页。

和既定策略的范围内可以自由地反对党所采取的某些步骤，并在不违反党的道德的范围内自由批评纲领和策略。你们作为党的执行委员会，应该提倡甚至创办这样的刊物。”❶ 也就是说，报纸刊物等大众传播媒介要以人民群众的利益为立足点，要从人民群众的利益出发，求真务实，充分发挥自身的舆论监督优势，督促各主体进一步改进工作、避免失误甚至错误。

（四）网络监督

中国互联网络信息中心（CNNIC）2012 年 1 月 16 日发布的《第 29 次中国互联网络发展状况统计报告》显示，截至 2011 年 12 月底，我国网民规模达到 5.13 亿，其中，农村网民 1.36 亿，博客/个人空间用户数量 3.19 亿，微博用户数 2.5 亿；2011 年统计年鉴暂未公布各年龄段人群互联网普及率，以 2010 年计，10 ~ 19 岁为 69.4%，20 ~ 29 岁为 72.9%，30 ~ 39 岁为 50.5%，40 ~ 49 岁为 24.6%，50 岁以上的为 7.0%。需要特别说明的是，上述统计报告中“网民”的界定是“过去半年内使用过互联网的 6 周岁及以上中国居民”；“农村网民”界定是“过去半年主要居住在我国农村地区的网民”；调查数据，除非明确指出，皆指中国大陆地区。另据人民网舆情观测室统计，截至 2012 年 2 月底，全国共有 3 万多个政务机构以及公务员开通微博，其中省部级（含副部、副省级）以上级别的官员微博达 380 个。可见，在今天，随着互联网由 20 世纪 90 年代的 BBS 时代经门户网站到博客、微博时代，网络已经不仅仅是一种“新媒体”，而且逐步发展成一种“自媒体”；随着互联网由人际交往领域进入商务领域、政务领域，网络已经作为与现实空间相并列的“第二空间”，深刻地改变了人们的生活方式、思维方式以及政治参与方式、权力监督方式。

与法制监督、行政监督的政治体制内金字塔形“以权力监督权力”方式不同，网络监督表现为政治体制外网状的“以权利监督权力”方式。与传统的报纸、广播、电视、期刊等舆论监督的“一对多”、“被选择性”方式不同，网络监督表现为“多对多”、自主性等特征。现代传播理论指出：“大众传播是通过自己对世界的‘理解’来影响受众对世界的感知和认识的，新闻媒介对事实的选择和解释就是这种理解的体现。媒介‘传播’的世界不是世界本身，而是已经选择和解释过的世界。这个‘世界’很可能是扭曲的、变形的，但它总是作为真实存在的世界传播给受众的。在大众传播无孔不入的今天，人们自觉、不自觉地接受着媒介对世界的选择和解释。”❷ 也就是说，在传统的报纸、广播、电

---

❶ 《马克思恩格斯全集》第 38 卷，人民出版社，1972 年，第 517 ~ 518 页。

❷ 居延安：《信息 · 沟通 · 传播》，上海人民出版社，1986 年，第 184 ~ 185 页。

视、期刊等大众传播媒介中，媒介“传播”的信息不一定是大众表达的或期望表达的信息，而是“被选择过”的大众的信息。反过来，大众接受的信息，也变成“被选择过”的大众的信息。于是，基于大众信息而形成的舆论监督，也就变成了一种“被选择过”的舆论监督。如李晓明对《人民日报》1993～1997年的批评报道抽样调查，结果发现53.2%的批评报道对象是以现象为主，针对集体或单位的占17.8%，针对各级干部的占8.5%，针对处级和处级以上干部的仅为2.6%，而且大多是根据有关部门查处的结果报道的，完全由报纸自己揭出来的很少。这样，舆论监督在一定意义上就流于形式。另外，朱镕基总理郑重赠言“舆论监督，群众喉舌，政府镜鉴，改革尖兵”的《焦点访谈》，1998年舆论监督的内容在全年节目中占47%，到了2002年下降为17%。《焦点访谈》被认为远离批评的焦点，甚至变成了“表扬访谈”。[1]

而在博客、微博等“网络空间”中，网络监督的主体是自主的存在和监督，是直接的表达与呈现。2008年6月20日胡锦涛总书记通过人民网强国论坛与网友在线交流，“在中国历史上第一次实现了最高层官方话语与最底层平民话语的互动”[2]，以往要经过层层上报甚至层层筛选才能到达最高层的“民意”，此时原汁原味地直接提交给了最高领导人。湖南省株洲市纪委书记杨平提出：“离中南海最接近的是网络。”也就是说，“网络是一条最真实反映民情民意的通道”，“中南海高层可以通过互联网直接了解原汁原味的民意”。[3] 从这一意义上说，网络监督是一种通过形成舆论的力量产生的监督，但不能简单地定义为传统的“舆论监督”，而是一种直接的“民意监督”，即最广泛、最便捷、障碍最少、最直观表现民意的监督。当然，在当前，确切地说，是一种“网络民意监督”，但是随着时代的进步和发展，“网络民意监督”必然会越来越接近“民意监督”。而且从上引数据体现的网民结构来看，在一定意义上可以说，当前网络空间的“网民话语结构”比现有体制中的“代表话语结构”更能直观地表现民意。也正是对现有体制中“代表话语结构”问题的反思，2010年3月14日第十一届全国人民代表大会第三次会议修正通过的《中华人民共和国全国人民代表大会和地方各级人民代表大会选举法》规定：人民代表大会代表名额以“每一代表所代表的城乡人口数相同”为原则，即实行城乡按相同人口比例选举。中国宪法学研究会会长韩大元教授称之为城乡“同票同权”。由此可见，相比于舆论监督，基于

[1] 陶文昭：《论网络监督的性质》，《学习论坛》，2010年第6期。

[2] 赵晓：《总书记上网与小平南巡——评网络民主为中国政治改革带来新契机》，价值中国网，2008年6月25日，http://www.chinavalue.net/Finance/Blog/2008-6-25/74267.aspx.

[3] 秦宁：《纪委书记为啥说离中南海最近的是网络》，人民网，2008年7月14日，http://media.people.com.cn/GB/40606/7505327.html.

"网民话语结构"的网络监督是一种更为彻底的人民的监督。换言之，在信息文明时代，网络监督虽然不是万能的，但没有网络监督是万万不能的。

因此，在建设社会主义核心价值体系的实践中，必须高度重视网络监督，充分发挥"民意监督"的作用。在一定意义上，可以参照人民网的舆情频道，依托中国文明网等网络平台，设立社会主义核心价值体系建设观测频道，调整当前重自上而下理论宣传、轻自下而上民意关切的模式框架。这样，在监督功能方面，通过对网络空间中民意表达的综合与梳理，可以及时把握民众的价值期待、各主体的社会主义核心价值体系建设实际及其中存在的问题，尤其是全局性、破坏性的问题，从而及时采取具有针对性和可操作性的对策。在引导功能方面，通过对网络空间中民意表达的实时把握，可以及时解决民众对社会主义核心价值体系认识的偏差或误解，引导民众逐步深入认识社会主义核心价值体系建设的重大战略意义，从而激发广大人民群众自觉参与建设社会主义核心价值体系的主体性，促进人民群众网络话语的理性表达，进而推进社会主义核心价值体系自上而下的教育引导与自下而上的凝聚整合的有机结合，实现社会主义核心价值体系由"主导价值观"向"主流价值观"的转化。

三、激励机制

社会主义核心价值体系建设问题，是价值领域的问题，但不仅仅是价值领域的问题。作为一种社会意识建构，对于广大人民群众来说，是否参与创建社会主义核心价值体系及其参与创建社会主义核心价值体系的程度，都决定于社会存在，决定于日常展开的实际生活。马克思恩格斯指出："意识在任何时候都只能是被意识到了的存在，而人们的存在就是他们的现实生活过程。如果在全部意识形态中，人们和他们的关系就像在照相机中一样是倒立呈像的，那么这种现象也是从人们生活的历史过程中产生的，正如物体在视网膜上的倒影是直接从人们生活的生理过程中产生的一样。"[1] 因而，引导广大人民群众建设社会主义核心价值体系，除了从思想理念层面加强教育外，更需从人民群众的生活实际出发，通过利益协调激励、道德"资本"激励、环境和谐激励。从物质利益、精神利益、社会关系利益三个层面激发和鼓励广大人民群众参与创建、认同内化、自觉践行社会主义核心价值体系的主动性、积极性和创造性。

---

[1] 《马克思恩格斯选集》第1卷，人民出版社，1995年，第72页。

（一）利益协调激励

社会主义核心价值体系建设是基于人民群众、为了人民群众的主流价值观建设。也就是说，没有人民群众，社会主义核心价值体系就无法建设；不是落脚于、服务于人民群众，核心价值体系建设就背离了社会主义的本质，失去了其建设的意义。因而，无论是从社会主义核心价值体系建设的出发点还是落脚点来说，都在于人民群众的存在，都在于人民群众的和谐发展。

而人民群众的存在，首先必须是有吃、有喝、有住、有穿，必须是能正常生活。马克思恩格斯指出："我们首先应当确定一切人类生存的第一个前提，也就是一切历史的第一个前提，这个前提是：人们为了能够'创造历史'，必须能够生活。但是为了生活，首先就需要吃喝住穿以及其他一些东西。"❶ 在谈到旧唯物主义"按照行动的动机来判断一切，把历史人物分为君子和小人"时，恩格斯指出："旧唯物主义在历史领域内自己背叛了自己，因为它认为在历史领域中起作用的精神的动力是最终原因，而不去研究隐藏在这些动力后面的是什么，这些动力的动力是什么。"需要说明的是，在这里，恩格斯并没有否认"精神的动力"在社会历史发展中的作用，而是强调不能仅仅停留于"精神的动力"，不能认为"精神的动力"是社会历史发展的终极原因。他指出，旧唯物主义"不彻底的地方并不在于承认精神的动力，而在于不从这些动力进一步追溯到它的动因"。❷ 这就是说，在建设中国特色社会主义、推进社会主义现代化和中华民族伟大复兴的过程中，既不能否认社会主义核心价值体系的凝聚力、吸引力、感召力等"精神动力"作用，也不能仅仅停留于社会主义核心价值体系的宣传、教育层面，而是必须进一步探寻更为深层的动因，解决更为深层的动因中存在的根本问题。

那么，精神动力背后的动力是什么呢？恩格斯指出："根据唯物史观，历史过程中的决定性因素归根到底是现实生活的生产和再生产。无论马克思或我都从来没有肯定过比这更多的东西。如果有人在这里加以歪曲，说经济因素是唯一决定性因素，那么他就是把这个命题变成无内容的、抽象的、荒诞无稽的空话。"❸ 亦即是说，如果简单地、贴标签式地把精神动力的动力归之为"经济因素"，认为"经济因素"是社会历史发展的决定性因素，就是对历史唯物主义的歪曲，就是把历史发展的"最终原因"错误地导向了"精神的动力"的对立面，而不

❶ 《马克思恩格斯选集》第1卷，人民出版社，1995年，第78～19页。

❷ 《马克思恩格斯全集》第4卷，人民出版社，1995年，第248页。

❸ 《马克思恩格斯选集》第4卷，人民出版社，1995年，第695～696页。

是科学地解决了“精神的动力”的动力问题。恩格斯指出：“庸人把唯物主义理解为贪吃、酗酒、娱目、肉欲、虚荣、爱财、吝啬、贪婪、牟利、投机，简言之，即他本人暗中迷恋着的一切龌龊行为。”[1] 在马克思恩格斯看来，精神动力背后的动力就是“现实生活的生产和再生产”。正是从现实生活这一根本前提出发，马克思指出，“人们为之奋斗的一切，都同他们的利益有关”[2]，追求利益是人类一切社会活动的根本动因。

因此，在社会主义核心价值体系建设实践中，激励广大人民群众主动参与创建、进而认同内化、自觉践行社会主义核心价值体系，根本的方式在于利益激励。需要强调的是，这里的利益，首先是物质利益，但不仅仅局限于物质利益。在《利益论》一书中，中国社会科学院教授王伟光指出，利益是一个复杂的体系，是一个由不同性质、不同特点、不同功能、不同类别的利益有机地集合而成的复合体。要全面把握利益体系的内部构成，必须有一个客观的分类原则和科学的分类方法。他认为，按照利益的主体差别，可以划分出个人利益、群众利益、社会整体利益；按照利益实现与否，可以划分出现实利益和理想利益；按照利益的客观内容，可以划分出物质利益和精神利益等。

由此可见，在社会主义核心价值体系建设实践中，利益激励不仅仅是用物质利益来激励，而是要在物质利益与精神利益、现实利益与理想利益、个体与个体之间的利益、群体与群体之间的利益等的协调中来进行激励。

首先，在建设社会主义核心价值体系、推进社会主义全面现代化和中华民族伟大复兴的实践中，无论是从个体的角度来说，还是从群体的角度来说，都必须保持物质利益和精神、现实利益和理想利益之间的整体协调。众所周知，物质利益、现实利益是精神利益、理想利益的基础和保障。马克思恩格斯指出：“当人们还不能使自己的吃喝住穿在质和量方面得到充分保证的时候，人们就根本不能获得解放。”[3] 但是，如果仅仅局限于物质利益、现实利益，就会把人的生活降格为爱因斯坦严厉批判的“猪栏的理想”。这就是说，精神的存在、理想的存在才是人区别于动物的存在，精神利益、理想利益是人的世界中物质利益、现实利益的升华。人所以区别于动物，重要一点就在于人有批判性和超越性。而且，随着人们物质利益、现实利益内容的丰富和水平的提高，对精神利益、理想利益的需求也会更高、更迫切。不过，在我们今天的社会主义初级阶段，在还是不完全的、不平衡的小康社会中，物质利益、现实利益还处在突出的地位。也就是说，

[1] 《马克思恩格斯选集》第4卷，人民出版社，1995年，第232页。
[2] 《马克思恩格斯全集》第1卷，人民出版社，1995年，第187页。
[3] 《马克思恩格斯选集》第1卷，人民出版社，1995年，第74页。

在进一步推进社会主义核心价值体系建设的实践中，需要注重从民生问题，从人民群众的吃、喝、住、穿问题这些物质利益、现实利益方面来解决阻碍社会主义核心价值体系建设的深层因素。只有这样，才能激发人民群众参与创建、认同内化、自觉践行社会主义核心价值体系的主体性。试想，当一个人每天都要为吃喝住穿问题发愁的时候，哪里还有精力和时间来考虑核心价值体系建设的问题。

其次，建设社会主义核心价值体系，必须保持个体与个体之间、群体与群体之间利益的整体协调。具体来说，在今天的中国，就是保持阶层与阶层之间利益的协调、地区与地区之间利益的协调、行业与行业之间利益的协调。2009 年 12 月人民论坛“千人问卷”调查显示，未来 10 年我国可能面临的第二大挑战，就是“贫富差距拉大，分配不公激化社会矛盾”，持这种判断的受访者高达 80.6%。这里的“贫富差距”，显而易见，不仅仅是个体与个体之间的差距，也是群体与群体之间的差距，当然最终都必然体现为个体与个体之间的差距。当“贫富差距”过度拉大导致“两极分化”成为社会现实的常态、“共同富裕”仅仅成为一个口号的时候，影响的就不只是人民群众参与核心价值体系建设的主体性问题，而且是人民群众对我国社会制度的“社会主义属性”的定位问题。邓小平指出：“社会主义的目的就是要全国人民共同富裕，不是两极分化。如果我们的政策导致两极分化，我们就失败了；如果产生了什么新的资产阶级，那我们就真是走了邪路了。”[1] 在今天的中国，给社会主义核心价值体系建设带来重大阻碍的问题，如上引调查所示，一就是腐败问题，二就是分配不公、两极分化问题。在一定意义上可以说，正是这两大问题引发了党群、干群关系问题、诚信危机问题、主流价值观边缘化问题。不解决这两大问题，人民群众的社会主义核心价值体系建设主体性恐怕难以得到明显的提升。

（二）道德“资本”激励

从民族和国家的发展角度来说，推进社会主义核心价值体系建设，是为了巩固全党全国各族人民团结奋斗的共同思想道德基础，提升全党全国各族人民的思想道德水平，进而提升社会主义文化的吸引力、凝聚力和感召力，增强国家文化软实力和中华文化的国际影响力。

巩固全党全国各族人民团结奋斗的共同思想道德基础，从思想道德的计量比较角度来说，就是激发广大人民群众的道德“资本”存量，增加整个社会的道德“资本”总量。需要强调的是，这里的“资本”概念是马克思的资本“关系”

---

[1] 《邓小平文选》第三卷，人民出版社，1993 年，第 110 ~ 111 页。

本质，特别是人力资本、社会资本、文化资本、心理资本等现代资本理论意义上的资本概念。资本的英文“capital”，源于拉丁语“capitalis”，而“capitalis”一词则由印欧语“kaput”衍生而来。语义学研究认为，“kaput”最早在印欧语中即测量财富的度量单位“头”。14 世纪，“资本”一词开始为经济学界所普遍使用，并逐渐在学理上凸显出来。在古典政治经济学理论中，“资本”概念是一种“实体性”概念，包括资金和生产要素。在政治经济学语境的哲学批判中，马克思强调：“资本不是物，而是一种以物为中介的人和人之间的社会关系。”[1] 他指出：“纺纱机是纺棉花的机器。只有在一定的关系下，它才成为资本。脱离了这种关系，它也就不是资本了。”[2] 他还说：“节约劳动时间等于增加自由时间，即增加使个人得到充分发展的时间，而个人的充分发展又作为最大的生产力反作用于劳动生产力。从直接生产过程的角度来看，节约劳动时间可以看作生产固定资本，这种固定资本就是人本身。”[3] 可见，在马克思那里，不仅“资本”概念发生了根本的变革，即从实体性概念变为关系性概念，而且提出了从“资本”的角度来研究“人本身”的思想。在这一意义上可以说，马克思的资本理论已经蕴涵了人力资本理论的萌芽。20 世纪 60 年代后，在人力资本、社会资本、文化资本等现代资本理论中，“资本”概念普遍从物质性概念过渡到非物质性概念，亦即由物质资本扩展到精神资本，由有形资本扩展到无形资本。布尔迪厄指出：“社会世界是一部积累的历史，如果我们不把它简化成行动者之间瞬间机械平衡的不连续系列，如果我们不把行动者仅仅看成可以互换的粒子的话，那么，我们必须把资本的概念和伴随这一概念的积累物及其全部效应重新引入社会的世界。”引入社会世界的资本概念内涵是什么呢？布尔迪厄认为，资本是以物化的形式或“具体化的”、“肉身化”的形式积累的劳动，是“一种铭写在客体的或主体结构中的力量”，也是“一条强调社会世界的内在规律性的原则”。[4]

从马克思的资本“关系”本质和布尔迪厄的资本“力量”属性等理论来看，无论是思想道德，还是社会主义核心价值体系，都不仅仅是一种柔性的偏重自律和义务的社会规范或一种主导价值观，而是一种人与人之间的社会关系，是一种铭写在主体结构中的可以计量的品质和力量。作为一种可计量的社会关系和社会作用力，“把社会主义核心价值体系融入国民教育、精神文明建设和党的建设全过程，贯穿改革开放和社会主义现代化建设各领域，体现到精神文化产品创作生产传播各方面，坚持用社会主义核心价值体系引领社会思潮，在全党全社会形成

---

[1] 《马克思恩格斯全集》第 44 卷，人民出版社，2001 年，第 877 ~ 878 页。

[2] 《马克思恩格斯选集》第 1 卷，人民出版社，1995 年，第 344 页。

[3] 《马克思恩格斯全集》第 31 卷，人民出版社，1998 年，第 107 ~ 108 页。

[4] 《文化资本与社会炼金术——布尔迪厄访谈录》，包亚明译，上海人民出版社，1997 年，第 189 页。

统一指导思想、共同理想信念、强大精神力量，基本道德规范”，就不是一个教育引导能够解决的问题。2010年年底到2011年5月，中南大学应用伦理学研究中心课题组在全国范围内进行了一次“中国道德文化传统理念在现代社会的践行情况调查”，结果显示：农民群体的评分最高，国家公务人员的评分最低，“耻”与“廉”被认为是当前社会践行得最差的两个理念；“文化程度越高，对传统道德理念的践行现状评价越低”、“农村居民对于道德文化传统理念践行总体评价上高于城市居民”。于是在一定程度上表现出“官商无德，精英不范”现象。调查报告特别指出：“一些被公众认为弱势的社会群体正在成为我国传统道德文化践行的榜样，相对强势群体来说，他们更好地践行了中国道德文化传统理念。相反，社会强势群体对于道德文化传统理念评分相对较低，间接反映了这些群体在道德理念践行方面的差距。在政治、文化、经济上掌握更多话语权的群体，恰恰是伦理道德方面被认为最不满意的群体，这种反差和异化的严重后果，是社会道德信用的丧失。”[1] 针对这一现象，课题组负责人之一、中南大学副教授董海军在接受中国青年报记者采访时指出：“当前社会急需警惕‘无德观’的苗头——‘无毒不丈夫’成为一些‘无德者’的挡箭牌，很多人一味敬佩所谓‘成功人士’，以缺德为荣，讥讽遵守传统道德理念的人‘老土’。”[2] 论及我们这个有着悠久历史的礼仪之邦是否真的走到了“道德崩溃的边缘”问题，中央党校教授阮青认为症结在于“很多人在面临道德考验时表现出一种无能为力的感觉”，即“道德无力感”。譬如在马路上看到老人倒地，看到小孩躺在血泊之中，有的人走开了，可能不是不想救，而是觉得不能救、不愿救、不敢救，因为不知道伸出援手的同时，会给自己带来什么样的后果，会带来多少麻烦，甚至带来经济上的损失。[3]

解决“无德观”、“道德无力感”问题，解决“卑鄙成为卑鄙者的座右铭，无耻成为无耻者的通行证，崇高成为崇高者的墓志铭”问题，显而易见，唯有让道德“有力”。在社会主义初级阶段和社会主义市场经济体制中，尤其是“目前‘资本和地产的自然规律的自发作用’只有经过新条件的漫长发展过程才能被‘自由的、联合的劳动的社会经济规律的自发作用’所代替”[4] 的条件下，如何才能让道德“有力”，如何才能让“那些被公众认为弱势的社会群体能够继续成为我国传统道德文化践行的榜样之一”，重要的方式就是在“制度保障”的前提下强化道德“资本”激励。也就是说，不论身份，不论地位，无论是谁，只要

---

[1] 中南大学应用伦理学研究中心课题组：《传统美德的呼唤——中国道德文化传统理念践行情况调查报告》，《光明日报》，2011年7月26日。

[2] 肖舒楠：《伦理学者：当前社会急需警惕“无德观”的苗头》，《中国青年报》，2011年8月11日。

[3] 阮青：《谈“道德无力感”》，《北京日报》，2012年3月26日。

[4] 《马克思恩格斯选集》第3卷，人民出版社，1995年，第99页。

践履了高尚的道德行为，践履了社会主义核心价值体系，就要让他不仅仅享受到相应地精神“奖赏”，还要享受到相应地物质“奖赏”，尤其是要避免道德高尚者既吃亏又有苦难言的“损德”现象发生。同时，还可以辅以道德“资本”的反向激励，即让“损德”行为受到相应地“惩罚”。这样，就能在道德“给力”、社会主义核心价值体系“有力”的正向作用下激励广大人民群众积极参与社会主义核心价值体系建设，进而认同内化、自觉践行社会主义核心价值体系。

（三）环境和谐激励

人是一个物质利益的存在，是一个精神利益的存在，还是一个社会关系利益的存在。一句话，人是一个在社会关系基础上的物质和精神的存在。人虽然是社会历史发展的主体，但人是在一定自然环境和社会历史环境前提下的社会历史发展的主体。没有了自然环境和社会历史环境，人就无所谓主体可言。也就是说，人与环境是一个相互作用、相互影响、互为动力的关系。马克思恩格斯指出：“历史的每一阶段都遇到一定的物质结果，一定的生产力总和，人对自然以及个人之间历史地形成的关系，都遇到前一代传给后一代的大量生产力、资金和环境，尽管一方面这些生产力、资金和环境为新的一代所改变，但另一方面，它们也预先规定新的一代本身的生活条件，使它得到一定的发展和具有特殊的性质。由此可见，……人创造环境，同样，环境也创造人。”❶ 在之前的《神圣家族》中，马克思恩格斯还指出：“既然环境造就人，那就必须以合乎人性的方式去造就环境。既然人天生就是社会的，那就只能在社会中发展自己的真正的天性；不应当根据单个个人的力量，而应当根据社会的力量来衡量人的天性的力量。”❷在对民粹主义社会学的批判中，列宁指出，不能认为人们的思想和感情是“偶然出现的，而不是从一定社会环境（它是个人精神生活的材料、客体，它从正面或反面反映在个人的‘思想和感情’上面，反映在代表这一或那一社会阶级的利益上面）中必然产生的”❸。可见，在进一步推进社会主义核心价值体系建设的实践中，除了通过利益协调激励、道德“资本”激励两种方式激发、鼓励广大人民群众积极参与创建社会主义核心价值体系外，还需要充分发挥环境因素的作用，加强环境和谐激励。无论是马克思的未来理想社会蓝图，还是党的十六届六中全会提出的以“民主法治、公平正义、诚信友爱、充满活力、安定有序、人与自然和谐相处”为总要求的社会主义和谐社会的构建，重点都在于通过创造良好

❶ 《马克思恩格斯选集》第1卷，人民出版社，1995年，第92页。

❷ 《马克思恩格斯文集》第1卷，人民出版社，2009年，第335页。

❸ 《列宁全集》第1卷，人民出版社，1984年，第367页。

社会环境激发、鼓励人民群众的主体性，促进人的自由全面发展。

在建设“以马克思主义指导思想，以中国特色社会主义为共同理想，以爱国主义为核心的民族精神和以改革创新为核心的时代精神，以社会主义荣辱观为基本内容”的社会主义核心价值体系实践中，充分发挥环境因素的作用，加强环境和谐激励，激发、鼓励广大人民群众参与创建的主动性、积极性和创造性，首先需要明确一个前提性问题，即社会主义核心价值体系的每一构成要素，本身蕴涵的都是一对相互关系。譬如“爱国主义”，是“人民爱国家”和“国家爱人民”的统一。而且在这两者之间，一定意义上可以说，“国家爱人民”是前提，“人民爱国家”是结果。如果国家不爱人民，人民在日常生活中感受不到国家的“爱”，爱国主义在一定意义上就成了一句空话，成了一个口号，成了一种宣讲，要人民真心实意的爱国家也就很困难。古今中外民族兴亡的历史表明：国家兴衰的一个重要的因素，无不在这一点。试想想，看着岳飞被冤杀的时候，还有几个人敢直言不讳地“爱国”，还有几个人发自内心地自愿“爱国”。苏联由联合到解体的历史，亦是众所周知的证明。也就是说，在社会主义核心价值体系建设的环境和谐激励中，人民群众不是统治型社会治理模式中压制的对象，也不是管理型社会治理模式中理性的工具，而是服务型社会治理模式中平等的主体，是“全心全意为人民服务”的服务型政府“服务”的目的。这也正是服务型政府必然取代统治型政府和管理型政府的重要原因。

在这一前提下，充分发挥环境因素的作用，加强环境和谐激励，激发、鼓励广大人民群众参与创建社会主义核心价值体系的主体性，必须从环境的内容、环境的规范、环境的范围、环境的“空间”四个方面促进环境的和谐。所谓环境，对于社会主义核心价值体系建设而言，就是环绕在人的周围并给人以影响的客观“力量”，即环绕力，具体表现为推动力、约束力、感召力等，因而环境是现实的具体的，而不是抽象的空洞的。

首先，在社会主义核心价值体系建设实践中，必须促进社会主义核心价值体系建设的社会物质环境与社会精神环境的和谐。这里的社会物质环境是指在人类社会生活中影响社会主义核心价值体系建设的各种物质因素的总和，包括自然界中的属人环境、社会中的经济环境、政治制度环境等。精神环境是指影响社会主义核心价值体系建设的各种精神因素的总和，包括文化环境、舆论环境等。也就是说，在环境的内容层面，必须促进自然界中的属人环境、经济环境、政治制度环境和文化环境、舆论环境的和谐。前引“中国道德文化传统理念在现代社会的践行情况调查”结果显示，当前道德领域出现的不少问题与经济环境、政治环境有着直接的关系。温家宝总理 2012 年 3 月 26 日在国务院召开的第五次廉政工作会议上更强调，执政党的最大危险就是腐败。这个问题解决不好，政权的性质就可能改变，就会“人亡政息”。如果政权的性质都变了，又怎么可能保证社会主义核心价值体系建设。

其次，必须促进社会主义核心价值体系建设中的社会法治环境与社会道德环境的和谐。需要强调的是，这里的社会法治环境包括立法环境和司法环境两个层面。从社会主义核心价值体系建设的规范性、稳定性、可操作性角度来说，法治环境是推进社会主义核心价值体系建设最现实、最有效的环境力量。然而在现实中，或者因为法律本身的不完善问题，或者因为法律必然存在的有限性问题，或者因为违背社会公序良俗的司法行为问题，给社会大众造成了道德的“无力感”。从合乎法律规范的“合法性”与合乎道德理性的“合理性”两者之间的关系来说，“合法性”必须以“合理性”即合乎道德理性为前提。英国当代著名法学家尼尔·麦考密克在阐释“制度道德和宪法”这一论题时强调：“法律的生命在于永远力求执行法律制度和法律规则中默示的实用的道德命令。”❶ 这就是说，在进一步推进社会主义核心价值体系建设的实践中，充分发挥环境因素的作用，加强环境和谐激励，必须努力解决法律制度和司法行为的“合理性”问题。

再次，必须促进社会主义核心价值体系建设的社会宏观环境、中观环境与微观环境的和谐。宏观环境是国家整体层面的社会主义核心价值体系建设经济、政治、文化和社会心理环境。中观环境是一定区域的社会主义核心价值体系建设经济、政治、文化和社会心理环境。微观环境是与人们的社会主义核心价值体系建设活动直接相关的局部环境，譬如工作的单位、生活的社区、学习的校园、娱乐的圈子等。这三者之间，作为主导，宏观环境制约着中观环境和微观环境；作为中介，中观环境直接影响着微观环境，并反作用于宏观环境；作为基础，微观环境直接影响着宏观环境和中观环境的实际作用效果。因而，在社会主义核心价值体系建设实践中，自然首先必须解决好宏观环境的问题。列宁指出：“如果不先解决总的问题就去着手解决局部性问题，那么随时随地都必然会不自觉地‘碰上’这些总的问题。而在每一具体场合不由自主地碰上这些问题，就必然会使自己的政策陷于动摇不定和不讲原则的糟糕境地。”❷ 但是，也不能忽略中观环境和微观环境问题，甚至在一定程度上可以说，今天的社会主义核心价值体系建设实践遭遇的问题，更多的属于中观环境和微观环境的问题。

另外，还必须促进报纸、广播、电视、期刊等大众媒介形成的实体空间舆论环境与虚拟空间的网络舆论环境的和谐。在网民规模已近总人口 40% 的今天，虚拟空间已经不是一个概念，也不是一个可有可无的环境因子，而是一个对社会

---

❶ 麦考密克、魏因贝格尔：《制度法论》，周叶谦译，中国政法大学出版社，1994 年，第 226 页。

❷ 《列宁全集》第 15 卷，人民出版社，1988 年，第 366 页。

主义核心价值体系建设有着与实体空间同等作用力的“现实”空间。然而对比当前报纸、电视等的基调与网络空间中的言论，不难发现，两者之间存在着显著的差异，甚至在一定程度上还表现出“正”与“反”的对立。这种显著的差异甚至对立，不仅直接消解社会主义核心价值体系建设的成效，而且极大地损减了人民群众对传统大众媒介的信用。发挥环境因素的作用，激发、鼓励广大人民群众积极参与创建社会主义核心价值体系，无疑需要两者之间的和谐。

四、教育机制

教育机制，就是开展社会主义核心价值体系教育引导活动必须遵循的原理与方式。作为自上而下的主流价值观建构，社会主义核心价值体系建设不仅仅是一个自我学习的问题，还是一个教育引导的问题。只有在教育引导和学习体认的有机结合中，才能让社会主义核心价值体系建设的实践主体更深地理解社会主义核心价值体系建设的重大战略意义，更好地把握社会主义核心价值体系的本质，从而站在更高的层次、更大的视野中看待社会主义核心价值体系建设，并自觉践行社会主义核心价值体系。当然，这里的教育机制，主要是与社会主义核心价值体系建设的重点教育对象，即第四章所说的党员干部、青少年、公众人物密切关联的社会主义核心价值体系教育原理与方式。

（一）理论“学理”教育

社会主义核心价值体系教育，作为一种人与人之间的价值观交流、沟通、传递与引导活动，就其实质而言，是一种主体间性教育。作为一种主体间性教育，开展社会主义核心价值体系教育活动，首先必须把握教育对象的思想特点，关注教育对象的内在需求。只有基于教育对象思想特点和内在需求的教育，才能保证社会主义核心价值体系教育的针对性和实效性。孔子说：“视其所以，观其所由，察其所安。”（《论语·为政》）当子路和冉有问孔子相同的问题时，孔子给出的是不同的答案。公西华感到迷惑，孔子告诉他：“求也退，故进之；由也兼人，故退之。”（《论语·先进》）此外，与因人制宜一样，社会主义核心价值体系教育还需随时随地以当时的社会历史条件为转移，即因时制宜、因地制宜。只有这样，才能使社会主义核心价值体系建设贴近当代中国实际、贴近当代中国生活、贴近包括党员干部、青少年、公众人物在内的最广大人民群众。

从人、时、地这三个方面来看，今天的社会主义核心价值体系教育面临着哪些主要问题呢？以社会主义核心价值体系建设的重点教育对象——党员干部、青少年、公众人物为例来分析，相比于20世纪六七十年代，改革开放特别是1999

年高等教育大规模扩招以来，教育对象的学历结构发生了显著变化，大学及大学以上学历占相当大的比重，教育对象整体素质明显提升，独立意识、个体意识和批判思维能力大幅增强。这就意味着今天的社会主义核心价值体系教育，不可能再像20世纪六七十年代那样，只要一宣讲就可能入脑、入心，而是要经过一个长期的并且是“以理服人”的潜移默化过程。这是其一。其二，改革开放特别是社会主义市场经济体制建立以来，大部分人更趋理性务实，不少人甚至在资本逻辑和“经济本位”价值观的影响下，出现了“无德观”苗头，在不少场合都不难听到“良心值几个钱”之类的无耻之言。这就意味着今天的社会主义核心价值体系教育，首先不是获得大家的理解，而是可能遭遇大家的“冷漠”。其三，近些年出现的贪污腐败、诚信危机、隐性权力、社会潜规则等异化现象，不断地挑战着人民群众脆弱的道德神经，以至不少崇高的道德行为，也被网友戏称为“作秀”，并有不少人坚持“不管你信不信，反正我不信”，这就直接给社会主义核心价值体系教育设置了一道无形的障碍。其四，新世纪特别是2005年以来，大众传媒普及化、网络媒介等新媒体大众化、博客和微博等自媒体广泛应用，这样，信息传播基本上是瞬间化，而且直接指导社会主义核心价值体系建设的党代会、人代会等重大会议，一般都是现场直播。这就意味着，最高层的信息在同一时间到达了每一个关注社会主义核心价值体系建设的群众的手中，因而如果再用宣讲的方式，就必然会被定性为“大、空”甚至“假”而遭遇无声地抵制。

由此可见，今天的社会主义核心价值体系理论教育，虽然与任何时期的价值观教育一样，都是“务虚”，但在教育的方式上，却必须“务实”。也就是说，不能再用简单的政治宣传的方式，而必须从“学理”上——即从价值观理论上对社会主义核心价值体系建设作出学术性的阐释，从而实实在在地分析探讨人们日常生活中遭遇的价值疑惑、价值困境和价值难题。

从价值观“学理”上开展社会主义核心价值体系教育，作为前提，至少必须坚持这样几条原则：第一，立场明确。社会主义核心价值体系的立场是什么？毫无疑问，就是人民群众的立场，即为人民服务。脱离了这一立场，也就背离了当代中国核心价值体系的社会主义本质，也就不是社会主义的核心价值体系，而是变成了资本主义的或者封建主义的核心价值体系。第二，“真”字为基。就是在社会主义核心价值体系教育中，直面人民群众日常生活中所闻、所见、所感的各种价值问题，做到不回避、不缩小、不夸大，讲“真”话，说“真”理，而不是强词夺理。只有这样，才可能让社会主义核心价值体系的教育对象真学、真懂、真用。第三，“实”字为要。就是在社会主义核心价值体系教育中，着眼于人民生活水平的提高和中华民族的伟大复兴，用事实说话，用数字说话，而不是故弄玄虚。正如2012年3月6日十一届全国人大五次会议期间外交部部长杨洁篪在答中外记者问中所说，“这个世界是一个很不平衡的世界，有人拿着大喇叭，有人只有小喇叭，有人没有喇叭”，但是“数字比喇叭重要”。第四，言行一致。孔子说：“己欲立而立人，己欲达而达人”（《论语·雍也》）；“己所不欲，勿施于人”（《论语·颜渊》）。在社会主义核心价值体系教育中，教育者必须做到“言传”与“身教”的统一，万万不可台上一套，台下一套；人前一套，人后一套。这种言行不一、表里不一、台上台下不一、人前人后不一的教育是最“伤”人的，也是最“伤”社会主义核心价值体系教育的。在社会主义核心价值体系教育中，“伪君子”比“真小人”危害性更大。要想人不知，除非己莫为，当真相被历史说出的时候，人民对社会主义核心价值体系就不是相信，而是质疑了。当前价值观领域出现的不少问题，与现实生活中部分言行不一的“教育”不无直接的联系。

在这些方法论原则基础上，从以党员干部、青少年、公众人物为重点教育对象的整体层面而言，社会主义核心价值体系教育至少必须从“学理”层面解答清楚这样几个问题：（1）当代中国社会需不需要建设核心价值体系？为什么？（2）当代中国社会需要建设什么样的核心价值体系？为什么？（3）建设当代中国核心价值体系建设的主体有哪些？各自的角色是什么？各自应该承担什么样的建设责任？（4）当代中国核心价值体系建设主体的责任如何落实？只有这样，才可能让教育对象深刻认识社会主义核心价值体系建设的重要性、必要性和紧迫性，全面把握社会主义核心价值体系建设的本质，使社会主义核心价值体系入脑、入心。

当然，在具体层面，还必须根据具体对象进一步明细化、具体化。不言而喻，对党员干部与对青少年和公众人物的教育是不一样的，对公众人物与对青少年的教育也是不一样的。同样，在青少年群体内部，对大学生与对中学生、小学生的教育是不一样的，对中学生尤其是高中学生与对小学生的教育又是不一样的。党的十七届六中全会报告在阐释“推进社会主义核心价值体系建设，巩固全党全国各族人民团结奋斗的共同思想道德基础”时，对教育对象与要求分别这样界定：引导党员、干部深入学习贯彻党的基本理论、基本路线、基本纲领、基本经验，学习马克思主义经典著作，系统掌握马克思主义立场、观点、方法；引导干部群众深刻认识中国共产党领导和中国特色社会主义制度的历史必然性和优越性，深刻认识中国特色社会主义道路既是实现社会主义现代化和中华民族伟大复兴的必由之路，也是创造人民美好生活的必由之路，自觉把个人理想融入中国特色社会主义共同理想之中；激励人民把爱国热情化作振兴中华的实际行动，引导干部群众始终保持与时俱进、开拓创新的精神状态；引导人民增强道德判断力和道德荣誉感，动员社会各方面共同做好青少年思想道德教育工作。

（二）实践“体验”教育

在《〈政治经济学批判〉导言》中论及政治经济学研究方法时，马克思提出，人类掌握世界的方式有四种，即理性精神的方式、艺术精神的方式、宗教精神的方式、实践精神的方式。理性精神的把握，就是“把直观和表象加工成概念”，使整体“作为思想整体而出现”，“实在主体仍然是在头脑之外保持着它的独立性”[1]，表现为客观性特征。艺术精神的把握、宗教精神的把握、实践精神的把握则更多地渗透着主体的主观意志。艺术精神通过对世界的形象认识和改造，表达人们对美的向往和追求。宗教精神既是人们对现实世界的一种歪曲的、虚幻的反映，也表达着人们对现实世界的无知、无奈及其对超人间世界的向往。实践精神则是通过对世界的价值认知和价值把握，形成行为目的和行为方式，指导人的行为。由此可见，作为一种以指导行为为目的、以形成人们正确的行为方式为内容、并通过一定的行为才得以体现的精神，社会主义核心价值体系是一种实践精神。

作为一种实践精神，毫无疑问，对于社会主义核心价值体系本质的认识和把握，必须经由实践。也就是说，社会主义核心价值体系的实践教育是社会主义核心价值体系教育不可或缺的一个重要方面，并且是具有决定意义的方面。在阐述实践理性的地位时，康德指出：“纯粹思辨理性与纯粹实践理性联结成一个认识时，假定这种联结不是偶然的和任意的，而是先天地以理性自身为基础的，从而是必然的，实践理性就占据了优先地位。……我们根本不能向纯粹实践理性提出这样的过分要求：隶属于思辨理性，因而颠倒次序，因为一切归根结底都是实践的，甚至思辨理性的关切也仅仅是有条件的，只有在实践的应用中才是完整的。”[2] 在《实践论》中，毛泽东指出：“马克思、恩格斯、列宁、斯大林之所以能够作出他们的理论，除了他们的天才条件之外，主要地是他们亲自参加了当时的阶级斗争和科学实验的实践，没有这后一个条件，任何天才也是不能成功的。”总之，“你要知道梨子的滋味，你就得变革梨子，亲口吃一吃。你要知道原子的组织同性质，你就得实行物理学和化学的实验，变革原子的情况。”[3] 同理，要知道社会主义核心价值体系建设的理论与方法，就得参加社会主义核心价值体系建设的实践，就得“变革”当前价值观领域的各种问题。没有实践，没有调查，

[1] 《马克思恩格斯选集》第2卷，人民出版社，1995年，第19页。
[2] ［德］康德：《实践理性批判》，韩水法译，商务印书馆，2005年，第133页。
[3] 《毛泽东选集》第一卷，人民出版社，1991年，第287页。

就没有发言权。离开社会主义核心价值体系的建设实践，离开近些年相关的价值观现状调查，社会主义核心价值体系建设就会如毛泽东所批判的离开实际调查的政治估量和工作指导一样，“不是机会主义，就是盲动主义”❶。

当前的社会主义核心价值体系实践教育，怎样实践呢？对于社会主义核心价值体系建设的重点教育对象——党员干部、青少年、公众人物而言，核心就是创建参与平台，加强制度建设，辅以教育引导，从而促使各教育对象尤其是党员干部和公众人物“直接”联系群众，“直接”融入人民群众的日常生活，真正做到与人民群众“零距离”。当前，一些党员干部或者脱离群众、躲避群众、不联系群众，或者前呼后拥、路线“安排”、问答“交代”，“间接”联系群众。这样不仅不能掌握原汁原味的第一手材料，不能掌握社会价值观现状的真实信息，不能清楚人民群众的思想感情和价值期待，而且在自己和群众之间筑起了一道思想和感情的藩篱，影响了党群、干群关系。公众人物呢？人民网评论员闵湘子通过对相关微博或博客的分析提出：“绝大多数公众人物，依旧沉浸在自己的小圈子里，……绝不敢谈及公共事务半句，他们生怕一不小心失言，就可能使自己陷入深渊，或者使自己彻底失去风光生存的空间与机会”。他认为，政府和政府官员“应该秉承民主的精神，自觉接受监督，以虚怀若谷的心理和坦诚相待的态度，主动、积极、自觉地就公共事务与公众人物进行沟通，听取他们的意见，鼓励他们发表不同意见”；公众人物则要“放低身段，真正让自己亲近民众和民众利益”，并在认真调研的基础上，准确、及时、理性地“为民众发声”。❷ 青少年呢？作为正在学习成长中、价值观处于不成熟或半成熟状态的未来社会建设中坚力量，主要是引导他们积极参与文明城市、文明村镇、文明单位等“群众性精神文明创建活动”，从而帮助他们更好地理解社会主义核心价值体系的人民性、科学性、先进性和实践性特征。

需要强调的是，开展社会主义核心价值体系的实践教育，主要着眼点在于为各教育对象创造一个“体验”人民群众思想感情和价值期待、“体验”社会主义核心价值体系的人民性、科学性、先进性和实践性特征的具体情境。社会主义核心价值体系认同内化的过程，一般需要经验事实的比照性支撑、情感信念的导向性支撑和思想理论的逻辑性支撑。贯穿这三大支撑并起融通化合作用的深层心理要素，就是“体验”。在新民主主义革命时期，“读过马克思主义‘本本’的许多人，成了革命叛徒，那些不识字的工人常常能够很好地掌握马克思主义”❸。

---

❶ 《毛泽东选集》第一卷，人民出版社，1991 年，第 112 页。

❷ 闵湘子：《公众人物要有更多的公益担当》，人民网江苏视窗，2011 年 10 月 11 日，http：//js. people. com. cn/html/2011/10/11/37148. html.

❸ 《毛泽东选集》第一卷，人民出版社，1991 年，第 111 页。

原因固然是多方面的，但最重要的是工人有着身受三座大山压迫的直接而深刻的体验，及对马克思主义人民性的体验。因而，在社会主义核心价值体系实践教育中，除了引导教育对象“直接”联系群众，融入人民群众的日常生活外，还要通过对实践的总结和反思，提升他们的情感“体验”。

在一定意义上可以说，社会主义核心价值体系在多大程度上获得大众的认同，亦即实现社会主义核心价值体系的大众化，取决于各建设主体对人民群众思想感情和社会主义核心价值体系本质属性两者的深刻“体验”。毛泽东指出：“许多同志爱说‘大众化’，但是什么叫做大众化呢？就是我们的文艺工作者的思想感情和工农兵大众的思想感情打成一片。”❶ 只有和人民大众的思想感情打成一片，社会主义核心价值体系各建设主体尤其是党员干部，才能真诚倾听群众呼声，真实反映群众意愿，真情关心群众疾苦，真正做到想人民大众之所想，急人民大众之所急，真正做到权为民所用、情为民所系、利为民所谋。

（三）榜样示范教育

从社会发展的主体建构即人的培养角度来说，社会主义核心价值体系教育的目的是什么呢？毫无疑问，就是建构人民群众的思想道德素质，培养社会主义的现代理想人格。英格尔斯在《人的现代化》一书中说：“一个国家，只有当她的人民是现代人，她的国民从心理和行为上都转变为现代的人格，她的现代政治、经济和文化管理机构中的工作人员都获得了某种与现代化发展相适应的现代性，这样的国家才可真正称之为现代化的国家。”“如果一个国家的人民缺少一种能赋予这些制度以真实生命力的广泛的现代心理基础，如果执行和运用着这些现代制度的人，自身还没有从心理、思想、态度和行为方式上都经历一个向现代化的转变，失败和畸形发展的悲剧结局是不可避免的。”❷

用社会主义核心价值体系培养现代理想人格，也就是实现社会主义核心价值体系与大众的有机融合，亦即用社会主义核心价值体系武装大众的头脑，实现社会主义核心价值体系的大众认同、内化与践行。

可是，如前所述，社会主义核心价值体系认同内化的过程，一般需要经验事实的比照性支撑、情感信念的导向性支撑和思想理论的逻辑性支撑。从“比照性”和“导向性”来看，除了自我实践的直接经验和情感体验外，最生动、最形象、最具体、最有效的就是“榜样示范”。因此，与理论“学理”教育和实践

---

❶ 《毛泽东选集》第三卷，人民出版社，1991 年，第 851 页。

❷ ［美］阿历克斯·英格尔斯：《人的现代化》，殷陆君编译，四川人民出版社，1985 年，第 8、4 页。

“体验”教育一样，榜样示范教育也是社会主义核心价值体系教育机制的题中应有之义。

区别于理论“学理”教育和实践“体验”教育，榜样示范教育的一个显著优势是具体、形象、生动。显而易见，社会主义核心价值体系转化为教育对象的思想意识，不仅仅是一个教育者以理服人的过程，还有一个受教育者情感支撑的过程。只有在这二者的共同作用下，才能实现社会主义核心价值体系这一科学理论向受教育者思想意识的转化。单有社会主义核心价值体系的理论“学理”教育而没有受教育者的情感支撑，社会主义核心价值体系理论的转化就会失去内在的动力。单有社会主义核心价值体系的实践“体验”而没有理论的科学抽象与提升，社会主义核心价值体系的转化就会局限于感性认识的层次。毛泽东指出：“感觉到了的东西，我们不能立刻理解它，只有理解了的东西才能更深刻地感觉它。感觉只解决现象问题，理论才解决本质问题。”❶ 这就是说，在社会主义核心价值体系教育中，理论“学理”教育和实践“体验”教育勾勒的“理想人格”，或者是抽象的，或者是感性的。与此不同，“榜样”本身就是社会主义核心价值体系的“人格化”，是社会主义核心价值体系理念的现实体现。因而，在社会主义核心价值体系的榜样示范教育中，理想人格不仅是具体的，而且是理性的。这样，社会主义现代理想人格这个极为复杂的问题，就变成了一个相对具体、相对直接的问题。

当然，开展社会主义核心价值体系榜样示范教育，作为前提，首先必须保证“榜样”的可示范性和能示范性，也就是说，必须保证借以开展社会主义核心价值体系示范教育的“榜样”是能够激发广大人民群众情感共鸣的“榜样”。这样的榜样是什么样的呢？在《榜样论》一书中，南通大学教授彭怀祖等提出：“榜样是在一定历史时期经组织认定，公众舆论认可和公共传媒广泛传播，体现时代精神和人民意愿，代表先进生产力的发展要求，代表先进文化的前进方向，代表最广大人民群众的根本利益，值得公众效仿和学习的先进典型。榜样的特征体现了人格品质的先进性、与时俱进的时代性和广泛传播的权威性。”❷

榜样是“公众舆论认可”、“体现时代精神和人民意愿”、“代表最广大人民群众根本利益”的先进典型，这就意味着，在社会主义核心价值体系的榜样示范教育中，面向改革开放特别是社会主义市场经济体制建立以来，社会经济成分、组织形式、物质利益、就业方式日益多样化，人们的思想明显趋利、务实的时代实际，首先，榜样是从人民群众的社会主义核心价值体系建设实践中发掘出来

---

❶ 《毛泽东选集》第一卷，人民出版社，1991 年，第 286 页。

❷ 彭怀祖、姜朝晖、成云雷：《榜样论》，人民出版社，2002 年，第 8 页。

的，而不是依靠某些特设条件精心培养、树立、维护而成的。这样的榜样才能让广大普通群众产生亲近感而不是距离感，可模仿感而不是只可远观感。其次，榜样宣传要客观、真实，避免形式主义、走过场，切忌高、大、全，假、大、空。和所有人一样，榜样也是人。人无完人。榜样之所以为“公众舆论认可”，不是因为他没有缺点，而只是因为他的优点更多，他的行为更能代表人类社会和谐美好生活的理想规则。在现实生活中，有时为了弘扬榜样、宣传榜样，提升榜样的光辉形象，往往将榜样无限拔高，这种违反“常识”的宣传，不仅不是对榜样的帮助，反而是对榜样的毁损。要知道，榜样不是用来应时、应景的，而是要让人民群众能够在一定的时间长度内“品味”、参照的。再次，要爱护榜样，要通过制度建设保证榜样不仅能够一如既往地生活，而且能够享受相应地精神和物质补偿。虽然榜样不是为了荣誉，不是为了金钱，但是给予榜样以相应地回报，是一个公正社会的起码要求。最后，作为“本然”榜样的党员干部，应该时时处处以身作则、严格自律、率先垂范。要知道，作为中国人民和中华民族的先锋队，作为人民群众的“领路者”和“导向人”，党员干部的言行举止在客观上会对群众下意识地起着示范引导作用。因而，凡是要求群众做到的，自己要首先做到；凡是要求群众不做的，自己要坚决不做。孔子说：“为政以德，譬如北辰，居其所而众星共之。”（《论语·为政》）总之，社会主义核心价值体系的研究可以形而上，但社会主义核心价值体系的建设和教育必须形而下，必须贴近实际、贴近生活、贴近群众。

结语　马克思主义价值理性与中国特色社会主义价值实践：为何？何为？

党的十六届六中全会明确提出“建设社会主义核心价值体系”的战略任务后，“十七大”、十七届六中全会一再做出“推进社会主义核心价值体系建设，巩固全党全国各族人民团结奋斗的共同思想道德基础”的战略部署。然而，2009年12月人民论坛“千人问卷”调查显示，未来10年我国可能面临的10项挑战之一是“主流价值观边缘化危机”[1]；2011年11月《小康》杂志社中国全面小康研究中心联合清华大学媒介调查实验室在全国范围内进行的“2011年中国民众最关注的十大焦点问题”调查显示，“社会道德风气”位列第七，而且，47.3%的受访者认为目前的道德风气“不太好”，30.7%认为“非常差”，20.1%觉得“一般”，仅仅1.9%觉得“较好”[2]。从核心价值体系的历史发展来看，社会主义核心价值体系比其他形态的核心价值体系更具科学性和先进性；从核心价值体系的目标指向来看，社会主义核心价值体系“以人为本”，服务于最广大人民群众的根本利益。可是，在当前人们的实际感知中，社会主义核心价值体系为什么反而处于“边缘”的地位呢？这是每一个希望中华民族实现伟大复兴的中国人都需要思考和反省的问题。

一

对比马克思主义价值理论与西方先验主义、经验主义、心灵主义、语言分析路向的价值哲学及中国传统哲学价值论，不难看出，马克思主义价值理论具有鲜明的人民性、科学性、生活本源性、实践性特征。用美国富兰克林马歇尔学院哲学系教授L. J. 宾克莱《理想的冲突——西方社会中变化着的价值观念》一书中的话说：“凡能阅读马克思著作的人几乎无人不为他对19世纪不幸的工人运动所

---

[1] 人民论坛“千人问卷”调查组：《未来十年你我面临的挑战——“未来10年10大挑战”调查报告》，《人民论坛》，2009年第24期。

[2] 苏枫：《2011最受关注10大焦点民生问题》，《小康》，2011年第12期。

表示的深切同情所感动。他看到当时存在于资产阶级社会的一切非正义现象感到义愤填膺，以致他不仅为一个有自由与正义的较好的日子而呐喊，并且提出了一项实现他为人类所抱的理想的纲领。马克思并不是一位闲散的梦想家，盼望着会像奇迹似地出现一个‘新天地’，而是更像《旧约全书》中的先知阿摩司那样，告诉人们为了真正得到自由他们必须做些什么。马克思看到，知识和行动，思想和由它们所形成的社会制度，以及一个社会的道德价值和经济基础都是不可分割地交织在一起的。”❶

众所周知，马克思主义价值理论总是从人民群众的立场出发，基于人与人之间的社会关系而对价值问题进行深入地研究，从不离开人民群众做远离现实的自我玄思，从不离开人民群众在自编自导自演的文字游戏中兜圈子。易言之，站在人民群众的立场，是马克思主义价值理论首要的基本的特征。马克思指出：“不管个人在主观上怎样超脱各种关系，他在社会意义上总是这些关系的产物。同其他任何观点比起来，我的观点是更不能要个人对这些关系负责的。”❷ 因此，在马克思主义理论体系中，价值是人们在社会实践活动中自觉建构的“为我而存在”的社会关系及其在人与社会全面发展中表现出来的意义。其内容为“人们在社会实践活动中自觉建构的‘为我而存在’的社会关系”，其表现形式为具体的社会关系在人与社会的全面发展中表现出来的意义，就像马克思经济哲学中价值与交换价值的关系——价值是交换价值的内容，交换价值是价值的表现形式一样。❸ 从价值的社会关系本质出发，马克思主义始终强调相信人民群众，依靠人民群众，为了人民群众。也正是因为马克思主义价值理论的社会关系本质和人民群众立场，《共产党宣言》成为“19 世纪最具影响力的作品”，马克思成为世界两大著名新闻媒体英国广播公司（BBC）和路透社分别独立评选出的“千年思想家”和“千年伟人”，马克思主义由一种个人的思想变成了跨民族、跨时代的千百万人的信仰，科学社会主义变成了一种世界范围内的运动和制度。英国马克思主义理论家特里·伊格尔顿指出：“历史上从未出现过建立在笛卡尔思想之上的政府，用柏拉图思想武装起来的游击队，或者以黑格尔的理论为指导的工会组织”，唯有“马克思主义彻底改变了我们对人类历史的理解”。就连反社会主义思想家路德维希·冯·米塞斯亦认为，社会主义是“有史以来影响最深远的社会改革运动；也是第一个不限于某个特定群体，而受到不分种族、国别、宗教和文

---

❶ ［美］L. J. 宾克莱：《理想的冲突——西方社会中变化着的价值观念》，马元德等译，商务印书馆，1986 年，第 95 ~ 96 页。

❷ 《马克思恩格斯全集》第 44 卷，人民出版社，2001 年，第 10 页。

❸ 李金和：《研究范式转向中的马克思主义“价值”内涵解读》，《齐鲁学刊》，2011 年第 1 期。

明的所有人支持的思想潮流”。[1]

其次，马克思主义价值理论是一个以历史唯物主义为方法论基础的科学的价值理论体系。价值理论科学与否，首要的前提是其价值立场是否合乎人类社会发展的必然要求，然后是其价值方法论是否符合人类社会发展的客观实际。想要构建科学的价值理论体系，无论是离开了科学的价值立场，还是离开了科学的价值方法论，都是不可想象的。在价值方法论上，马克思主义价值理论从不“按照行动的动机来判断一切”，从不用“当事人的意志来解释一切”[2]，从不“认为在历史领域中起作用的精神的动力是最终原因，而不去研究隐藏在这些动力后面的是什么，这些动力的动力是什么”[3]，而是强调“物质生活的生产方式制约着整个社会生活、政治生活和精神生活的过程。不是人们的意识决定人们的存在，相反，是人们的社会存在决定人们的意识”[4]。从历史唯物主义的方法论出发，马克思主义价值理论着重从利益与价值的关系中来研究价值问题，强调通过解决利益冲突和利益对抗来解决价值冲突和价值危机。从利益与价值的关系中来研究价值问题，毋庸置疑，马克思主义价值理论是科学性与人文性统一、真理性与价值性统一的科学体系。需要说明的是，马克思主义价值理论所讲的利益，不是通常理解的狭义的物质利益，而是指人的生存利益，即物质利益和精神利益的总和。

再次，马克思主义价值理论是一个基于人的生活，为了人的生活，强调“生活”本源性的价值理论。综观马克思恩格斯关于唯物史观的阐释和表述，不难发现，在马克思的两个最伟大发现之一的历史唯物主义中，只有“人的生活世界”才具有本源性，“人的现实生活”才是其出发点和落脚点，无论是物质生产还是精神生产都是基于人的生活、为了人的生活的生产；离开“人的现实生活”来讲生产，不是背离历史唯物主义，就是歪曲历史唯物主义。1845 年秋约至 1846 年 5 月在《德意志意识形态》中论及意识、存在、生活三者之间的关系时，马克思恩格斯指出：“意识在任何时候都只能是被意识到了的存在，而人们的存在就是他们的现实生活过程”，“不是意识决定生活，而是生活决定意识”[5]；批判费尔巴哈割裂唯物主义与历史观的错误时指出：“我们首先应当确定一切人类生存的第一个前提，也就是一切历史的第一个前提，这个前提是：人们为了能够‘创造历史’，必须能够生活”[6]；表述唯物主义历史观时写道：“这种历史观就在于：

[1] ［英］特里·伊格尔顿：《马克思为什么是对的》，李杨等译，新星出版社，2011 年，第 2 页。
[2] 《马克思恩格斯全集》第 1 卷，人民出版社，1995 年，第 363 页。
[3] 《马克思恩格斯选集》第 4 卷，人民出版社，1995 年，第 248 页。
[4] 《马克思恩格斯选集》第 2 卷，人民出版社，1995 年，第 32 页。
[5] 《马克思恩格斯选集》第 1 卷，人民出版社，1995 年，第 72、73 页。
[6] 《马克思恩格斯选集》第 1 卷，人民出版社，1995 年，第 78 ~ 79 页。

从直接生活的物质生产出发阐述现实的生产过程”[1]。1859年1月在《〈政治经济学批判〉序言》中表述历史唯物主义基本原理时，马克思说：“人们在自己生活的社会生产中发生一定的、必然的、不以他们的意志为转移的关系，即同他们的物质生产力的一定发展阶段相适应的生产关系。”[2] 1867年在《资本论》第一卷的脚注中论及宗教幻象时，马克思说，从“当时的现实生活关系”——即“人的生活的直接生产过程，从而人的社会生活关系和由此产生的精神观念的直接生产过程”中“引出它的天国形式”，是“惟一的唯物主义的方法”，也是“惟一科学的方法”。[3] 1883年3月在表述马克思一生中的两个最伟大的发现之一时，恩格斯指出：“人们首先必须吃、喝、住、穿，然后才能从事政治、科学、艺术、宗教等等；所以，直接的物质的生活资料的生产，从而一个民族或一个时代的一定的经济发展阶段，便构成基础。”[4] 1890年9月在回复约·布洛赫的信中，针对唯物史观理解的简单化、机械化倾向，恩格斯强调：“根据唯物史观，历史过程中的决定性因素归根到底是现实生活的生产和再生产。无论是马克思或我都从来没有肯定过比这更多的东西。”[5] 显而易见，历史唯物主义是从人的生活世界出发又回归于生活世界的唯物主义。以历史唯物主义为方法论基础的马克思主义价值理论，是从人的生活世界出发又回归于生活世界的价值理论，是与工具理性截然不同的科学的价值理性。

与人民性、科学性和生活本源性相联系，马克思主义价值理论强调价值问题必须立足于实践基础之上。不同的时空场域，人民群众的生活实际是不一样的，与之相应，服务于人民群众生活的价值实践必须随时随地以当时的生活实际为转移。众所周知，贯穿马克思主义价值理论的主线是马克思在《关于费尔巴哈的提纲》中的名言：“哲学家只是用不同的方式解释世界，问题在于改变世界。”[6] 从“改变世界”这一取向出发，马克思把实践从空洞的抽象的思辨中解放出来，改造为一种基于群众立场和群众史观的实践；把价值理性从抽象的理性存在物中解放出来，改造为一种实践精神。作为一种实践精神，价值理性以指导行为为目的，以形成人们正确的行为方式为内容。正因为如此，毛泽东指出：“一个人做事只凭动机，不问效果，等于一个医生只顾开药方，病人吃死了多少他是不管的。又如一个党，只顾发宣言，实行不实行是不管的。试问这种立场也是正确的

---

[1] 《马克思恩格斯选集》第1卷，人民出版社，1995年，第92页。
[2] 《马克思恩格斯选集》第2卷，人民出版社，1995年，第32页。
[3] 《马克思恩格斯全集》第44卷，人民出版社，2001年，第429页。
[4] 《马克思恩格斯选集》第3卷，人民出版社，1995年，第776页。
[5] 《马克思恩格斯选集》第4卷，人民出版社，1995年，第695～696页。
[6] 《马克思恩格斯选集》第1卷，人民出版社，1995年，第57页。

吗？……我们判断一个党，一个医生，要看实践，要看效果”；“真正的好心，必须顾及效果，总结经验，研究方法，……只有在这种严肃的负责的实践过程中，才能一步一步地懂得正确的立场是什么东西，才能一步一步地掌握正确的立场。如果不在实践中向这个方向前进，只是自以为是，说是‘懂得’，其实并没有懂得”[1]。

二

正是站在人民群众的立场，面向人民群众的现实生活，以“一切人自由而全面的发展”为最高命题、突出“价值论”在整个科学体系中的基础性地位和实践中的指导性作用的马克思主义，受到了以李大钊、毛泽东为代表的中国先进知识分子的青睐，来到了苦难深重的近代中国，并引导中国人民在苦难中重新创造了辉煌。

在近代，中国这个与古希腊文明等一起开创了人类文明的“轴心时代”、并曾长时期居于世界领先地位的大国，受到了西方文明的强烈冲击。西方列强所施于中国者，“以殖民政略为本营，以铁路政略为游击队，以传教政略为侦探队，而一以工商政略为中坚”[2]。在西方列强的坚船利炮、廉价商品等的多重夹击之下，中华民族生存危机与文化危机交织，近代中国遭遇三千年未有之大变局，被迫离开传统的发展轨道。在19世纪50年代为《纽约每日论坛报》写的有关中国问题的评论中，马克思指出：“满族王朝的声威一遇到英国的枪炮就扫地以尽，天朝帝国万世长存的迷信破了产，野蛮的、闭关自守的、与文明世界隔绝的状态被打破，开始同外界发生联系。……英国的大炮破坏了皇帝的权威，迫使天朝帝国与地上的世界接触。与外界完全隔绝曾是保存旧中国的首要条件，而当这种隔绝状态通过英国而为暴力所打破的时候，接踵而来的必然是解体的过程，正如小心保存在密闭棺材里的木乃伊一接触新鲜空气便必然要解体一样。”[3] 恩格斯更指出：“这个世界上最古老国家的腐朽的半文明制度”[4] 陷入了绝望的、半瓦解的状态。

因此，“救亡图存”、“寻求富强”成为近代中国的两个主题，“变局”观念和“危亡”意识成为近代中国知识分子的主导心态。用中国马克思主义哲学史学会会长庄福龄教授的话说：“整个社会陷于一种异常严重的文化价值失范境地，

---

[1] 《毛泽东选集》第三卷，人民出版社，1991年，第873～874页。
[2] 《梁启超全集》第四卷，北京出版社，1999年，第895页。
[3] 《马克思恩格斯选集》第1卷，人民出版社，1995年，第691～692页。
[4] 《马克思恩格斯选集》第1卷，人民出版社，1995年，第706页。

知识分子的精神信仰发生严重的危机。整个社会迫切需要形成一种新的意识形态，新的价值信仰体系，作为人们生存的精神支柱以及思想与行为的价值框架。”❶

这种新的价值信仰体系，对于直接感知西方文明强烈冲击的近代中国人来说，自然而然，在西方文化之中，而不在传统文化之中。在他们看来，传统是回不去了，唯一可能的方式就是把目光转向西方，希望能从西方找到救国救民的真理。正如冯契所言：“在中国近代，时代的中心问题就是‘中国向何处去?’——灾难深重的中华民族，如何才能获得自由解放，摆脱帝国主义的压迫、欺凌和奴役？……这个时代的中心问题在政治思想领域表现为‘古今中西’之争，其内容就是如何向西方学习，并且对传统进行反省，来寻求救国救民的真理，以便使中华民族走上自由解放的道路。”❷

在近代中国向西方寻找真理的先进的中国人中，“洪秀全、康有为、严复和孙中山，代表了在中国共产党出世以前向西方寻找真理的一派人物。那时，求进步的中国人，只要是西方的新道理，什么书也看”。然而，结果是众所周知，“先生老是侵略学生”，“中国人向西方学得很不少，但是行不通，理想总是不能实现”。❸

为什么行不通呢？整体地说，无疑是经济、政治、文化、社会等国际国内多种因素综合作用的结果。然而，比较洪秀全代表的农民革命派、康有为代表的资产阶级维新派、孙中山代表的资产阶级革命派和中国共产党人领导的无产阶级革命队伍，从外在的客观条件来说，无论对于谁，都是大致相同的，其中唯一根本不同的，是各自的指导思想。也就是说，洪秀全领导的太平天国运动、康有为参与发起的戊戌变法、孙中山参与组织领导的辛亥革命之所以最终都未能避免失败，根本原因都在于其革命或维新的理论未能满足近代中国社会变革的现实需要。用列宁的话说：“没有革命的理论，就不会有革命的运动”❹；“没有革命的理论，就不可能有被压迫阶级的即历史上最革命的阶级的世界上最伟大的解放运动”❺。

在半殖民地半封建社会的近代中国，最革命的阶级是谁？毫无疑问，是遭受帝国主义和封建势力最深重压迫的底层群众，即由工业无产阶级和农村无产阶级、半无产阶级组成的人民大众。在《中国社会各阶级的分析》、《国民革命与

---

❶ 庄福龄、邱守娟主编：《马克思主义中国化研究》第一卷，人民出版社，2008 年，第 84 页。

❷ 冯契：《中国近代哲学的革命进程》，华东师范大学出版社，1997 年，第 4 页。

❸ 《毛泽东选集》第四卷，人民出版社，1991 年，第 1469～1470 页。

❹ 《列宁全集》第 2 卷，人民出版社，1984 年，第 443 页。

❺ 《列宁全集》第 27 卷，人民出版社，1990 年，第 15 页。

农民运动》、《湖南农民运动考察报告》、《中国革命与中国共产党》、《新民主主义论》等文章中，毛泽东从中国的国情出发，反复强调：中国80%的人口是农民，农民问题是中国革命的基本问题，农民力量是中国革命的基本力量；中国的贫农是农村中的半无产阶级，约占农村人口的70%，是中国革命最广大的动力，是无产阶级天然的和最可靠的同盟者，是中国革命队伍的主力军，没有贫农，便没有革命；中国无产阶级大部分出身于破产的农民，和广大的农民有一种天然的联系，能够和农民结成亲密的联盟；无产阶级只有和农民，特别是贫农结成坚固的联盟，才能领导革命到达胜利，否则是不可能的。

从这一意义上说，第一，近代中国社会的主要矛盾，即“帝国主义和中华民族的矛盾，封建主义和人民大众的矛盾”[1]，可以归纳为一对矛盾，即帝国主义、封建主义与人民大众的矛盾。因为对于由工业无产阶级和农村无产阶级、半无产阶级构成的人民大众来说，帝国主义和封建主义是相互勾结、很难分离的，封建主义是帝国主义统治中国的社会基础，帝国主义是封建主义赖以存在的支柱，若不推翻封建主义，帝国主义很难根本赶走；若不赶走帝国主义，封建主义很难根本推翻。因而，适应近代中国求独立、求解放的革命理论，应该是同时反对封建主义和帝国主义的理论。第二，中国革命的主体力量是农民，而农民在思想文化上有一个突出的特点，就是深受产生于自然经济和宗法制社会的传统文化的熏陶，并高度认同其中带有空想社会主义色彩的“大同”理想。也就是说，适应近代中国求独立、求解放的革命理论，还必须是与中国传统文化的价值理想相契合但又超越于中国传统文化的理论。只有这样的理论，才能满足近代中国革命的主体——农村无产阶级的价值认知和价值期待，激发其价值共鸣，获得其价值认同，并进而不仅成为“一种拯救中国危机的工具理性”，而且成为“一种价值理性，一种世界观、价值观、人生观，即一种总的精神信仰”[2]。

而在作为洪秀全革命纲领的《原道救世歌》、《原道醒世训》、《原道觉世训》、《天朝田亩制度》、《资政新编》中，尽管他将基督教的原罪平等观与中国人熟悉的朴素平等观联系起来，提出了“天下一家，人人平等”的革命主张和“有无相恤、患难相救、门不闭户、道不拾遗、男女别途、举选上德”的社会理想，从而在其革命的早期获得了苦难深重的农民阶级的认同和支持，但需要特别注意的是，“当他要维护洪家统治秩序时，他对封建礼教的利用多于对传统伦理道德的鉴别和选择”[3]，即为了维护洪家的统治秩序，洪秀全用自己之前反对的

---

[1] 《毛泽东选集》第二卷，人民出版社，1991年，第631页。

[2] 庄福龄、邱守娟主编：《马克思主义中国化研究》第一卷，人民出版社，2008年，第85页。

[3] 张岂之、陈国庆：《近代伦理思想的变迁》，中华书局，2000年，第17页。

封建礼教的等级制消解了自己之前提出的平等主张和社会理想。康有为呢？在《孔子改制考》和《新学伪经考》中，虽然使儒家学说从无可怀疑的信仰中心变成了可疑的思想体系，但在其思想的深层却从未动摇中国传统等级制的根本，因而在实践上不仅对封建统治者抱有幻想，而且对人民群众怀有恐惧。孙中山呢？“驱除鞑虏，恢复中华，建立民国，平均地权”的纲领和“民族、民权、民生”的“三民主义”学说，在理论上反映了中国人民反对帝国主义和封建主义的革命要求，因而在一定程度上获得了人民的支持，并成功地推翻了两千多年的封建专制制度，但同样需要注意的是，在实践中，无论是“驱除鞑虏，恢复中华，建立民国，平均地权”的依靠力量，还是“民族、民权、民生”的权利享有主体，都主要局限于资产阶级，而把近代中国最革命的力量——工业无产阶级和农村无产阶级、半无产阶级——排除在外。也就是说，无论是领导太平天国农民运动的洪秀全，还是参与发起戊戌变法的康有为和参与领导辛亥革命的孙中山，在其思想理论的深处，都没有同封建主义或帝国主义彻底地决裂。

与洪秀全、康有为、孙中山等理论的不彻底性不同，马克思主义彻底地批判封建主义和资本主义。毫不夸张地说，马克思主义是所有对资本主义的批判中最彻底、最严厉、最全面的。无论是《共产党宣言》还是《资本论》及其手稿《政治经济学批判》，都是对资本逻辑和资本主义生产关系的批判。“在马克思眼中，资本主义社会无论怎样以自己的现代性为傲，它都充满了奇异的幻景和拜物教的狂热，以及一戳就破的肥皂泡般的神话和盲目的崇拜。”❶ 论及马克思主义对资本主义的深刻批判和对社会主义的科学构建，庄福龄教授指出，“马克思主义这种既是西方文化产物又是现实资本主义文明的叛逆者的思想特征”，正好满足了近代中国人“试图从西方文化中寻找超越资本主义文明的救国良方的希望”，因而，“马克思主义与先进的中国人急切寻找中国社会发展目标、探寻改造中国社会道路的文化心态相契合”❷。

此外，在思维方式、价值理想等方面，马克思主义与中国传统文化也有许多相通之处。中共中央文献研究室研究员陈晋提出，马克思主义与中国传统以儒家为主流的文化“都立足于从解决现实社会的具体问题出发，而不是把希望寄托在过去或来世，都依赖人间的实有力量，而不是借助超人间的力量，即上帝和鬼神的力量”；“都强调群体利益，提倡利他精神；都以理想世界为现实行动的鼓舞力量，如传统的‘大同’、‘平均’与马克思主义的共产主义社会”等。再有，“《周易》起始的阴阳二元论和矛盾辩证法之间，‘仓廪实则知礼

❶ ［英］特里·伊格尔顿：《马克思为什么是对的》，李杨等译，新星出版社，2011 年，第 14 页。

❷ 庄福龄、邱守娟主编：《马克思主义中国化研究》第一卷，人民出版社，2008 年，第 86 页。

节、衣食足则知荣辱’与社会存在决定社会意识之间，‘逼上梁山’与阶级压迫导致阶级反抗等等之间”也存在某些联系。[1] 张岱年先生及其弟子程宜山提出：“中国文化中本有悠久的唯物论、无神论、辩证法的传统，有民主主义、人道主义思想的传统，有许多历史唯物主义的思想因素，有大同的社会理想，如此等等，因而马克思主义很容易在中国的土壤里生根”[2]。庄福龄教授亦提出：“马克思主义富有实践性和革命性的思想性格与中国传统的注重躬行实践，轻视纯理论的思辨，注重实际功效而轻视理论本身的精巧的实践理性精神也是非常吻合的”，从中国第一代马克思主义者李大钊、陈独秀、蔡和森、毛泽东等来看，“他们几乎都是从中国传统文化的思想背景走出来，经过近代西学的启蒙洗礼而最终接受马克思主义的。中国传统文化精神的某些方面所存在的马克思主义思想性格的相通之处，实际上正是马克思主义之所以能为中国广大知识分子迅速接受的一个重要内在根据”[3]。

可见，马克思主义价值理论不仅是站在人民群众立场的、科学的价值理论体系，而且是最切合近代中国现实需要、与中国传统文化价值观最相契合的价值理论。正因为如此，在近代中国，马克思主义获得了广大知识分子、工业无产阶级和农村无产阶级、半无产阶级的广泛接受、并成为其价值理性。1927年“反革命政变”前，中国共产党党员已由1921年的57人发展到6万多人；尽管1927年“反革命政变”后只剩下1万多人，但到1934年，又发展到了30万人。

三

今天，中国共产党党员已超过8000万名，中国GDP超过日本成为世界第二大经济体，可是在社会价值观领域却产生了“主流价值观边缘化危机”，出现了“社会道德风气”问题。难道真的像被泛化了的西方所谓“现代化理论”所认为的，“中国的马克思主义者面临着一个严酷的悖论”吗？还是如莫里斯·迈斯纳所认为的，“新生的几代人将会着手把新增的物质成就与旧有的社会主义期望结合在一起。把成长中的物质丰盛与经一个多世纪奋斗所锻造出来的强劲革命传统相结合，这可能是给中国在现代世界历史中实现马克思的社会主义和民主理想，

---

[1] 陈晋：《毛泽东的文化性格》，中国青年出版社，1991年，第170～171页。

[2] 张岱年、程宜山：《中国文化论争》，中国人民大学出版社，2006年，第156页。

[3] 庄福龄、邱守娟主编：《马克思主义中国化研究》第一卷，人民出版社，2008年，第86页。

提供的最好机会”[1]呢？

如果真如莫里斯·迈斯纳所言，那么当前出现的“社会道德风气”问题，只不过是中国特色社会主义由改革开放前的政治社会到改革开放后的经济社会，再到“十六大”以来逐步提出的“以人为本”社会这一螺旋式上升过程中很难避免的一个阶段；未来10年可能出现的“主流价值观边缘化危机”，也可能是社会主义核心价值体系取得社会共识、国民信仰、大众认同的“契机”。

不过，无论如何，可以确定的是，“主流价值观边缘化危机”和“社会道德风气”问题，在一定程度上反映了当前我国社会主义核心价值体系建设面临的复杂情况，是进一步推进社会主义核心价值体系建设必须直面并努力加以解决的问题。毋庸置疑，仅仅从正面的角度来论述社会主义核心价值体系建设，是远远不够的，只有把问题的一面也纳入进来，通过对问题的解决，才能全面深入科学地推进社会主义核心价值体系建设。正如党的“十七大”报告指出的：“在看到成绩的同时，也要清醒认识到，我们的工作与人民的期待还有不小差距，前进中还面临不少困难和问题，……关系群众切身利益的问题仍然较多，部分低收入群众生活比较困难；思想道德建设有待加强；党的执政能力同新形势新任务不完全适应，对改革发展稳定一些重大实际问题的调查研究不够深入；一些基层党组织软弱涣散；少数党员干部作风不正，形式主义、官僚主义问题比较突出，奢侈浪费、消极腐败现象仍然比较严重。我们要高度重视这些问题，继续认真加以解决。”[2]

探寻“主流价值观边缘化危机”背后的根源，上海大学教授陈新汉认为，从哲学上来分析，有两个方面的原因：“从认识论上来说，有一个实事求是的问题。从本体论上来说，就是核心价值体系的人民主体性问题。”他还指出，“自党中央提出社会主义核心价值体系以来，有关这方面的论文和著作不少，在大众媒体上宣传也不少。然而占领宣传阵地并不等于赢得民众认同”；在社会调查中

---

[1] 在《马克思主义、毛泽东主义与乌托邦主义》一书“中文版序”的开头，莫里斯·迈斯纳写道：“中国的马克思主义者面临着一个严酷的悖论。在人民共和国早先的几十年间，那时中国还很贫困，物质匮乏成为其追求社会主义的前提条件，未来共产主义乌托邦的各种景象还具有强大的生命力。今天，当中国从经济匮乏状况急速转变到一种相对富裕的境遇时，未来社会主义社会的乌托邦景象则几乎被人们遗忘。正当社会主义的客观情景被逐渐现实化之时，建立一个社会主义社会的主观意志则有所消解。如何解释这种不和谐呢？对许多观察者来说，这个貌似真实的悖论能被简单地加以阐明。……这些观察者的观点被称之为具有影响力并被泛化了的‘现代化理论’。”在结尾指出：“今天的中国正在开始享受半个世纪巨大经济进步所产出的果实。或许，新生的几代人将会着手把新增的物质成就与旧有的社会主义期望结合在一起。把成长中的物质丰盛与经一个多世纪奋斗所锻造出来的强劲革命传统相结合，这可能是给中国在现代世界历史中实现马克思的社会主义和民主理想，提供的最好机会”（［美］莫里斯·迈斯纳：《马克思主义、毛泽东主义与乌托邦主义》，张宁等译，中国人民大学出版社，2005年，第4、6页）。

[2] 《十七大以来重要文献选编》（上），中央文献出版社，2009年，第4～5页。

深切感到，“广大民众对核心价值体系真正关心的不多，就是社会科学界的一些学者对核心价值体系的了解也不多。社会主义核心价值体系边缘化危机确实是现实地存在”。刘铮教授认为：“制度缺位是社会主义核心价值体系边缘化的重要诱因。”政治学博士申小翠则提出了六个方面的原因：“主流意识形态理论与实践的契合度不高是‘危机’之源”，“社会结构急剧分化导致意识形态领域内诸神纷争”，“社会主义意识形态建设的失误削弱了自身的主导地位”，“‘理念崇拜’的历史心态容易接受西方意识形态”，“消费主义生活方式深入民众的日常生活”，“西方‘和平演变’战略的强劲冲击”。[1]

从社会主义核心价值体系建设的特点——中国共产党人的价值自觉和自上而下的建构路径——出发，总结当前社会主义核心价值体系建设及“主流价值观边缘化危机”的研究，在社会主义价值实践中化“危机”为“契机”，落实到价值主体层面，必须自觉运用社会主义核心价值体系的灵魂——马克思主义价值理性解决好三个基本问题，即社会主义核心价值体系的党内信仰、精英共识和大众认同问题。

中国共产党是中国人民和中华民族的先锋队，是中国特色社会主义事业的领导核心。对于中国共产党人来说，以“马克思主义指导思想”为“灵魂”的社会主义核心价值体系不只是一个价值观问题，而且是一个信仰问题。邓小平多次强调指出：“我们过去干革命，打天下，建立中华人民共和国，就因为有这个信念，有这个理想。”[2] 党的十七届六中全会要求：“在全党深入开展社会主义核心价值体系学习教育，使广大党员、干部成为实践社会主义核心价值体系的模范，做共产主义远大理想和中国特色社会主义共同理想的坚定信仰者。”如果在中国共产党内部，还有人“赞成马克思主义，但是不准备实行之，或不准备完全实行之”，或者“说的是马克思主义，行的是自由主义；对人是马克思主义，对己是自由主义”[3]，换言之，不是将以“马克思主义指导思想”为灵魂的社会主义核心价值体系当作为人民谋利益的价值理性，而是当作为个人谋取私利的工具，对人高喊建设社会主义核心价值体系，自己却不践履社会主义核心价值体系，甚至大搞“权力本位”、“特权主义”，可以肯定地说，想要社会主义核心价值体系成为一种国民信仰，是很困难，甚至是不可能的。由此可见，社会主义核心价值体系的党内信仰是有效推进社会主义核心价值体系建设的主体前提。

社会主义核心价值体系的精英共识是有效推进社会主义核心价值体系建设的

---

[1] 陈新汉主编：《警惕核心价值体系“边缘化危机”》，社会科学文献出版社，2011 年，第 24、54 页、85 ~ 94 页。

[2] 《邓小平文选》第三卷，人民出版社，1993 年，第 173 页。

[3] 《毛泽东选集》第二卷，人民出版社，1991 年，第 361 页。

主体关键。在由经济、政治、文化、社会共同构成的复杂多元的社会关系中，人与人之间的绝对平等是不可能的。无论是基于卡尔·马克思的分析法，还是根据马克斯·韦伯等的分析法，人与人之间都必然存在阶层差异，必然存在一个精英与大众的问题。而在精英与大众之间，无论是从对社会资源的占有，还是从对社会发展的影响来说，都是不一样的。看了中国社会科学院社会学研究所“当代中国社会结构变迁研究”课题组2002年的《当代中国社会阶层研究报告》，就会发现，在当代中国，国家与社会管理者阶层、经理人员阶层、私营企业主阶层、专业技术人员阶层掌握或占有大部分组织资源、经济资源和文化资源，其中，高层领导干部、大企业经理人员、高级专业人员及大私营企业主处于社会上层，决定着中国社会发展的“顶层设计”。可以说，当代中国社会意识领域出现的经济私有化思潮、新自由主义思潮等，都与改革开放以来社会上层结构及其价值观结构的变化有着直接的关系。也就是说，如果社会主义核心价值体系建设在精英层面不能达成共识，想要成为一种社会共识，是很困难的，甚至也是不可能的。

社会主义核心价值体系的大众认同是有效推进社会主义核心价值体系建设的主体根本。众所周知，社会主义核心价值体系是在《中共中央关于构建社会主义和谐社会若干重大问题的决定》中首次作为战略决策和战略任务提出来的。也就是说，社会主义核心价值体系建设是一种自上而下的社会价值观建构。从这一意义上说，社会主义核心价值体系当前还只能说是一种对社会价值观建设具有主导、引领和规范作用的主导价值观。中国价值哲学学会会长李德顺教授指出：“如果一种价值观尽管很合理先进，但它却仅仅为一少部分人所持有，尚未成为绝大多数人所认同的共同利益和意志的自觉表达，甚至在实践中还离不开政治和行政权力推行的时候，就还不能说是完全意义上的主流价值观。”[1] 这就是说，要实现社会主义核心价值体系由当前的主导价值观状态向最大多数人民群众自觉践行的主流价值观状态的转化，根本在于使广大人民群众在思想上认同社会主义核心价值体系。离开了最广大人民群众的价值认同，社会主义核心价值体系的大众化是不可想象的。

总之，建设社会主义核心价值体系，目的在于培养社会主义的现代理想人格，巩固全党全国各族人民团结奋斗的共同思想道德基础。从这一意义上说，制度建设和制度改革只是手段，只有形成社会主义核心价值体系的党内信仰、精英共识和大众认同，才是最终解答了社会主义核心价值体系这一兴国之魂和文化精髓的建设课题。

---

[1] 李德顺：《当前的价值冲突与主导价值观到位——从“主流价值观边缘化”的危机谈起》，《学习时报》，2010年3月29日。

主要参考文献

[1] 马克思恩格斯选集（第1~4卷）. 北京：人民出版社，1995.
[2] 马克思恩格斯文集（第1~10卷）. 北京：人民出版社，2009.
[3] 列宁选集（第1~4卷）. 北京：人民出版社，1995.
[4] 列宁专题文集. 北京：人民出版社，2009.
[5] 毛泽东选集（第1~4卷）. 北京：人民出版社，1991.
[6] 毛泽东文集（第1~8卷）. 北京：人民出版社，1993、1996、1999.
[7] 邓小平文选（第1~3卷）. 北京：人民出版社，1993、1994.
[8] 江泽民文选（第1~3卷）. 北京：人民出版社，2006.
[9] 十六大以来重要文献选编（上、中、下）. 北京：中央文献出版社，2005、2006、2008.
[10] 十七大以来重要文献选编（上、中）. 北京：中央文献出版社，2009、2011.
[11] 李大钊全集（第2、3卷）. 北京：人民出版社，2006.
[12] 孙中山全集（第1、5、9卷）. 北京：中华书局，1981、1985、1986.
[13] 陈望道译文集. 上海：复旦大学出版社，2009.
[14] [德] 柯祖基. 阶级争斗. 恽代英译. 上海：新青年社，1921.
[15] [英] 克卡楧，麣司. 社会主义史. 李季译. 上海：新青年社，1920.
[16] 袁贵仁. 价值观的理论与实践：价值观若干问题的思考. 北京：北京师范大学出版社，2006.
[17] 马俊峰. 价值论的视野. 武汉：武汉大学出版社，2010.
[18] 吴向东. 重构现代性——当代社会主义价值观研究. 北京：北京师范大学出版社，2006.
[19] 陈新汉. 社会主义核心价值体系价值论研究. 上海：上海人民出版社，2008.
[20] 陈新汉. 警惕核心价值体系“边缘化危机”. 北京：社会科学文献出版社，2011.
[21] 李德顺. 价值论. 北京：中国人民大学出版社，2007.
[22] 李德顺. 邓小平主体价值观思想研究. 北京：北京出版社，2004.
[23] 袁贵仁，韩震. 新世纪中国共产党的价值观. 北京：人民出版社，2003.
[24] 韩震. 社会主义核心价值体系研究. 北京：人民出版社，2007.
[25] 红旗大参考编写组. 建设社会主义核心价值体系大参考. 北京：红旗出版社，2007.
[26] 王玉樑. 当代中国价值哲学. 北京：人民出版社，2004.

[27] 李从军. 价值体系的历史选择. 北京：人民出版社，2004.
[28] 李连科. 世界的意义——价值论. 北京：人民出版社，1985.
[29] 李连科. 价值哲学引论. 北京：商务印书馆，1999.
[30] 郁建兴，朱旭红. 社会主义价值学导论. 杭州：浙江人民出版社，1997.
[31] 郑国玺. 马克思主义价值理论研究. 成都：四川大学出版社，2010.
[32] 宋惠昌. 社会主义核心价值观专题解读. 北京：中共中央党校出版社，2010.
[33] 田海舰，邹卫. 社会主义核心价值观论纲. 北京：人民出版社，2010.
[34] 戴木才. 中国特色核心价值观的传统、现实与前景. 南宁：广西人民出版社，2011.
[35] 李斌雄. 中国共产党的价值观研究. 北京：中国社会科学出版社，2003.
[36] 钟明伦. 毛泽东的价值观. 长沙：湖南人民出版社，2008.
[37] 韩华. 全球化北京下中国共产党人价值观研究. 北京：光明日报出版社，2010.
[38] 漆玲，赵兴. 价值观导论：兼论马克思主义价值观. 天津：天津人民出版社，1998.
[39] 申永华. 马克思主义价值观及其时代解读. 西安：西安出版社，2006.
[40] 张书琛. 探索价值产生奥秘的理论——价值发生论. 广州：广东人民出版社，2006.
[41] 孙伟平. 价值论转向——现代哲学的困境与出路. 合肥：安徽人民出版社，2007.
[42] 孙伟平. 价值哲学方法论. 北京：中国社会科学出版社，2008.
[43] 马志政. 哲学价值论纲要. 杭州：杭州大学出版社，1991.
[44] 兰久富. 社会转型时期的价值观念. 北京：北京师范大学出版社，1999.
[45] 戴茂堂，江畅. 传统价值观念与当代中国. 武汉：湖北人民出版社，2001.
[46] 赵馥洁. 价值的历程：中国传统价值观的历史演变. 北京：中国社会科学出版社，2006.
[47] 赵馥洁. 中国传统哲学价值论. 北京：人民出版社，2009.
[48] 孙美堂. 文化价值论. 昆明：云南人民出版社，2005.
[49] 李楠明. 价值主体性——主体性研究的新视域. 北京：社会科学文献出版社，2005.
[50] 潘自勉. 论价值规范. 北京：中国社会科学出版社，2006.
[51] 吴亚林. 价值与教育. 北京：北京师范大学出版社，2009.
[52] 俞吾金. 重新理解马克思：对马克思哲学的基础理论和当代意义的反思. 北京：北京师范大学出版社，2005.
[53] 陶德麟，何萍. 马克思主义哲学中国化的理论与历史研究. 北京：北京师范大学出版社，2011.
[54] 衣芳，等. 人民群众主体论——群众观、党群关系、群众工作理论研究. 北京：人民出版社，2008.
[55] 姜建成. 科学发展观：现代性与哲学视域. 南京：江苏人民出版社，2008.
[56] 郭沫若. 中国古代社会研究. 北京：中国华侨出版社，2007.
[57] 张岱年. 中国伦理思想研究. 南京：江苏教育出版社，2009.
[58] 罗国杰. 中国伦理思想史. 北京：中国人民大学出版社，2007.
[59] 唐凯麟，王泽应. 20 世纪中国伦理思潮. 北京：高等教育出版社，2003.

[60] 王泽应. 20 世纪中国马克思主义伦理思想研究. 北京：人民出版社，2008.
[61] 王伟光. 利益论. 北京：中国社会科学出版社，2010.
[62] 王小锡，华桂宏，郭建新，等. 道德资本论. 北京：人民出版社，2005.
[63] 葛兆光. 中国思想史. 上海：复旦大学出版社，2001.
[64] 陈筠泉，刘奔. 哲学与文化. 北京：中国社会科学出版社，1996.
[65] 张灏. 幽暗意识与民主传统. 北京：新星出版社，2010.
[66] 高瑞泉. 中国近代社会思潮. 上海：上海人民出版社，2007.
[67] 宋慧昌. 人的发现与人的解放. 成都：四川人民出版社，2008.
[68] 王中江. 进化主义在中国的兴起：一个新的全能式世界观. 北京：中国人民大学出版社，2010.
[69] 黄楠森，庄福龄，林利. 马克思主义哲学史（第六、七卷）. 北京：北京出版社，1989.
[70] 庄福龄. 马克思主义史（第二、三卷）. 北京：人民出版社，1995、1996.
[71] 高军，王桧林，杨树标. 五四运动前马克思主义在中国的介绍和传播. 长沙：湖南人民出版社，1986.
[72] 彭继红. 传播与选择——马克思主义中国化的历程（1899—1921 年）. 长沙：湖南师范大学出版社，2001.
[73] 李海春. 论日本对马克思主义哲学中国化的研究——李大钊、毛泽东、邓小平三个典型个案研究. 呼和浩特：内蒙古人民出版社，2006.
[74] 中共中央党史研究室. 中国共产党历史（第 1、2 卷）. 北京：中共党史出版社，2011.
[75] [苏] B. П. 图加林诺夫. 马克思主义中的价值论. 齐友，王霁，安启念译. 北京：中国人民大学出版社，1989.
[76] [美] 莫里斯·迈斯纳. 李大钊与中国马克思主义的起源. 中共北京市委党史研究室编译组译. 北京：中共党史资料出版社，1989.
[77] [美] 莫里斯·迈斯纳. 马克思主义、毛泽东主义与乌托邦主义. 张宁，陈铭康等译，北京：中国人民大学出版社，2006.
[78] [日] 后藤延子. 李大钊思想研究. 王青等编译. 北京：中国社会出版社，1999.
[79] [美] 本杰明·I. 史华慈. 中国的共产主义与毛泽东的崛起. 陈玮译. 北京：中国人民大学出版社，2006.
[80] [韩] 宋荣培. 中国社会思想史——儒家思想、儒家式社会与马克思主义的中国化. 李丽秋译. 北京：中国社会科学出版社，2003.
[81] [美] L. J. 宾克莱. 理想的冲突——西方社会中变化着的价值观念. 马元德等译. 北京：商务印书馆，1986.
[82] [英] 约翰·穆勒. 功用主义. 唐钺译. 上海：商务印书馆，1936.
[83] [美] 罗尔斯. 正义论. 何怀宏等译. 北京：中国社会科学出版社，1988.
[84] [美] 萨托利. 民主新论. 冯克利，阎克文译. 北京：东方出版社，1998.
[85] [美] 杜威等. 实用主义. 杨玉成，崔人元编译. 北京：世界知识出版社，2007.
[86] [德] 康德. 道德形而上学原理. 苗力田译. 上海：上海人民出版社，2007.

后记

博士毕业后，有幸加入贵州师范大学马克思主义理论一级学科博士学位授权点建设团队。也就是在参加的第一次学科团队会议上，统筹安排我和古琳博士、伍志燕博士一起负责“马克思主义价值理论和社会主义核心价值体系”的专门研究。随着学科建设的深入，也由于具体工作的需要，在后来的实际研究中，三人团队变成独立承担。拙著就是2009年11月6日获批的贵州省哲学社会科学规划自筹经费课题（立项编号：09SKGHZC10）成果。

尽管在2010年出版的第一本专著——《平民化自由人格——梁启超新民人格研究》中对“梁启超新民之主体性与马克思人的主体性”进行过粗浅的比较分析，但从“梁启超新民人格研究”转到“马克思主义价值理论和社会主义核心价值体系研究”，仍不能不说是一个“夸张”的转向。众所周知，梁启超是大师，是百科全书式的思想家；马克思更是大师，更是百科全书式的思想家。理解一个大师已极为不易，还要由一个大师转向另一个大师，由一个近代中国的大师转向“千年第一思想家”，其间的难度，可想而知。更何况，马克思主义是我们的国家意识形态，如何科学地运用好马克思主义的批判性功能，又发挥好马克思主义作为国家意识形态的论证性功能，其间的协调，亦非理论可以解决。

这三年中，经历过彷徨，经历过苦痛。但是，作为课题，无论是对自己负责，还是对学校和学院负责，我都必须努力过渡，努力调整；必须尽自己所能，努力协调马克思主义的批判性功能和马克思主义作为国家意识形态的论证性功能，努力实现对“马克思主义价值理论与当代中国核心价值体系建设”之“内在逻辑”的历史唯物主义阐释。

在家人、朋友、领导、同事的支持和帮助下，2012年3月的倒数第二天完成了课题申请的预期目标——拙著文稿，提交了课题的结题申请。自筹经费课题，一般仅以论文或研究报告的形式结题，以著作形式结题，且必须在不到两年零五个月的时间内完成，其间的酸甜苦辣，只有亲身经历的人才能体验。我常常想，或许这就是成长的“代价”吧，或许这就是孟子所说的“苦其心志，劳其筋骨，饿其体肤，空乏其身，行拂乱其所为”吧。借此拙著出版之机，谨向唐昆雄院长、杨芳书记、李红军教授、李潇编辑、王英杰博士、曹和修博士、妻子彭海霞女士及父母、孩子等默默关心、支持、帮助我的领导、同事、朋友和家人表示衷心地感谢！

另外需要说明的是，课题结题成果的名称为“马克思主义价值理论的中国选择与当代中国核心价值体系建设”，因为这一名称太长，作为书名不利于读者的把握，也不利于拙著本身的传播，特根据编辑李潇的建议，调整为现在的书名，还请读者批评赐教！

回首往昔，我似乎与“三年”有缘，大学学习三年，从事中学教育三年，攻读硕士学位三年，攻读博士学位三年，如今来贵州师范大学历史与政治学院工作并参加学校的马克思主义理论一级学科博士学位授权点建设团队又已经三年。过去的两个三年，我出版了两部专著，在《毛泽东邓小平理论研究》、《哲学动态》等刊物公开发表论文三十余篇，接下来的每一个“三年”，我又能做点什么呢？孔子说：“吾十有五而志于学，三十而立，四十而不惑。”我似乎也该想想这一问题了！

李金和

2012 年夏